이제 내가 너를 소유하리라

가라, 니느웨로!

이 소중한 책을

특별히 ＿＿＿＿＿＿＿＿＿님께

드립니다.

이제 내가 너를 소유하리라

가라, 니느웨로!

장요나 선교사 지음

나침반

"비라카미에 복음을 전하라!"

한 사람의 인생을 사람들 앞에 내놓는 것은 부끄러운 일이다. 아무리 열심히 살았어도 흠 없는 사람 없고, 노력한 결과를 말하면 자기 자랑이 되기 십상이기 때문이다. 그런데도 내가 자랑할 것 없는 내 인생을 사람들 앞에 드러내기로 한 것은 이미 '나'는 죽었다는 것을 확신하기 때문이다.

모태신앙이었지만 하나님을 피상적으로 믿으며 나를 주인 삼고 세상을 푯대 삼아 살던 나는 인생의 황금기 때 식물인간이 되어 10개월간 산송장으로 지냈다. 그때 주님은 나를 만나 주셨고, 천국과 지옥을 보여 주셨으며, 새로운 사명을 주셨다. 그것이 바로 '비라카미에 복음을 전하라'는 것이었다. 비라카미는 베트남, 라오스, 캄보디아, 미얀마로 지난 30년간 복음의 씨를 뿌리고 있는 사역의 현장이다.

강성하여 한때 온 나라를 적화시켰던 '비라카미' 네 나라의 공산주의가 경제적 궁핍으로 인해 조금씩 무너지고 있다. 경제 개발을 위해 문호를 개방하면서 복음을 전할 수 있는 길이 다양하게 열리는 중이다. 그 일을 위해 주님께서는 나를 부르셨고, 세상으로 꽉 찼던 내가 심령이 가난한 자로 하나님만 우러르기까지 기다리셨다. 그리고 가난해질 대로 가난해진 땅, 베트남으로 나를 보내시며 하나님 나라를 약속하셨다. 그 신실한 약속은 지난 30년 동안 이루어져 지금은 베트남을 비롯해 라오스, 캄보디아, 미얀마까지 복음의 물줄기가 흘러넘치고 있다.

그뿐이 아니다. 아버지가 지어주신 이름인 '장주석'을 버리고, 하나님이 불러주신 '장요나'로 살면서 나는 아내와 두 아들을 하나님께 맡겼다. 가장 없는 가정이 겪어야 할 고통이 무엇인지 알기에 가슴이 아팠지만 하나님의 명령에 순종했다.

10개월 동안 식물인간으로 지내면서 나는 내가 내 인생에 할 수 있는 일이 아무것도 없다는 것을 뼈저리게 경험했기 때문이다. 돈도 명예도 가족의 절절한 사랑도 생명 앞에서는 무력했다. 오직 하나님만이 내 생명의 주도권을 갖고 계시다는 것을 그때 철저히 깨달았다. 그리고 죽음 뒤에 우리 앞에는 천국과 지옥으로 가는 두 개의 길밖에 없다는 것을 두 눈으로 목격했다.

천국과 지옥을 본 자의 삶의 기준은 가장 귀한 것이 무엇인지 알게 된다. 주님께서 왜 영혼 구원을 마지막 사명으로 주셨는지 깨닫게 된다. 하나님의 은혜는, 하나님의 축복은, 하나님의 자녀만이 누릴 수 있는 특권이라는 것도 알게 된다. 천국을 향해 걸어가는 자들만이 하나님 나라를 소유할 수 있다.

하늘 아버지께서는 당신의 자녀에게 필요한 모든 것을 채워 주신다. 선교사로 부름 받았던 때, 가족은 당신이 책임지시겠다고 주님은 약속하셨다. 비라카미 선교를 하는 30년 동안 그 약속은 날마다 이루어졌다. 지난 30년 간 집에 생활비 한 번 보내지 않았지만 하나님은 아내와 두 아들은 물론 장모님까지 책임져 주셨다. 그리고 말기암이었던 아내를 깨끗이 고쳐 주셨다.

가장 감사한 것은 두 아들이 잘 자라준 것이다. 큰 아들 훈이는 영화감독으로 활동하고 있고, 작은 아들 지훈이는 선교사로 사역하고 있다. 지훈이는 나에 대한 원망이 남달랐다. 자라는 동안 한 번도 얼굴을 보이지 않던 아버지가 하필이면 대입 시험 전날 나타나 '서울대 미대에 떨어뜨려 주시고, 선교사가 되게 해 달라'고 기도했으니 얼마나 속상했겠는가.

하지만 하나님의 인도하심은 참 놀랍다.
나를 원망하는 마음을 통해 하나님을 향해 나아가도록 인도하신 것이다. 가족을 버린 내게 따지기 위해 베트남에 왔다가 사역현장을 돌아보면서 완전히 변화되었다. 내가 두 아들과 아내로만 집중됐던 사랑을 비라카미를 향해 펼쳤을 때 얼마나 놀라운 일들이 벌어졌는지 두 눈으로 확인하면서 내가 왜 그렇게 살 수밖에 없었는지를 이해했다. 그리고 '아버지와 같은 선교사가 되겠다'고 결단했다.

작은 아들이 '아버지와 같은' 선교사가 되겠다고 할 때 나도 모르게 감사의 눈물이 흘러나왔다. 비라카미를 향한 하늘 아버지의 마음을 따라 낯선 땅에 와서 충성을 다했는데, 그 마음을 내 아들이 알아주니 그보다 더 기쁜 일이 어디 있겠는가? 원망 대신 결단을, 상처 대신 사명을 받아 하나님께로 나아가는 아들을 보는 감격은 이루 말할 수가 없었다.

지난 30년 간 내가 한 것이라고는 하나님께 충성하려고 몸부림친 것 밖에 없다. 그런데 그 모습을 보고 가장 나를 원망했던 내 아들이 주님을 만났다면, 다른 사람들도 내 인생 가운데 역사하신 주님을 만날 수 있지 않을까? 부끄러움을 무릅쓰고 내 인생을 드러내는 것은 내 안에 살아계신 하나님을 증언하기 위해서다.

'나'라는 시청각 교재를 통해 많은 분들이 하나님을 만나기를 기도한다. 그분을 만나 영혼의 눈을 뜨고, 생명을 사랑하며 영생을 누리는 삶을 살길 간절히 기도한다.

비라카미의 복음화 전선에서
장요나

차례

그를 통한 주님의 사역이 놀라웠습니다.

- 송용필 목사(한국독립교회 선교단체 연합회 회장)

장요나 선교사님을 안 지는 수십 년이 됐습니다. 그분이 벽산그룹에 근무할 때부터였고, 죽을 고비를 넘기면서 예수님을 구원자와 주님으로 믿었다는 고백도 들었고, 그 한참 후 베트남에서 선교사로 일하면서 기독교 횃불선교원 이형자 원장님의 사역 협력 때도 만났습니다.

나는 장 선교사님이 총장으로 있는 신학교 졸업식에도 두 번 다녀왔는데….

공산국가에서, 감옥에 드나들면서도 복음을 전하는 열정을 보고 놀라웠고, 각 곳에 교회를 지어 헌당해도 장 선교사님 이름은 없고, 후원한 교회 이름만 있어 놀라웠고, 베트남 목사님들을 재교육시켜, 헌당한 교회 목회를 맡기는 것을 보고도 놀라웠고, 언제 죽을지 모른다고 나무 관을 만들어 놓고 거기서 자는 것을 보고도 놀라웠고…. 놀라움의 연속이었습니다.

일부에서는 어떻게 공산국가에 교회가 있냐고 비난하는 분도 있던데…. 저는 거기서 제 눈으로 교회도 보고, 학교도 보고, 병원도 보았습니다.

주님이 쓰시는 종으로, 복음적이고 헌신적인 분의 사역 발자취를 소개하는 이 책을 통해 이 시대 모든 계층의 분들이 우리의 소망이고, 구주이신 예수 그리스도의 은혜가 넘치고 주님이 주시는 힘으로 승리하길 기도합니다.

비라카미 선교를 위한 중보자가 되자!

- 신성종 목사(순회선교사/ 전 충현교회 담임, 전 총신대학교 대원장원, 시인)

사람의 한 세대를 흔히 사계절로 말한다. 계절을 보면 봄, 여름, 가을, 겨울이 있듯이 지난 30년 동안 장요나 선교사가 한 일도 선교 신학적으로 살펴보면 처음 십 년간은 봄처럼 여기저기 씨앗을 정신없이 뿌렸던 시기였고 두 번째 십 년간은 여름처럼 가꾸고 비료 주고 잡초를 뽑아준 시기였다. 장요나 선교사는 우리가 상상할 수 없을 만큼 베트남 선교의 성장을 가져왔다.

30주년을 맞은 비라카미 선교를 바라볼 때 이제 남은 것은 두 가지일 뿐이다.

첫째는 선교 30주년을 맞아 한 일들을 추수하는 가을의 일을 매듭짓는 일이고

둘째는 겨울을 나는 방법이다.

중요한 것은 비라카미 지역의 선교사역은 아무리 위대한 사

람이라도 혼자서는 다 감당할 수 없을 만큼 넓다. 그러므로 가장 중요한 것은 중보기도팀을 만들어 강화하고 모든 것을 쉬지 않고 계속해서 개혁해 나가야 한다는 것을 잊지 말아야 한다. 그러려면 선교를 하나의 선교운동으로 변화시켜 나가야 유명무실하지 않게 될 것이라고 믿는다.

나는 이 책이 비라카미 선교가 선교운동으로 변화되어 가는 전환점이 되길 바라며 독자들이 비라카미 선교를 위한 중보자가 되길 기도한다.

무기력한 성도 / 약해진 교회를 향한 도전!

- 박영환 교수(서울신학대학교)

요나가 니느웨에 가서 선교했듯이, 장요나(장주석) 선교사님은 사회주의 땅 베트남에 건너가 물불을 가리지 않고 목숨 걸고 사역을 하고 있다. 그는 공산화된 그곳에 하나님의 나라가 이루어지도록 하기 위해 30년 성역을 묵묵히 이어왔다.

아이러니하지만 대부분 베트남 선교사들은 장요나 선교사 이름조차 잘 모른다. 베트남에서의 그의 삶 역시 잘 알지 못한다. 하지만, 오직 하나님만이 그의 놀라운 사역을 잘 알고 계신다.

그의 굴곡진 삶의 여정 가운데 하나님은 그를 강한 손으로 붙잡으셨다. 베트남 선교에 일생을 바치신 장요나 선교사의 몸부림과 열정은 우리가 가진 아픔과 고통을 넘어서서 무한한 소망으로 나아가게 하며, 하나님의 영광의 자리로 옮겨 놓게 한다. 하나님을 믿고, 그분의 능력을 날개로 삼아 베트남 정글을 헤쳐 가며 천국을 군데군데 짓는 선교사 장요나! 수많은 베트남 사역지마다 기적을 만들었고, 그 기적을 본 원주민들은 그것을 가리켜 "장요나 공법"이 만든 기적의 결과라고 외쳤다.

그의 성과는 다음 3가지로 요약할 수 있다.
첫째, 지금도 주님을 믿고 행하는 자들에게는 능치 못함이 없다는 것을 보여준다.
둘째, 지금도 하나님은 우리를 홀로 내버려 두시지 않고 함께 동행하고 계신다.
셋째, 지금도 성령님은 우리에게 세상을 이기는 능력을 주시고 또한 기적을 만들어 가신다.

어느 설교보다 더 영적이고, 어느 목회자보다 더 감동적인 장요나 선교사의 삶의 고백과 열정은 딱딱한 나무판 침대에서도, 한쪽 눈마저 상실함에도, 또 한 번의 사형선고에서도, 식물인간이 된 죽음의 현장 가운데서도 살아 역사하시는 주님의 능력의 위대함을 다시금 보게 만든다.
이 책은 무기력해진 성도들이 해야 할 일과 약해진 교회가 앞으로 가야 할 과제와 방향을 제시해 주고 있다.

1부
인생의 전반전

온 동네 꼬마 상주

나는 일제강점기의 끝자락인 1943년에 태어났다.

그리고 두 돌이 되기 전에 해방을 맞으며 격동의 현대사를 온몸으로 겪으며 자랐다. 하지만 역사의 소용돌이에서 비껴난 시골에서 태어난 덕분에 어린 시절은 넉넉하고 따뜻하게 보냈다.

내 고향 충남 보령군 웅천은 전형적인 촌이었다. 한겨울에는 밤새 땐 군불에 아랫목이 절절 끓어 궁둥이가 익을 것 같아 창문을 열어젖히면 어둠에 가려진 산속에서 껑껑 장끼 우는 소리가 들렸다. 점차 어둠에 눈이 익으면 숲 사이로 후다닥 도망치는 사슴도 어슴푸레 보이고, 눈밭 위에 어지럽게 발자국을 남긴 산토끼도 볼 수 있었다. 그렇게 한참 동안 산속을 들여다보고 있노라면 산속 깊은 곳에 산다는 호랑이의 울음소리가 들리는 것 같았다. 그야말로 호랑이 담배 피우던 시절의 얘기다.

그때 나는 호랑이보다 더 무섭다는 곶감 하나 꺼내 먹으려고 온 장독대를 뒤지다 장항아리를 몽땅 깨뜨려 먹을 정도로 천둥벌거숭이였다. 서너 살 때는 눈밭에 찍힌 토끼 발자국을 따라가다 길을 잃어 집안을 발칵 뒤집어 놓았고, 할머니께서 일껏 떠주신 스웨터를 옷을 얇게 입어 추워 보이는 아이에게 주고 와서 속을 뒤집어 놓기도 했다.

할머니는 그런 말썽은 웃으면서 넘기셨지만 내가 온 동네 초상집의 상주 노릇 하는 걸 보면 질색을 하셨다. 이상하게도 어릴 때 들은 상여소리는 어찌나 구슬펐던지 '어허~ 야' 하는 소리가 들리면 나도 모르게 지팡이를 들고 나갔다. 나보다 큰 지팡이를 짚고 서럽게 울면서 상여꾼을 따라가다 보면 어느 틈에 보셨는지 할머니가 나를 덥석 끌고 나오셨다.

"아이고 이 녀석아 내가 죽어도 그렇게 울겨?"
꺽꺽 울어대는 나를 보면 할머니는 혀를 쯧쯧 차며 퉁을 놓으셨지만 울음이 그칠 때까지 치마폭에 나를 꼭 끌어안고 등을 쓸어주셨다.

엉뚱한 의협심으로 사고를 친 적도 있다. 초등학교 4학년 때 전교생이 읍내 극장에 가서 영화를 볼 때였다. 유관순에 관한 흑백 무성영화였는데 얼마나 슬프던지 보는 내내 가슴이 미어지는 것 같았다. 그러다 유관순이 순사들에게 끌려갈 때 감정이 폭발하고 말았다. 유관순이 포승줄에 묶여서 잡혀가는데, 어린 동생들인 관동이와 관섭이는 창고에 갇혀 있었다. 그런데 순사들이 그 창고에 불을 지르는 게 아닌가.

금세 검은 불길이 치솟으면서 어른거리는 두 아이의 그림자를 덮으려고 했다. 더 이상 참을 수가 없었다. 그래서 "사람 살려"라고 소리치며 무대 위로 뛰어 올라갔다. 그리고 둘러매고 있던 책보에서 연필 깎는 칼을 꺼내 들었다. 그런데 이게 웬일인가. 순사들이 보이지 않았다. 순간 어리벙벙해져서 멍하니 스크린을 보고 있는데 불길 밑으로 얼핏 군화가 보였다. 기회는 이때다 싶어 "이 새끼 죽어라" 고함을 치며 군화를 칼로 힘껏 찔렀다.

순간 '픽' 소리가 나면서 스크린이 반으로 갈라졌다. 불에 타던 창고는 간데없고 거미줄로 뒤엉킨 무대 뒤가 고스란히 드러났다. 깜짝 놀라 뒤를 보니 갈 곳 몰라 이리저리 비춰대는 환등기 불빛에 관객들의 얼굴이 나타났다 사라졌다. 성난 얼굴, 웃는 얼굴, 놀란 얼굴이 일제히 나를 가리키며 손가락질을 하고 박수를 치고 휘파람을 불었다.

어른들의 손에 이끌려 파출소에 갔지만 그때까지도 나는 뭐가 잘못됐는지 몰랐다. 극장장이 달려오고 아버지와 교장 선생님까지 호출받아 오셨으니 뭔가 큰일을 저질렀다 싶어서 잔뜩 주눅이 들어 있었다.

아버지는 그때 광천에서 메리야스(내의) 공장을 하고 계셨는데 마침 웅천에 출장을 오셨다가 내 소식을 듣고 달려오셨다. 나를 보자마자 불호령을 내릴 것 같은 표정으로 다가오시는데 교장 선생님이 아버지의 팔을 잡고 막아섰다. 그리고 코가 쑥 빠져 있는 내 머리를 쓰다듬어 주셨다.

"주석아,(나의 이름이다) 네가 시대를 잘못 타고났다. 일제강점기에 태어났으면 안중근이나 윤봉길 의사처럼 훌륭한 일을 했을 텐데…. 안 그렇습니까 주석이 아버님?"

교장 선생님 덕분에 그날은 무사히 넘어갔다. 하지만 불쌍한 사람만 보면 앞뒤 안 가리고 달려드는 내 성격 때문에 성경의 역사가 바뀔 뻔한 적도 있었다. 내가 초등학교에 다닐 때만 해도 성탄절은 마을 잔치였다. 성탄 전야가 되면 온 동네 사람들이 교회에 모여 아이들의 공연을 봤는데 그 중의 꽃은 뭐니 뭐니 해도 예수 탄생 성극이었다.

그때 내가 맡은 역할은 여관 주인이었다.
대사도 한 줄인데다 초반에 잠깐 등장하고 말기 때문에 막이 오르고 공연이 시작되고 별로 긴장되지 않았다. 다른 아이들은 대본에 코를 박고 외우느라 정신이 없었는데 나는 어슬렁거리며 무대 뒤에서 공연을 구경했다.

그때 방을 구하지 못해 쩔쩔매는 요셉과 지쳐있는 마리아의 모습이 눈에 들어왔다. 부른 배를 안고 있는 마리아는 한 걸음도 더 옮기지 못할 정도로 힘들어 보이는데 가는 곳마다 방이 없다고 거절하는 걸 보니 애가 바짝 탔다. 나라도 빨리 나가서 방을 구해주고 싶어 엉덩이가 들썩였다.

그때 요셉이 무대 뒤쪽을 향해 '방 있습니까?'라고 물었다. 이제 내가 나갈 차례였다. 나는 잽싸게 튀어 나가서 "네, 방이 있습니다. 어서 오세요"라고 신나게 말했다. 그런데 이게 웬일인가. 반가워서 뛰어올 줄 알았던 요셉이 울상이 되었다. 무대 뒤편은 웅성거리고 관객들은 박장대소를 했다.

그제야 나는 대사를 잘못했다는 걸 깨달았다. 요셉의 말에 '미안합니다. 방이 없습니다'라고 해야 하는데 엉뚱하게 대답하여 순식간에 내용을 뒤죽박죽으로 만들어 버린 것이다. 다행히 그 실수로 인해 더 큰 은혜를 받았다는 분들이 계셔서 그해 성극은 어느 때보다 더 큰 박수를 받았다. 하지만 못 말리는 내 성격 때문에 예수님이 마구간이 아닌 여관방에서 태어나실 뻔했던 걸 생각하면 지금도 헛웃음이 난다.

예수쟁이 티 내지 마라!

내가 살던 접동골은 대대로 황 씨가 모여 사는 집성촌이었지만 타성바지인 우리 집이 그 동네에서 가장 잘 살았다. 과수원도 컸고 앞뒤 마당을 갖춘 집도 반듯하니 넓었다. 특히 앞마당에 있던 오동나무는 크고 튼튼해서 단오가 되면 온 동네 사람들이 거기에 줄을 매달아 그네 시합도 했다. 머슴을 열두 명이나 둘 정도로 부유했지만 그 혜택을 온전히 누렸던 사람은 나뿐이었다. 집안의 실세라 할 수 있는 할머니의 사랑이 장손인 내게만 집중됐기 때문이다.

할머니는 아버지의 계모였다.

아버지가 다 자란 후에 집안에 들어오셔서인지 할머니는 아버지에 대해 정이 없으셨고, 아버지를 눈엣가시처럼 여기셨다. 아버지만 보면 트집을 잡고 역정을 내시는 할머니 때문에 집안이 조용할 날이 없을 정도였다.

할머니는 눈 오는 엄동설한에 아버지더러 눈밭에 가서 무를 뽑아오라고 하고, 머슴들 앞에서 회초리를 들기도 하셨다. 그런데도 아버지는 할머니를 새어머니로 깍듯하게 모셨다. 말도 안 되는 요구에 순순히 복종하셨고, 회초리를 드실 때도 말없이 바지를 걷으셨다. 아침마다 삼촌들과 함께 무릎 꿇고 앉아 할아버지 할머니께 문안 인사를 드렸고, 할머니 기색을 살

펴 편안하게 해 드리는 걸 마다하지 않으셨다.

그래도 분란이 끊이지 않았다. 아버지가 예수를 믿었기 때문이다. 독실한 신자였던 부모님은 집안의 반대에도 무릅쓰고 교회에 다니셨다. 읍내에 하나밖에 없는 교회에 가기 위해 수요일 저녁이면 동네 사람들을 불러 모아 횃불을 들고 밤마실 가듯 교회에 가셨다. 돌부리에 발이 채여 넘어지지 않도록 손에 손을 잡고, 큰 소리로 찬양을 부르며 밤길을 걸었을 때의 그 기분을 지금도 잊을 수가 없다.

내 어릴 적 추억 중에 절반 이상은 교회에서 있었던 일이다. 모태신앙에 유아세례를 받은 나는 교회에서 자랐기 때문에 교회가 내 놀이터이자 학교였다. 얼마나 교회 가길 좋아했던지 누가 교회에 가자고 하면 바짓가랑이 하나에 다리 둘을 넣고 뛰쳐나갔다.

특히 내가 좋아했던 것은 성경 암송이었다. 그때 읍내 교회에서 설교하시던 연로하신 여전도사님 앞에서 성경 구절을 줄줄 외우면 눈이 등잔만 해지시면서 나를 칭찬하셨는데 그때마다 어깨가 으쓱해지고 입이 함박 벌어졌다.

그럴 때마다 '할머니에게 이 모습을 보여드려야 하는데…'라는 생각에 마음이 안타까웠다. 어디 가나 손주 자랑이 늘어지는 할머니셨지만 내가 성경암송대회에서 1등을 했다고 해도 교회에는 절대 오지 않으셨다. 오히려 그런 일이 있을 때마다 나를 교회에 데리고 가시는 아버지를 탓하셨다. 동네 사람들이 교회에 가는 것도 아버지 때문이라며 사사건건 못 마땅해하셨다.

아무리 밉다 해도 저렇게까지 할 수 있을까 싶을 정도로 할머니의 구박은 점점 심해졌다. 나중에는 아버지가 식사 기도하는 것도 못 견뎌 하셨다. 밥상 앞에서 아버지가 기도를 드리려고 고개를 숙이면 할머니는 담뱃대로 아버지 머리를 내리치셨다. '어디서 예수쟁이 티를 내냐'고 역정을 내시며 꼴 보기 싫으니 당장 나가라고 담뱃대로 아버지를 마구 때리셨다.

그래도 아버지는 고개 한 번 들지 않으셨다. 때리면 맞으셨고, 욕하면 들으셨다. 할머니가 새어머니라는 이유만으로 아버지는 가족 앞에서나 남들 앞에서 할머니의 권위를 세워주셨다. 예수를 믿는다는 이유로 핍박해도 묵묵히 그 수모를 다 당하셨다.

그런데 참 이상한 건 그런 아버지가 전혀 무력해 보이지 않았다. 그렇게 구박을 받으셨지만 아버지는 여유가 있어 보였고, 할머니는 칼자루를 쥐고 있는 것 같았지만 불안하고 초조해 보였다. 목소리는 할머니가 컸지만 정작 사람들에게 말발이 먹히는 건 아버지였다. 머슴들이며 동네 사람들은 아버지를 신뢰했고 아버지의 말이라면 무엇이든 믿었다. 약해보이지만 강한 자의 표상을 나는 어릴 적 아버지를 통해 보았다.

고아 아닌 고아

바람 잘 날 없었던 우리 집은 아버지가 독립을 하고 나서야 편안해졌다. 광천에서 표백공장을 하시던 아버지는 홍수로 기계를 다 떠내려 보내고, 군산으로 옮겨가서 메리야스 공장을 차리셨다. 그리고 우리 가족과 삼촌 데리고 군산으로 분가하셨다. 삼촌을 사범학교에 보내기 위해서였다.

그때만 해도 사범학교를 나오면 바로 선생님이 될 수 있었다. 아버지는 나도 사범병설 중학교에 보내셨다. 하지만 나는 선생님이 되기 싫었다. 남자로 태어나 한평생 애들이나 가르치면서 살고 싶지는 않았다. 나는 외지로 나가서 배포 있게 사업을 하고 싶었다. 그러려면 사범대가 아닌 상대에 진학해야 했다. 그래서 아버지께 말씀드려서 혼자 대전으로 학교를 옮겼다. 대전에 계시는 이모님 댁에서 지내면서 나는 대전고등학교를 다녔다.

그러다 고등학교 2학년 여름방학 때 내 인생에서 잊을 수 없는 일이 벌어졌다. 항상 방학식을 마치면 곧장 시골로 내려갔는데 그때는 마침 장이 서는 날이라 집에 아무도 없었다. 방에 있자니 답답해서 책 한 권을 들고 대추나무 아래에 돗자리를 펴고 누웠다.

깜박 잠이 들었는데 구성진 노랫소리와 함께 왁자지껄한 웃음소리가 들렸다. 장에 가서 술 한 잔 걸치신 할머니가 동네 어르신들을 모시고 집에 오신 것이다. 얼근하게 취한 어르신들은 내가 있는 줄도 모르고 노랫가락에 맞춰 덩실덩실 춤을 추셨다. 그러다가 한 분이 내 발에 걸려 넘어지셨다.

그제야 나를 발견한 할머니는 대전에서 손주가 왔다며 반가워하셨다. 나는 어르신들 사이에 누워 있다가 일어나기가 민망해서 계속 자는 척을 했다. 흥이 깨진 어르신들은 돗자리에 자리를 잡고 앉으시더니 나를 보면서 한 마디씩 하셨다. 빨리 깨워서 방에 보내라고도 하시고, 모기한테 다 뜯기겠다면서 부채질도 해주셨다.

그러다 한 분이 나를 보면서 혀를 쯧쯧 차시더니 전혀 예상하지 못한 말씀을 하셨다.

"에고 죽은 사람만 불쌍하지. 이렇게 멀끔하게 자란 것도 못 보고…, 애 엄마가 얘 몇 살 때 죽었지?"

엄마가 죽다니, 그렇다면 나를 키워준 어머니는 친엄마가 아니란 말인가? 하늘이 무너지는 것 같았다. 할머니는 펄쩍 뛰며 아니라고 하실 줄 알았는데 내가 자는 줄 아셨던 할머니는 오히려 죽은 엄마에 대해서 줄줄 말씀하셨다.

그 말을 듣자 심장이 멎는 것 같았다. 유난히 어머니를 따랐던 만큼 배신감도 컸다. 우리 어머니가 어떤 분인가? 엉뚱한 짓을 벌이며 말썽을 부려도 어머니는 내게 꾸지람 한 번 안 하시고 항상 웃는 얼굴로 대해 주셨다. 그래서 어머니가 너무 좋았는데 친엄마가 아니라고 생각하니 그것도 다 남의 자식이라 조심했던 게 아닐까 의심스러웠다.

그리고 너무 부끄럽고 창피했다.
친엄마가 아닌 줄도 모르고 나는 중학교 졸업할 때까지 어머니 젖가슴을 만지고 잤으니 이 노릇을 어떻게 할 것인가. 얼굴이 화끈거리고 눈물이 났다. 세상에 나 혼자 버려진 것 같았다. 다들 친엄마 품에서 자라는데 나는 나를 낳아주신 엄마 얼굴도 모르다니 이렇게 불쌍한 사람이 어디 있단 말인가.

낳아준 정보다 길러준 정이 더 크다는 것을 나도 알지만, 낳아준 분이 불구자이든 장애인이든 꼭 보고 싶다는 마음이 나를 못 견디게 하였다.
그날 밤 할머니는 내게 그동안 숨겨왔던 이야기를 다 해주셨다. 알고 보니 나는 장손도 아니었다. 위로 형이 두 명이 있었는데 모두 호열자(콜레라)로 잃었단다. 나도 약골로 태어나서 얼마 못 살 거라 생각하고 아랫목에 누여 놨는데 신통방통하게 살아났지만 친엄마는 나를 안아보지도 못하고 세상을 떠났다고 하셨다.

　사연을 듣고 나니 친엄마가 더 불쌍했다. 목숨을 걸고 아이를 낳았는데 그 아이는 엄마의 존재조차 모르고 있었다니, 째보도 좋고 곰보라도 좋으니 친엄마 얼굴을 한 번만 보고 싶었다. 아니, 그 형제라도 보고 싶었다. 그래서 물어물어 엄마의 남동생을 찾아갔다. 전주의 작은 유기 공장에서 한 남자가 놋을 깎고 있었는데 그분이 나의 외삼촌, 엄마의 남동생이었다.

　난생 처음 보는데도 눈물이 났다. 외삼촌의 얼굴에서 엄마의 모습을 찾으려니 가슴이 먹먹했다. 아무리 뜯어봐도 낯설기만 한 얼굴을 보고 있자니 서러웠다. 그 얼굴에 내 모습은 없는지 한참 동안 보고 서 있는데 울컥 눈물이 났다. 대문 뒤에 숨어 외삼촌을 훔쳐보는 내가 한심했다. 뚝뚝 떨어지던 눈물이 흐느낌으로 변해 걷잡을 수 없게 됐을 때 외삼촌과 눈이 마주쳤다.

"너 누구야? 왜 여기서 우는 거냐?"
　외삼촌이 소리를 지르면서 내 쪽으로 오려고 했다. 그걸 보자마자 나는 냅다 도망쳤다. 절대 들키고 싶지 않았다. 친엄마가 계셨는지도 모르고 17년 넘게 살았는데 어떻게 외삼촌 앞에서 내가 조카라고 말할 수 있겠는가. 친엄마의 사진이라도 한 장 있었다면 이런 일은 없었을 텐데, 낯선 남자를 보면서 울지 않았을 텐데, 생각할수록 아버지가 원망스럽고 가족들이 미웠다. 다시는 집으로 돌아가고 싶지 않았다.

그날 나는 집을 나오기로 결심했다.

아버지는 어머니와 동생들에게 충실하시라고 하고, 나는 아버지 도움을 받지 않고 돌아가신 친엄마의 아들로만 살기로 결심했다. 죽은 형들 몫까지 효도를 하려면 더 열심히, 더 잘 살아야 했다. 그래서 담임선생님을 찾아가 내 사정을 말씀드리고 졸업할 때까지 먹이고 재워 달라고 애원했다. 은혜는 꼭 갚을 테니 아버지께는 말씀드리지 말고 나를 좀 도와달라고 간청했다.

하지만 선생님은 아버지께 연락을 하셨고, 아버지는 곧장 선생님 댁에 오셨다. 태어나서 그때까지 아버지가 그토록 화를 내시는 건 본 적이 없었다. 내가 계속 고집을 피우자 아버지는 싸리나무 가지 여섯 개를 묶어 내 종아리를 때리셨다. 회초리가 지나간 자리에 핏줄이 터져 살이 검붉게 부풀어 올랐지만 나는 그게 다 부러지도록 잘못했다고 말하지 않았다.

아무리 생각해도 잘못은 내가 아니라 아버지가 하셨다. 나는 잘못한 게 없으니 당당했다. 그래서 고개를 꼿꼿이 들고 아버지와 눈도 마주치지 않았다. 호된 매질보다 친엄마를 모르고 산 세월이 더 아팠고, 나를 속인 아버지가 못내 야속했기 때문이다. 억울함과 서러움에 눈물이 흘러 아버지 머리 위에 뚝뚝 떨어졌지만 아버지 역시 나를 보지 않으셨다.

결국 아버지는 혼자 집으로 돌아가셨고, 나는 선생님 댁에 남았다. 아버지의 암묵적 동의하에 나를 맡아주신 선생님은 자식처럼 살뜰하게 잘 돌봐주셨다. 덕분에 나는 공부에만 집중하여 그 해에 검정고시로 고등학교 졸업장을 따고 연세대 상대에 진학했다. 남들보다 1년 먼저 대학에 간 것이다.

합격 소식을 들은 아버지는 곧장 돈을 보내주셨지만 나는 고스란히 돌려드리고 가정교사로 들어갔다. 유일하게 숙식과 학비를 동시에 해결할 수 있는 게 가정교사였기 때문이다. 그렇게 상황에 밀려 가정교사를 선택했지만 나는 학부모 사이에 제법 소문난 가정교사였다.

진학시험을 보는 날에 제일 먼저 시험지를 입수하여 답안을 공개했고, 시험 경향을 파악하여 이른바 '족집게식 과외'를 했기 때문에 학부모 사이에서 입소문이 난 것이다. 해가 바뀔 때면 나를 영입하려는 학부모들이 줄을 섰다.

나를 원하는 학부모들이 많다 보니 나는 입주한 가정의 아이들뿐 아니라 10명 정도를 한 팀으로 묶어 그룹 과외도 했다. 내게 과외를 받은 아이들은 그 당시 대표 명문으로 손꼽힌 경기, 경복, 이화, 숙명 중학교에서 1, 2등을 다투는 수재들이었다. 실력 있는 아이들이라 가르치는 건 어렵지 않았다.

나를 힘들게 한 건 학부모들이었다. 자식 사랑이 유별났던 엄마들은 수업시간에도 나가지 않고 뒤에 앉아 참관했다. 내가 가르칠 때 누구를 보는지 매의 눈으로 살펴보다가 쉬는 시간이 되면 득달같이 와서 자기 아이를 더 봐달라고 성화를 부렸다. 그때 얼마나 시달림을 당했던지 지금도 사람들과 이야기할 때 눈을 감는 게 습관이 돼 버렸다.

엄마들의 극성은 거기서 그치지 않았다. 겨우 몇 시간 공부하는데도 틈만 나면 책상으로 와서 애들 입에 먹을 것을 넣어주고, 온갖 짜증을 다 받아주었다. 공부 좀 한다고 유세 떠는 아이들을 달래고 얼러서 어떻게든 잘되게 하려는 엄마의 마음, 그걸 볼 때마다 마음이 착잡했다. 저게 모성이고 저게 진짜 사랑인데 나는 그런 사랑을 한 번도 못 받았다고 생각하니 서글펐다. 그럴 때마다 친엄마의 정이 사무치게 그리웠다.

서러움이 솟구칠 때면 나는 옥상에 올라갔다. 그리고 먼 하늘을 보며 동심초를 불렀다. '꽃잎은 하염없이 바람에 지고 만날 날은 아득 타 기약이 없네' 돌아가신 엄마가 즐겨 부르셨다는 이 노래가 내 마음을 대변하는 것 같았다. 무엇으로도 채워지지 않는 허전한 마음을 친엄마의 18번이 따뜻하게 달래줬다. 마치 어머니의 자장가처럼.

잘못된 연심

어렵사리 대학에 들어갔지만 대학생활은 순탄치 않았다.

1964년도는 한일협상 반대 운동으로 온 나라가 들끓었다. 63년 대선에서 승리한 박정희 대통령은 출범과 동시에 한일 수교를 준비했다. 경제 성장을 위해서는 일본과의 관계 개선이 필수라고 생각한 것이다. 그것은 여론과는 상반된 결정이었다. 광복한 지 20년도 되지 않았는데 제대로 된 사과도 받지 않고 일본과 수교를 맺는다는 것 자체를 국민들은 굴욕이라 여겼다.

하지만 박정희 대통령은 한일 교섭에 관한 대안을 발표하면서 일본과의 협상을 서둘렀다. 이에 재야의 모든 야당과 사회, 종교, 문화단체 등 저명인사들이 '대일굴욕외교반대 범국민 투쟁위원회'를 결성했고, 서울대 문리대에서는 한일회담 성토식을 하고 단식 농성에 들어갔다. 그것이 도화선이 되어 서울 시내의 각 대학생들도 거리에 나와 한일회담 반대 시위를 벌이기 시작했다. 그리고 6월 초 공화당 김종필 의장이 한일 국교정상회담을 위해 일본으로 건너가자 6월 3일 정오를 기해 1만2천여 명의 학생들이 일제히 거리로 쏟아져 나왔다.

청와대 앞에서 집결하기로 했기 때문에 연세대생들은 굴레방 다리에서 시작해 이화여대를 지나 중앙청으로 향했다. 상대 학생회장이었던 나는 시위대 앞쪽에서 경찰들과 충돌하면서 무너지는 대열을 정비하며 나아갔다. 경찰은 우리가 가는 길목마다 바리케이드를 치고 저지선을 만들어놓았고, 우리에게 최루탄을 살포하고, 물대포를 쏘면서 무력 진압했다. 도처에서 유혈극이 벌어졌지만 우리는 물러서지 않았다.

그때 나는 다른 학생들과 마찬가지로 피가 뜨거웠고 가슴은 정의감으로 불타올랐다. 하지만 그게 전부는 아니었다. 나의 의협심을 부추긴 또 다른 원동력은 여학생들의 응원이었다. 이화여대 앞을 지날 때는 목소리가 커졌고, 주먹도 불끈 쥐어졌다. 나도 모르게 여학생들의 반응을 살피며 곁눈질했다.

연세대 상대를 대표해서 혈서를 썼을 때는 정말 으쓱했다. 손가락 끝을 잘라 '한일회담 반대'를 쓰고 돌아서자 여학생들이 일제히 한숨 섞인 탄성을 내지르며 걱정 어린 눈으로 나를 쳐다봤다. 한 여학생이 뛰어나와 내 상처에 크림을 발라주고 손수건으로 손가락을 묶어 주기도 했다. 그때 바로 그 순간이 내 대학시절 중 가장 아름답고 낭만적인 추억의 한 장면이다.

그날 이후 내 대학생활의 낭만은 끝났다. 6·3 시위 이후 곧장 연행되어 경찰서에 붙잡혀 갔고 덕분에 졸업도 9월에 했다. 군대도 한일회담 반대 시위 주동자란 이유로 남들보다 2년 늦게 보충역으로 가야 했다. 현역으로 군대를 가고 싶었는데 계획이 완전히 틀어졌다. 남들은 어떨지 모르지만 나는 멋지게 총을 쏘며 군 생활을 해 보고 싶었다. 그래서 군에 대한 기대가 컸는데 엉뚱하게 보충역으로 빠진 것이다. 그것도 내 전공이나 경험과 전혀 무관한 위생병으로 말이다.

내가 근무한 곳은 청주 23육군병원이었다.

거기서 나는 정식 의료행위만 제외하고 병원에서 일어나는 모든 일을 처리했다. 환자를 이송하고, 수술 환자의 팔다리를 잡아주었으며 처방한 약을 배급하고, 약품의 출입을 관리했다. 그러면서 어떻게 환자를 돌봐야 하고, 병원이 어떻게 돌아가야 하는지를 몸으로 터득했다.

그렇게 병원 업무가 몸에 익어갈 무렵 내 인생의 행로가 크게 휘어지는 사건이 발생했다. 그 시작은 병원원장의 호출에서 비롯됐다. 갑자기 호출을 받아 병원장실로 가보니 병원원장과 간호부장이 심각한 표정으로 앉아 있었다. 나를 보자마자 두 사람은 내게 교회에 다니냐고 물었다. 그래서 기독교인이라고 했더니 병원에 이상한 종교에 빠진 간호장교가 있는데 기독교 이단 계통인 것 같다면서 그녀가 이단에서 나올 수 있도록 책임지고 설득하라고 했다.

  그 얘기를 들으니 난감했다.

  그 간호장교라면 나도 보고 들은 바가 있었다. 옷차림은 수수하고 단정한데 스타킹은 찢어진 걸 신고 다니고, 병원 피엑스에서 박카스 병을 줍고 다녀서 한눈에 봐도 이상해 보였다. 들은 바로 그 간호장교는 하나님이 탐욕죄를 싫어하신다고 옷도 사 입지 않고 헌 옷만 고집한다는데 그런 사람을 어떻게 설득한단 말인가? 게다가 그녀는 중위, 나는 사병이었다. 아무리 명령에 살고 명령에 죽는 군대라지만 상사를 이단에서 빼오라는 명령은 받아들이기가 쉽지 않았다.

  하지만 선택의 여지가 없었다. 죽으라고 하면 죽는 시늉이라도 해야 하는 곳이 군대였다. 나는 마음을 단단히 먹고 간호장교를 만났다. 그리고 이단 종교에 대해 이야기를 해보려는데 간호장교는 내 말을 막으면서 자신의 종교에 대해 비판을 하려거든 한 번이라도 교회에 와 보고 말하라고 했다.

  수가 뻔했지만 상사의 명령이니 무시할 수 없었다. 그래서 교회에 가보니 뭐가 문제인지 확실히 알 수 있었다. 성경책은 같았지만 해석이 달랐고, 찬송가도 따로 있었다. 무엇보다 목사 자신이 재림 예수라고 하면서 자기가 세상을 구원할 구세주라고 했다. 이보다 더 명확한 이단의 증거가 어디 있겠는가.

나는 그것을 증거로 간호장교가 다니는 교회의 교리가 잘못 됐다고 말했지만 씨알도 안 먹혔다. 오히려 나를 사탄이라고 몰아세우며 눈앞에서 사라지라고 소리를 질렀다.

하지만 그 정도 반응에 물러설 나도 아니었다. 한번 목표를 정하면 끝을 보는 성격이도 했지만 간호장교의 속사정을 듣고 안타까운 마음이 들어 쉽게 포기할 수가 없었다. 알고 보니 간호장교가 이단에 빠진 이유가 따로 있었다. 간호장교가 여고를 수석으로 졸업하고, 국방부 장학금으로 간호대학에서 공부할 때만 해도 누구보다 똑똑하고 사리 분별이 정확했다고 한다. 그런데 국방부 장학생으로서 반드시 거쳐야 하는 간호장교 과정을 이수하기 위해 대구 군위학교에서 사격훈련을 받다가 오른쪽 귀를 다쳤고, 청력을 잃었다. 졸지에 청각 장애인이 된 그녀는 자신의 처지를 비관했고, 다른 사람들과의 관계도 소홀해졌다. 그러면서 이상한 종교에 빠져든 것 같았다.

그런 사정까지 알게 되자 간호장교를 이단에서 구출해야겠다는 생각은 더욱 강해졌다. 그래서 계급장을 앞세워 나를 윽박지르고, 화를 내며 피하는 간호장교를 따라다니며 진심을 다해 설득했다. 점심시간에는 식판을 앞에 두고 그녀를 위해 간절히 기도했고, 냉대와 수모를 감수했다. 그러자 간호장교도 서서히 마음의 문을 열기 시작했다.

공교롭게도 그때 간호장교와 같은 이단에 빠진 C대학교 여대생이 농약을 먹고 죽은 사건이 발생했다. 이단을 반대하는 부모에게 자신의 종교가 옳다는 것을 증명하기 위해 '무슨 독을 마셔도 죽지 않는다'는 말씀을 잘못 해석한 교주의 말을 믿고 농약을 먹었다가 참사를 당한 것이다. 그 신문 기사를 보여주자 간호장교도 마음을 돌려 이단에서 스스로 빠져나왔다.

문제는 그다음부터였다. 이단 종교에서 빠져나온 간호장교가 나를 붙잡고 늘어졌다. 하나님의 뜻으로 우리가 만났으니 한 몸 되어 함께 잘 살아 보자고 주말마다 찾아와서 졸라댔다. 거절해도 소용없고 피해도 집요하게 따라붙었다. 내가 아무리 그러지 말라고 거부해도 요지부동이었다.

더 괴로운 것은 병원 사람들조차 나와 간호장교가 사귄다고 믿는 것이었다. 둘이 설전을 벌이며 옥신각신했던 것을 사랑싸움으로 오해한 것이다. 부인하고 해명해도 다들 농담으로 받아들이며 나와 간호장교 사이를 공식적인 관계로 여겼다. 까딱 잘못하다가는 뜬소문에 밀려 사랑하지도 않는 여자와 결혼할 판이었다. 견디다 못해 나는 베트남 파병을 자원했다.

베트남 파병

베트남에 대한 나의 첫인상은 '별천지'였다. 총알이 난무하고 피가 튀는 전쟁터를 예상하고 왔는데 눈앞에 신세계가 펼쳐졌다. 푸른 바다와 눈부신 백사장이 펼쳐져 있고, 우뚝하게 키가 큰 야자수들이 장관을 이루고 있었다. 잘 정비된 길에는 고급 자동차들이 다녔고 각종 편의시설을 갖춘 건물은 반듯하고 깨끗했다. 사람들의 옷차림마저 세련돼서 전쟁터라는 실감이 나지 않았다. 당시에는 오히려 우리나라가 더 전쟁터 같았다.

내가 베트남에 간 1968년도에 우리나라는 세계 최빈국이었다. 전쟁이 끝난 지 15년이나 지났지만 폐허에서 벗어나지 못한 채 빈곤에 허덕이고 있었다. 오죽하면 군인들도 자국 복장이 없어 미군이 폐기한 군복에 태극 마크를 달아서 입었겠는가. 그런데 베트남은 우리나라와 비교할 수 없을 정도로 부유하고 풍성했다. 내가 배치받은 나트랑이 전(全) 한국군 야전사령부와 전투근무를 지원하는 십자성 부대의 주둔지였기 때문에 상대적으로 더 여유가 있었을지 모르지만 어쨌든 내가 보기에 베트남은 영화에서나 볼 법한 잘 사는 나라였다.

내 예상을 벗어난 것은 그뿐이 아니었다. 부대도 내가 원했던 곳과는 전혀 상반된 곳으로 배치됐다. 베트남 파병을 자원하면서 나는 육군본부에 최전방 전투병으로 보내 달라고 했다. 그래서 당연히 맹호·백마 부대 중 하나로 갈 거라 예상했는데 비전투부대인 십자성 부대로 배치된 것이다. 덕분에 군대에서 총을 구경만 했지 한 번도 들어보지 못했다.

나는 남자로 태어나 전쟁터에서 죽음과 삶 그리고 전쟁과 평화를 체험하는 고통을 받아야 사람다운 사람이 될 수 있다고 생각해 왔다. 그래서 꼭 현역으로 입대하고 싶었는데 보충역으로 빠졌다. 파월 군인으로서 삶과 죽음의 경계에서 깊은 성찰을 하고 싶었는데 그조차도 허락되지 않았던 것이다.

십자성 부대는 총칼을 들고 전장에서 싸우는 대신 전투부대가 전선에서 임무를 잘 수행할 수 있도록 돕는 군사령부 역할을 했다. 군수지원은 물론 각종 필요한 것들을 지원했으며 민사심리전으로 베트콩 마을을 찾아다니면서 환자 진료와 구호 물품을 전달하고, 사철이나 교회, 교량, 병원 등을 건설해 주고 농사짓는 방법도 가르쳐 주었다.

십자성 부대에서 나는 감찰부에서 근무하며 감찰 검열을 위해 베트남 구석구석을 다니면서 전쟁의 참상을 볼 수 있었다. 도처에 죽음의 위협이 도사리고 있었으며 포화가 지나간 자리는 초토화되었다. 밀림은 파괴되었고 삶은 궁핍했다.

하지만 삶의 터전이 완전히 망가지진 않았다.
베트남 독립을 위해 프랑스와 벌인 제1차 인도차이나 전쟁까지 합치면 10년 넘게 계속 전쟁이 이어진 걸 생각하면 놀라운 일이었다. 내전으로 시작된 전쟁은 점차 전면전과 국제전으로 비화되고 있었지만 베트남 사람들은 특유의 생명력과 근면성으로 자신들의 일상을 지키고 있었다.

그럴 수 있었던 데는 교회의 역할이 컸다.

그 당시 베트남은 기독교 부흥기였다. 전쟁으로 어려움을 겪었지만 교회는 흥왕했고 성도는 점점 늘었다. 1966년에 시작된 복음 전도 대운동이 심화되고 확산되어 그 열매를 맺기 시작한 것이다. 베트남의 기독교 역사는 생각보다 깊다. 하지만 10세기경에 로마 가톨릭 선교사들에 의해 뿌려진 복음은 뿌리를 내리지 못했고 1910년대에 이르러서야 본격적인 선교 활동이 시작되었다.

1911년에 CMA(Christian & Missionary Alliance) 소속 선교사인 제프레이, 호슬러 그리고 허글러스가 다낭에 사무실을 열고 본격적으로 복음을 전파했다. 성경보급, 문서선교, 사역자 훈련 등을 통해 교회의 부흥을 이끌어 온 북베트남은 공산화되기 전까지 기독교 신자가 10만 명 가까이 되었다. 내가 있던 나트랑에는 성경신학원도 있었다.

전쟁 중에 믿음을 지키는 일은 쉽지 않다. 그런데 베트남 신자들은 자신의 믿음을 지키며 복음을 전파했다. 언제 습격을 당할지 몰라 긴장을 늦출 수 없는 상황에서 베트남 사람들은 주 날개 밑에 모여들 듯 교회를 찾았다. 멀리 포성이 들리는 가운데서도 하나님을 찬양하는 사람들, 시련이 계속될수록 그들의 믿음은 더욱 굳세지는 것 같았다.

그래서 그들과 함께 드리는 예배는 특별하고도 은혜로웠다. 나를 비롯한 기독교인 파월 장병들은 매주 빠지지 않고 나트랑에 있는 교회에 출석했다. 보급품을 전달하고 건물을 보수해 줄 때만 교회를 찾았던 장병들 중에 주일이면 은근슬쩍 예배당 한구석에 자리를 잡고 앉는 이들도 있었다. 나트랑은 최전방이 아니었지만 우리는 모두 전쟁터에 있었다. 겉으로 드러내기 어려운 불안과 공포를 안고 지내는 파월 장병들에게 가장 큰 위로가 됐던 것은 전쟁의 한복판에서도 믿음을 잃지 않고 내일을 소망하며 살아가는 베트남 사람들의 평안한 얼굴이었다.

아내, 아들, 내 가정

베트남전 참전은 내 인생에 전화위복을 가져왔다. 가족이 있었지만 만나지 않고, 혈혈단신으로 외롭게 살았던 내게 베트남은 가족을 만들어주었다. 바로 평생의 반려자인 아내를 베트남에서 만났다. 정확히 말하면 한국에 있는 아내를 라디오를 통해 만났다.

그 당시 라디오는 내 유일한 벗이었고, 고국의 소식을 전해주는 유일한 통로였다. 베트남에는 각 부대마다 주월한국국군방송국이 있었다. 그것이 아마 우리나라 최초의 해외 방송국일 것이다. 하루 9시간 방송하는 국군방송은 뉴스와 신청곡 프로그램, 부대 탐방 등의 자체 프로그램으로 2시간을 편성하고, 나머지는 한국에서 공수해온 인기 프로그램을 짧게 편집해서 송출했다.

그중 가장 인기 있었던 프로그램은 송해 씨가 진행하는 '파월 장병의 시간'이었다. 파월 장병의 가족들이 나와서 장병들에게 응원을 보내는 프로그램이었는데 아내가 그 방송에 출연했다. 그리고 베트남에서 고생하는 동생과 장병들을 위해 에델바이스를 불러주었다.

노래가 시작됨과 동시에 나는 벌떡 일어났다.

도저히 앉아서 들을 수가 없었다. 목소리가 얼마나 곱고 청아하던지 마치 달콤하고 시원한 물을 들이켠 것 같았다. 목소리를 들으니 그 모습이 어떨지 상상이 갔다. 한 번도 본 적은 없지만 내가 원하고 바라던 여자일 거라는 확신이 들면서 어떻게든 연락을 해봐야겠다는 생각이 들었다.

그때까지 나는 진지한 연애는 해 본 적이 없었다.

입대할 때 울면서 나를 배웅한 여자가 8명이나 될 정도로 인기가 많았지만 그중 누구도 친구 이상의 감정으로 대하지 않았다. 나에게 연애란 곧 결혼을 의미했기 때문이다. 아버지에 대한 반발심 때문이었는지 모르지만 나는 첫사랑과 결혼하여 첫아들을 낳고 끝까지 잘 살고 싶었다. 내가 아버지라면 아내가 죽었다고 재혼하지 않고 혼자 아이를 키우며 살았을 텐데 아버지는 재혼했으니 친엄마를 배신했다고 생각했다. 그래서 보란 듯이 나를 처음 설레게 한 여자와 결혼하여 잘 살아내고 싶었다.

마음이 한 번 기우니 오매불망 '에델바이스의 그녀' 생각뿐이었다. 목소리라도 듣고 싶어 국군 방송국에 찾아가 그녀가 나온 부분만 따로 녹음하여 테이프가 너덜너덜해질 때까지 들었다. 그럴수록 마음이 더 깊어져 보고 싶은 마음을 가눌 길이 없었다. 결국 나는 베트남에 파병 와있는 그녀의 동생을 찾아갔고, 사진과 집 주소를 받아내는데 성공했다.

지금도 나에게 처남이 아내의 사진을 처음 보여주었을 때의 기분을 잊을 수가 없다. 목소리를 닮은 여인이 내 눈앞에 있는데, 내가 그리고 원했던 모습 그 이상이었다.

사진을 보자 더 망설일 게 없었다. 당장 그녀에게 편지를 썼다. 그때까지 나는 마음에 드는 여자 때문에 고민해 본 적이 없었다. 애인은 없었지만 여자들 사이에 인기가 많아서 나를 따르고 좋아하는 여자들이 많았다. 그래서 여자에게 호감을 얻는 데는 어느 정도 자신감이 있었다.

그런데 그녀에게 편지를 쓸 때는 달랐다. 단순한 호기심이 아니라 정말 좋아해서인지 몹시 떨리고 불안했다. 어떻게든 마음을 얻고 싶어 그 당시 한국에서는 구하기 힘든 껌을 동봉해서 보냈다. 내 진심이 전해진 걸까? 며칠 뒤 도착한 그녀의 편지에서 나에 대한 호감이 느껴졌다. 그때부터 나의 군 생활은 편지를 쓰고 기다리는 일로 채워졌다.

그리고 제대한 후에 바로 결혼했다.

아내와의 신혼은 깨가 쏟아지거나 알콩달콩하진 않았다. 대신 안온하고 평탄했다. 부잣집 양반 가문의 맏딸로 태어나 아쉬울 것 없이 착실하게 공부만 했던 아내는 고등학교 때부터 독학을 하며 더부살이도 마다하지 않았던 나와는 전혀 달랐다. 수시로 장난을 치고 농담하는 나와 달리 아내는 차분하고 조용했다. 가끔 장난으로 시비를 걸어도 아내가 되받아치거나 발끈하지 않아 혼자 머쓱했던 적도 여러 번 있었다.

우리 집 분위기가 180도로 달라진 건 아이들이 태어난 후부터였다. 아이들이 태어나면서 집안에 활기가 돌았다. 결혼하고 곧 첫아들 훈이가 태어나고 10개월 후에 둘째 아들 지훈이가 연년생으로 태어났다. 첫아들을 품에 안았을 때는 세상을 다 가진 것 같았다. 그리고 둘째 아들이 태어나자 더 바랄 게 없겠다는 생각이 들었다. 그토록 가족을 갈망했는데 내게 진짜 가족이 생겼으니 말이다. 그제야 내 인생이 제자리를 찾고,

꿈의 퍼즐이 하나씩 맞춰지는 것 같았다.

아내가 교환교수로 미국에 가게 되어 연년생 아들을 나 혼자 키워야 했을 때도 난감하기보다 행복했다. 그때는 사업을 하고 있을 때라 아이들을 돌봐줄 수 있는 비서를 채용하고 날마다 아이들을 데리고 출근을 했다. 그때 큰아이는 3살, 작은 아이는 2살이었다. 호기심이 많아 한시도 가만히 있지 않는 첫째와 걸음마를 떼고 어디든 돌진하는 막내를 데리고 업무를 보기란 쉽지 않았다. 그래도 일하다 문득 아이들이 노는 모습을 볼 때면 행복이 마음 가득 차올랐다. 그때가 내 인생에서 가장 바쁘고, 가장 행복했다.

초고속 승진

결혼과 함께 나는 사업을 시작했다. 예전부터 사업을 하고 싶었기 때문에 항상 사업 아이템을 구상했었는데 마침 베트남에서 기막힌 아이템을 발견했다. 계란 보관 용기였다. 그때까지만 해도 우리나라에서는 달걀을 지푸라기에 엮어서 팔았다. 한 꾸러미에 10개가 들어 있었는데 그걸 들고 오자면 아무리 조심해도 한두 개는 깨지게 마련이었다.

그런데 베트남에서는 달걀 보관 용기가 따로 있었다. 칸이

나뉘어져 있는 딱딱한 용기에 들어있어 달걀을 들고 다니기에 편했다. 그걸 보자 한국에서 직접 만들어서 팔아보자는 생각이 들었다. 문제는 그 보관 용기를 어떻게 만드냐였다.

그때부터 나는 달걀 보관 용기를 붙들고 씨름했다. 다양한 재질로 판을 짜고, 모양새를 만들었다. 그리고 여러 달 만에 계란 보관 용기를 만드는데 성공했고 특허까지 받았다. 그다음부터는 승승장구였다. 달걀 보관 용기는 만드는 족족 팔려나갔다.

한번 사업에 눈이 뜨이니 다른 아이템도 눈에 들어왔다. 자연석을 팔면 돈이 될 것 같았다. 그래서 허가를 받아 철원에서 자연석과 정원석을 채취하여 일본에 수출하는 무역을 했다. 그것 역시 대성공이었다. 거칠 것 없는 성공에 나는 다음 사업 아이템을 찾는데 골몰했다.

그때 예기치 않은 일이 생겼다. 故 박정희 대통령이 경북 구미에 있는 대혜폭포를 방문하여 청소를 했는데, 그 일로 인해 나는 부도를 맞은 것이다. 77년 9월, 대혜폭포 주변을 청소하면서 대통령이 자연보호 운동을 천명했는데 그때 철원도 자연보호 구역으로 지정되어 사업을 이어갈 수가 없게 되었다.

결국 사업을 정리하고 벽산그룹에 들어갔다.

그 당시 벽산은 계열사만 33개 있는 대기업이었다. 나는 그런 대기업에서 바닥부터 차근차근 업무를 배워나갈 필요가 있다고 생각했다. 아무리 사업 아이템이 좋아도 주먹구구식으로는 곤란했다. 직장에 들어가 대학원으로 생각하고 업무를 파악하여 어떻게 아이템이 사업으로 실현되는지 시스템 안에서 배우는 게 중요했다.

그래서 사업으로 입사지원서를 냈는데 회사를 경영했던 경력을 인정받아 벽산의 계열사인 대한종합식품의 판매촉진 과장대리로 회사 생활을 시작했다.

나는 대학원에 들어간다는 각오로 입사했다.

중역들은 교수고, 업무는 내게 주어진 일종의 미션이라고 생각했다. 그래서 내게 맡겨진 업무를 잘 처리하는데 그치지 않고, 그 일을 더 잘할 수 있는 방법을 찾아서 고민했다. 낮에는 업무 처리에 충실하고 밤에는 내 사업을 연구하는데 시간을 쏟았다. 남들이 퇴근하고 나면 그때부터 넥타이를 풀고, 웃통을 벗어젖힌 후 시원한 맥주를 들이키며 일을 시작했다.

나의 첫 미션은 통조림 판매고를 올리는 것이었다.

판매촉진 과장으로 입사했으니 판매가 가장 신경 쓰이는 건 당연했다. 하지만 쉽게 해결될 문제가 아니었다. 당시 통조림 시장은 화남과 조일이 거의 휩쓸고 있었다. 그래서 국영기업체였다가 민간업체로 인수된 펭귄표 통조림은 고가품이라 판매가 매우 저조했다.

통조림은 과일이나 생선 등 생물로 만드는 것이기 때문에 1년 전에 미리 만들어놓는다. 따라서 그다음 해에 팔리지 않으면 고스란히 재고로 남게 되어 회사에 악영향을 미치게 된다. 내가 입사했을 때 이미 통조림 사업에 적색불이 들어오기 시작했다. 승산은 있지만 판매가 늘지 않는 펭귄표 통조림은 계륵과 같았다. 그것을 살려낼 방법을 찾아야 했다.

한 번 물면 놓지 않는 진돗개처럼, 집요하게, 어떻게 하면 통조림을 잘 팔 수 있을지 그 방법만 궁리했다. 광고나 통계를 보면서 아이디어를 짜내고, 화장실에 갈 때도 혹시 생각이 날까 싶어 메모지를 들고 들어갔다. 최고의 마케팅은 입소문이라는 생각에 동네 구멍가게를 돌아다니기도 했다. 지나가다 진열장에 펭귄표 통조림이 없는 가게에 들어가 "펭귄표 통조림이 맛있는데 왜 안 갖다 놨어요?"라고 슬쩍 말하고 나온 후 사나흘쯤 후에 다시 찾아가 통조림을 갖다 놨는지 확인했다. 오죽 통조림에 빠져 있었으면 아내가 "아이고 당신은 나보다 깡통이 더 좋소?"라고 타박했겠는가.

아내가 나를 타박한 데는 또 다른 이유가 있었다.

분명히 회사에 들어갔는데 월급을 반만 줬기 때문이다. 나는 수업료를 내지 않고 사업을 배우는 대신 월급의 절반을 연구하는데 사용했다. 판매방법과 상품 홍보를 위해서는 시스템을 바꿀 필요가 있는데 그걸 먼저 실행해 보기 위해서였다.

첫 번째로 회사에 제안한 것은 수당 제도의 도입이었다.

판매 실적이 좋은 회사는 대부분 판매에 따른 수당이 있었다. 그런데 우리 회사는 배달 차량의 운전사가 월급제였기 때문에 월급 이외의 수당이 나가지 않았다. 그러다 보니 판매에 대한 동기부여가 생기지 않는 것 같아 수당 제도를 연구하여 후에 점두 판매 제도를 시행하게 되었다.

차량배달의 한계를 극복하기 위해 리어카도 제작했다.

야쿠르트 아줌마처럼 리어카로 점조직을 형성하여 골목을 누비면 배달 차량이 놓치는 작은 수요를 챙길 수 있는 방문 판매를 하기 위해서였다. 백화점이나 큰 유통기관같이 물량이 많은 쪽은 배달 차량이 담당하고, 가정집이나 골목 안 구멍가게는 리어카가 담당한다면 큰 고기, 작은 고기를 모두 낚을 수 있지 않겠는가. 여기까지 생각하니 빨리 실현해 보고 싶은 마음에 엉덩이가 들썩였다. 그래서 사비를 털어 리어카를 제작하고 그 효과를 분석한 다음 회사에 계획을 작성하여 제안서를 제출했다.

그렇게 하나씩 문제를 해결해 가면서 나는 일하는 재미를 제대로 맛보았다. 하나씩 문제가 해결되고, 내 아이디어가 실현되는 게 그렇게 좋을 수가 없었다. 그 재미에 날 새는 줄 모르고 날마다 밤을 밝혀 새로운 아이템을 연구했다. 물론 승진도 남들보다 빨랐다. 일 년에 한 계급씩 올라갔으니 회사원으로서는 유례없는 초고속 승진이었다.

그러다 정말 획기적인 일이 발생했다. 계열사 부장에서 갑자기 그룹 기획실장으로 발탁된 것이다. 그것도 김인득 회장님의 직접 지시에 의한 거라 누구 하나 토를 달 수 없는 파격 인사였다. 알고 보니 김인득 회장님이 내가 밤늦게까지 일하는 걸 몇 차례 목격하고, 경비 직원에게 나에 대해 물으셨던 모양이다. 그리고 그 직원이 내가 업무 시간에 못다 한 일을 하는 게 아니라 개인적으로 사업을 공부하기 위해 날마다 밤늦게까지 일한다고 하자 나에 대해 알아보신 후 나를 기획실장으로 임명한 것이다. 그때부터 내 진짜 수업이 시작됐다.

김인득 사관학교

33개 계열사를 거느리고 있는 벽산 그룹의 기획실장 자리는 결코 만만하지 않았다. 그것도 입사한 지 고작 4년밖에 되지 않는 내가 감당하기엔 벅찬 일들이 한두 가지가 아니었다. 하지만 회사는 기다려주는 곳이 아니다. 그 자리에 앉았으면 그에 걸맞은 능력을 보여줘야 했다. 게다가 김인득 회장님은 일에 있어서 철두철미하고 가차 없기로 유명했다. 사업을 하기 위해 10년 동안 봉급을 모을 정도로 지독하게 성실했던 김인득 회장님은 사업이 얼마나 냉혹한 세계라는 걸 잘 알고 있었다. 그래서 작은 실수도 결코 용납하지 않았다.

그런 회장님의 지근거리에서 일하는 것은 쉽지 않았다.

나도 사람들이 혀를 내두를 만큼 일 중독이었지만 김인득 회장님은 나와 비교가 되지 않았다. 명분상 출·퇴근 시간은 있었지만 일이 끝나야 일과를 마칠 수 있었고, 24시간 회장님과 연락이 가능해야 했다. 불시에 묻는 말에 대답할 수 있어야 했으며 주어진 임무는 시간 내에 반드시 완수해야 했다. 제아무리 사회에서 알아주는 계열사 사장이라도 회의 시간에 늦으면 불호령이 떨어지기 일쑤였다.

그렇게 군대보다 더 엄격한 김인득 사관학교에서 나는 7년 동안 훈련받았다. 그룹 기획실장이니만큼 업무의 영역도 다양했다. 직원 교육부터 각 계열사 지원까지 각종 업무를 총괄하고 담당했다. 그때 건축에 대한 지식도 해박해졌다. 새마을 운동으로 슬레이트 사업이 날로 번창하자 벽산은 건축 내장재 회사를 창업하면서 건축 분야로 영역을 확장시켰기 때문이다. 토목에서부터 설계, 인테리어에 이르기까지 건축에 대한 전반적인 지식은 그때 갖추었다.

벽산 그룹에서 일할 때 나는 김인득 회장님의 눈에 드는 몇 안 되는 사람이었다. 유능한 참모로 그룹의 오너이자 대표에게 인정을 받았으니 남들이 보기에는 아쉬울 게 하나도 없어 보였지만 실상은 그렇지 않았다. 성미가 급하신데다 완벽주

의인 회장님의 기준에 맞춰 일한다는 게 보통 일이 아니었다. 항상 업무 스트레스에 시달렸고, 언제 호출을 당할지 몰라 마음 놓고 밥 한 술 뜨기도 힘들었다.

그런 내게 유일한 즐거움은 술이었다.

퇴근하고 나면 으레 술집으로 향했고, 3차까지 이어 마시며 술집을 순례했다. 월요일은 원래, 화요일을 화가 나서, 수요일은 수없이 마셨고 목요일은 목이 차게 마셨다. 금요일은 금세금세, 토요일은 토하면서 일요일은 일없이 술을 마셨다. 그렇게 일주일 내내 술을 입에 달고 살았다.

다행히 술이 세서 엔간히 먹어서는 티가 나지 않았다.

소주 댓 병을 마시고 집에 들어가도 아내가 전혀 눈치채지 못할 정도로 말술이었다. 그래서 술 때문에 일을 못 하거나 업무에 지장을 준 적이 없었다. 딱 한 번을 제외하고는.

고주망태 집사

벽산 그룹은 매주 화요일마다 중앙극장에 모여 전 직원이 예배를 드렸다. 독실한 기독교인인 김인득 회장님은 불가피한 일이 아니면 꼭 참석할 만큼 예배를 중시했다. 그래서 화요일 아침이면 다른 때보다 더 일찍 준비하고 복장에도 신경을 썼다. 그런데 그날은 어쩐 일인지 아침까지도 술이 깨지 않아 정신이 몽롱했다. 그래도 출근하면 괜찮으려니 했는데 출근부에 도장을 찍고 들어가 단상 위에 올라갈 때까지도 머리가 맑아지지 않았다.

그래도 할 일은 차질 없이 하는 게 프로다.

나는 배에 힘을 주고 직원들을 향해 큰소리로 외쳤다.

"전원 기립, 지금부터 벽산 그룹 직장 예배를 시작하겠습니다. 먼저 국기에 대하여 경례!"

아뿔싸, 정기예배라는 사실을 깜박 잊어버리고 그만 새마을 조회를 진행했다. 매주 월요일마다 같은 장소에서 전 직원이 새마을 조회를 하다 보니 나도 모르게 착각한 것이다.

문제는 그 사실을 너무 뒤늦게 깨달았다. 국기에 대한 경례를 하고, 애국가를 제창할 때까지 나는 그날이 화요일이라고 전혀 생각하지 못했다. 오히려 엉거주춤 일어나 서로 눈치를 보며 당황해하는 직원들을 보며 분위기를 쇄신할 양으로 더 힘차게 애국가를 불렀다.

그리고 회장님에게 칭찬받을 것을 기대하며 의기양양하게 관객석을 쳐다봤는데 그제야 사목이 눈에 확 들어왔다. 설교를 위해 일부러 오신 목사님은 어색하기 그지없는 표정으로 애국가를 부르고 계셨다. 내 앞에는 김인득 회장님이 눈을 부릅뜨고 나를 쳐다보고 있었다. 그 눈을 보자 정신이 퍼뜩 들었다. '예배를 새마을 조회로 착각하다니 대체 내가 무슨 짓을 저지른 것인가?' 등줄기에서 식은땀이 쫙 흘러내렸다.

애국가 3절은 후렴구에 접어들었다. '무궁화 삼천리 화려강산'까지 듣다가 두 눈을 질끈 감고, 애국가 4절은 생략하겠다고 했다. 그리고 지금까지 새마을 조회에 적극 참여하라는 의미에서 예행연습을 했다고 둘러댔다. 그리고 곧 예배를 시작했다.

찬송가를 부르고 기도하는데 다리가 덜덜 떨렸다. 목사님이 단 위에 올라가시는 걸 보고 나서야 겨우 회장님의 안색을 살피는데 '아, 이제 나는 끝났구나' 싶었다. 붉으락푸르락한 얼굴을 실룩거리면서 손을 덜덜 떨고 있는 회장님의 모습을 보니 앞으로 벌어질 일이 불 보듯 훤했다.

내 예감이 틀리지 않았다. 회장님은 노발대발 불같이 화를 냈다. 하나님께 드리는 거룩한 예배에 사회자가 고주망태가 되어 애국가를 제창하는 게 말이 되냐며 그렇게 믿을 거면 집사를 그만두라고 호통을 쳤다. 잘못했다고 고개를 숙였지만 회장님은 화를 누그러뜨리기는커녕 점점 더 심하게 꾸짖으셨다. 술은 마시지만 실수는 절대 하지 않는다고 장담했건만 만회할 수 없는 사고를 저지른 것이다.

다시 사업가로

벽산그룹에서 나와 다시 내 사업을 시작하기까지 잠깐 외도를 한 적이 있다. 베트남 참전 당시 만났던 노태우 전 대통령과의 인연으로 석 달 동안 국가보위비상대책위원에서 전문위원으로 파견근무를 했다. 거기서 나는 기업 쇄신 일환으로 공장 새마을 운동을 도입하여 생산성 향상과 원가절감 등을 실행하고 계획했다. 새마을 훈장도 받아 젊은 나이에 대단하다며 사람들의 추앙도 받았다.

하지만 나는 다시 사업가의 길로 돌아왔다. 80년대 초반에는 86 아시안 게임과 88 올림픽을 준비하느라 대형 공사가 많았다. 나는 벽산그룹에서의 경력을 바탕으로 건설업에 뛰어들어 부산 수영만 요트 경기장을 수주받았다. 총면적만 23만 803㎡의 대규모 공사였다. 공사 진행을 위해 부산에 호텔을 하나 정해두고 거기서 숙식을 했다. 눈코 뜰 새 없이 바빴지만 돈은 원 없이 벌었다. 그 당시 요트장 공사뿐 아니라 옥외광고 회사도 차려 전국의 시계탑 광고를 독점했기 때문에 돈을 엄청나게 벌었다. 그 돈을 다 주체할 수 없어 요일마다 다른 시계를 차고, 구두도 수십 켤레 종류별로 갖춰놓고, 양복도 수십 벌 사다 놓고 기분 따라 입고 다녔다. 물 쓰듯 돈을 쓰며 흥청망청 세상 재미에 푹 빠져 살았다.

하지만 돈 버는 재미도, 돈 쓰는 재미도 나를 행복하게 해 주진 못했다. 직원들과 함께 코가 비뚤어지게 술을 마셔도 헤어질 때쯤이 되면 정신이 말똥말똥해져서 혼자 백사장을 걸으며 고독을 달랬다. 모든 것을 다 가진 것 같았지만 마음은 텅 빈 것 같고, 뭐라 말할 수 없는 쓸쓸함에 외롭고 허전했다. 그럴 때마다 유행가를 흥얼거리며 해운대 바닷가를 배회했다.

물론 그때 교회를 다니지 않은 건 아니다. 모태신앙으로 어려서부터 교회 생활을 했던 나는 주일에 예배드리는 것이 학교나 회사 가는 것만큼 당연했다. 대학도 미션 스쿨을 나왔고, 벽산그룹에 있을 때는 신우회 회장도 했기 때문에 예배는 내 생활의 일부였다. 예배는 내 빽빽한 일정 중 하나였다. 한마디로 습관에 따라 예배드리는 종교인이었다.

그래서 술 냄새를 풍기며 교회에 가도 창피한 줄 몰랐고, 축도가 끝나자마자 교회를 빠져나와 술집으로 직행해도 부끄러운 줄 몰랐다. 출석 도장을 찍었으니 그다음은 내 맘대로 해도 된다는 생각에 주일에도 낮술을 즐겼다. 그래도 일말의 양심은 있어서 주일에는 성경책을 냅킨으로 덮어두고 저녁나절까지 술을 마시다 얼큰하게 취해 집에 들어가곤 했다.

그런 생활을 계속하다 보니 주일에는 꼭 교회에 가야 한다는 생각이 조금씩 헐렁해졌다. 접대해야 할 업자들이 많아지면서 예배는 조금씩 뒤로 밀렸다. 기독교인들에게 주일은 예배를 드리는 거룩한 날이지만 업자들에게는 공휴일이다. 업자와 관계를 돈독하게 하기 위해서는 평일보다는 여유 있는 주말에 접대를 하는 게 유리했다.

주말에 업자들을 상대하다 보니 주일 예배시간에 맞춰 서울에 올라가는 게 점점 힘들어졌다. 그러다 보니 맘 편히 부산에 있는 수영로 교회에서 예배를 드리고 나머지 일정을 보는 날이 많아졌다. 급기야 주일 예배를 빠지고 일을 먼저 챙기기 시작했다.

그날도 주일이었다.
아침부터 업자들과 모임이 있어서 나는 예배를 빠지고 범어사 계곡으로 향했다. 절에 가는 것은 아니었고, 절 앞 계곡에 있는 야외식당이 목적지였다. 금정산 중턱에 자리 잡은 범어사는 계곡을 끼고 있어 주변에 토속 음식점이 꽤 많았다. 주로 닭백숙을 팔았는데 가족들이 아닌 이상은 대부분 하루 놀 작정으로 온 사람들이라 백숙을 시켜놓고 고스톱판을 벌였다.

계곡에서 불어오는 시원한 바람이 여름 더위를 식혀주는 널찍한 마루에서 나는 아침부터 업자들과 고스톱을 쳤다. 화투짝도 맞출 줄 몰랐지만 업자들이 기분 좋게 이길 수 있도록 비위를 맞춰가며 고스톱을 치고 술을 마셨다.

거나하게 술에 취해 호텔에 돌아와 자고 아침에 일어났는데 느낌이 이상했다. 왼쪽 뺨이 얼얼해서 만져보니 차가운 게 내 살 같지가 않았다. 급히 일어나 거울을 보니 입이 돌아가 있었다. 구안괘사 같았다. 하지만 구안괘사가 생길 리가 없었다. 보통 구안괘사는 찬 바닥에서 잘 때 생긴다는데 나는 따뜻한 호텔에서 잤으니 해당 사항이 없었다. 그래서 숙취로 인해 잠시 안면마비가 온 거라고 생각하고 우황청심환을 하나 입에 물고 출근했다.

그런데 회사에 도착해 차에서 내리려는데 손가락에 감각이 없었다. 눈도 뻑뻑하고 말도 어눌해졌다. 그러더니 곧 다리마저 풀려 서 있기조차 힘들어지게 됐다. 마비 부위가 점점 퍼지는 것 같았다. 그제야 상황의 심각성을 느끼고 바로 김해공항으로 출발했다.

그리고 서울에 도착하자마자 A병원으로 가서 검사를 받았다. 이것저것 검사를 한 의사는 난감한 표정으로 자기네 병원에서는 원인을 찾을 수 없으니 큰 병원으로 가보라고 했다. 영동 세브란스 병원으로 옮겨 온갖 검사를 다 받았는데 거기서 정신을 잃었다. 의사들은 병명을 찾겠다고 의식도 없는 나를 이곳저곳 데리고 다니면서 정밀 검사를 했지만 원인을 찾지 못했다.

이유를 알 수 없는 희귀병, 이것이 한 달 만에 의사가 내린 결론이었다. 혼수상태에 전신마비가 된 내게 사형선고를 내리는 의사 앞에서 아내와 가족은 망연자실했다. 그 사이 증상은 점점 심해졌다. 하지만 의식불명 상태에서 경련 일 듯 온몸을 비틀어대는 나를 보면서도 의사들은 속수무책이었다. 영동 세브란스 병원에서 강남 성모병원, 신촌 세브란스 병원으로 옮겨 다녔지만 어디서나 결론은 똑같았다. 병원에서는 도저히 손 쓸 방도가 없다고 하니 입원하는 게 의미가 없었다.

멀쩡한 몸으로 나가 한 달여 만에 나는 식물인간 상태로 집으로 실려 왔다. 그때가 내 나이 44살, 큰아들 훈이는 중학교 1학년이었고, 둘째 지훈이는 초등학교 6학년이었다.

살았지만 죽은 목숨

집에 돌아오고 얼마 후에 의식이 돌아왔다.

그러면서 귀도 열렸다. 하지만 다른 것은 전부 마비된 채였다. 간신히 눈을 떴지만 흰 더께가 낀 것처럼 시야는 뿌옇고, 입은 달싹여지지도 않았다. 의식은 또렷해서 하고 싶은 말은 많았지만 입안에서 맴돌 뿐 말이 되어 나오지 않았다. 말은커녕 근육마저 굳었는지 미음도 넘기지 못했다. 음식은 삽관하여 유동식 호스로 넣고, 대소변도 아내가 받아냈다.

청각만 살아나고 다른 감각들은 여전히 마비된 상태였다. 그래도 밥 들어오는 것과 대소변이 몸에서 빠져나가는 건 느낄 수 있었다. 걸쭉한 유동식이 들어올 땐 '살았구나' 싶었지만 대소변이 나갈 때는 정말 고역이었다. 남편의 변과 기저귀까지 갈아야 하는 아내가 애처롭고 안쓰러웠지만 미안하다는 말도 못 하고 뿌옇게 흐린 천장만 바라봐야 했다.

아무도 알아차리지 못했지만 의식은 점점 또렷해지고 청각은 예민해졌다. 가만히 누워있으면 사람들의 발소리, 속삭이는 말소리, 작게 흐느끼는 소리가 다 구분되어 들렸다. 눈은 보이지 않고 전신은 마비되었지만 소리로 내 주변에서 일어나는 모든 것을 생생하게 느끼고 감각했다. 다행인지 불행인지 감각이 마비되어 통증이 없었다. 아프지 않다 보니 내가 전신마비라는 게 실감 나지 않았다. 금방이라도 일어날 수 있을 것 같았다. 누가 조금만 도와주면 벌떡 일어날 것 같은데 아무리 용을 써도 입속의 외침은 말이 되어 나오지 않았다.

산송장으로 누워있으면서 나는 사람들로 비정함을 톡톡히 맛봤다. 퇴원 초창기에는 병문안 오는 사람들로 집안이 항상 복작댔다. 교회 식구들은 날마다 심방을 와서 예배를 드렸고, 직원과 친구들, 사업차 알게 된 지인들까지도 내 병세가 궁금해 문턱이 닳도록 찾아왔다. 하지만 그중에 나를 진정으로 걱정해 준 사람은 몇 명 되지 않았다. 다들 내가 걱정돼 한달음에 찾아온 것처럼 설레발을 떨었지만 식물인간이 된 내 모습을 보고는 배려 없는 말을 쏟아냈다.

그들의 표현에 따르면 나는 사람이 아니라 비쩍 마른 통나무였다. 한두 달 사이에 몸이 반으로 줄었고, 광대뼈만 남은 얼굴만 보면 누구인지 알아보기도 힘들겠다고 했다. 숨을 쉬니 산목숨이라 하지만 이렇게 사는 게 어디 사는 거냐며 뒷말을 흐리는 사람도 있었다. 사람들이 올 때마다 머리맡에는 한숨과 동정, 쯧쯧 혀 차는 소리가 차곡차곡 쌓였고, 그들의 말은 비수가 되어 내 가슴을 쿡쿡 찔러댔다.

그들에게 나는 더 이상 사장이 아니었다.
자신들의 말로 툭툭 건드리며 굴릴 수 있는 통나무에 불과했다. 내가 듣고 있을 거라고는 꿈에도 생각하지 못한 사람들은 아내를 위로한답시고 이것저것 얘기하며 내 사생활을 까발렸다. 부산에서 여배우와 만난 것도 그때 아내에게 들켰다.

유행가를 유난히 좋아했던 나는 '여자의 일생'을 끝내주게 부르는 삼류 배우의 목소리에 홀딱 반해서 한 달에 한 번씩 만났다. 그리고 밤새 노래를 들으며 술을 마시고 이야기를 나눴었다. 손목 한 번 잡지 않은 사이였지만 아내가 들어서 좋을 일이 뭐가 있겠는가. 평소에는 내 앞에서 고개도 들지 못했던 직원이 무슨 큰 비밀을 알려주는 것처럼, 은근히 아내 속을 긁어가며 내 사생활을 부풀려 말하는 걸 듣고 있자니 속에서 천불이 났다. 하지만 아무리 몸부림쳐도 그들에게 나는 산송장일 뿐이었다.

사흘이 멀다 하고 찾아와 울다 가시는 부모님도 마찬가지였다. 딱딱하게 굳은 내 팔과 다리를 만지며 아버지는 "아이고, 애비보다 먼저 가는 자식이 어디 있다니, 나보다 먼저 가려고 이렇게 고생을 하니" 하면서 슬피 우셨다. 부모님의 통곡을 들으며 '아버지, 저 살고 싶어요. 아버지는 저를 낳으셨잖아요. 저를 제일 잘 아시잖아요. 제발 살려주세요.'라고 힘껏 외쳤지만 소용없었다. 가슴 찢어지게 아파하시고 비통해 하셨지만 부모님도 내가 다시 일어날 거란 기대는 하지 않으셨다.

오직 나만, 내가 다시 일어날 거라고 믿었다.
그래서 식물인간으로 누워있으면서도 사람들의 말에 상처받고 분노하고, 혈기 부리며 병문안 오는 사람들과 소리 없는 전쟁을 벌였다. 그럴 때마다 결론은 숨겨둔 돈을 반드시 찾아야겠다는 거였다. 그것만이 내 마지막 자존심을 살려줄 것이라고 생각했다.

사업을 하면서 나는 비자금을 꽤 많이 꿍쳐두었다.
숨겨둔 땅 문서와 비자금도 상당했고, 이름을 달리한 통장도 여럿 됐다. 열쇠로 잠가두는 서랍에는 비상시에 쓸 뭉칫돈도 현금으로 있었다. 문제는 그걸 아무도 모른다는 거였다. 이렇게 맥없이 쓰러질 줄 알았다면 아내에게 말했을 텐데…. 금고 비밀번호도 알려주지 않았으니 찾을 길이 묘연했다. 그럴수록 마음은 더 답답하고 불안했다.

'누가 책상 서랍에 있는 현금 다발을 가져가진 않았을까?'
'직원들이 금고 비밀번호를 알아내 벌써 땅과 건물을 다 처분한 건 아닐까?'
'은행에서는 비밀계좌를 열어주었을까?'

아내에게 미처 말하지 못한 비자금의 행방이 궁금해 밤에 잠이 안 왔다. 직원들이 올 때마다 혹시라도 그 얘기를 꺼내지는 않을까 촉각을 곤두세웠지만, 알고도 시침을 떼는지 정말로 모르는지 쓸데없는 이야기만 늘어놓다 갔다.

비자금은 물 건너갔고, 죽어라 일해서 남 좋은 일만 한 셈이었다. 그 사실을 받아들이기까지 8개월이 걸렸다. 그 시간 동안 나는 비자금을 한 푼이라도 건지겠다는 오기로 살았다. 식물인간이 되고 8개월 이상 나를 사로잡고 있었던 건 다름 아닌 '돈' 비자금이었다.

10개월 만의 외마디

전신마비가 된 지 석 달쯤 되자 자가 호흡이 곤란해져서 산소 호흡기를 달았다. 숨을 제대로 못 쉬자 위급 상황도 자주 발생했다. 목구멍에 숨이 걸리고 유동식이 막혔다. 가래도 자주 끓어 병원에 자주 실려 갔다. 그때마다 마주하는 건 좌절이었다. 살 소망을 안고 병원에 갔지만 번번이 내가 사회적으로는 이미 죽은 목숨이라는 것을 확인하고 왔기 때문이다.

그때 제일 비참했던 건 내 앞에서 나를 포기하는 사람들을 보는 것이었다. 그것처럼 슬픈 일은 없었다. 그 일을 나는 병원에 갈 때마다 겪었다. 이미 나를 포기한 의사들은 구급차에 실려 가도 내게 관심을 두지 않았다. 내 몸을 자세히 들여다보지도 않고 형식적으로 진찰하고 하나마나한 검사 몇 가지만 지시했다.

제발 한 번만 제대로 진찰을 해 달라고 애원하고 매달려도 의사들에게 내 말은 닿지 않았다. 그들에게 나는 살려야 할 환자가 아니었다. 사형선고를 했을 때 나는 병원의 관심 대상에서 빠진 것이다. 의사들의 냉정한 태도를 볼 때마다 살 수 있을 거란 실낱같은 희망이 툭툭 끊어졌다.

4개월쯤 지나자 부모님도 나를 포기하셨다.
내가 다시 깨어날 거라 기대하진 않으셨지만 차마 아들을 보내지 못해서 집에 오실 때마다 내 손을 붙잡고 우셨던 아버지, 그 아버지도 결국 내 손을 놓으셨다. 그날 아버지가 내 이

마에 얼굴을 맞대고 하신 말씀이 아직도 귀에 쟁쟁하다. 아버지는 쪼그라들어 뼈만 남은 내 몸 구석구석을 한참 어루만지며 우셨다. 그리고 빈 껍질 같은 내 얼굴을 오랫동안 쓰다듬으셨다. 아버지의 흐느낌에서 단내가 느껴졌다. 애간장이 졸아들어 바짝 마른 냄새, 죽음의 냄새였고 포기의 냄새였다.

'아버지, 저 아직 살아있어요. 제발 포기하지 마세요.'

다급해진 내가 아버지를 애타게 불렀지만 돌아온 말은 '이제 편히 가라'였다. 의식불명인 채 숨만 붙어 있는 자식을 더 이상 보기 괴로우셨던 아버지는 그날 나를 마음에 묻고 다시 오지 않으셨다.

마지막까지 나를 포기하지 않은 것은 아내였다.

생각해 보면 결혼해서 아내와 함께 산 세월이 5년 남짓 밖에 되지 않았다. 서로 애틋할 새도 없이 일하기 바빠 밖으로만 도는 바람에 생과부로 살게 했는데 내가 집에 있어도 생과부 신세는 마찬가지이니 미안하기 그지없었다.

그래서 아내가 조금씩 나를 소홀하게 대해도 서운하지 않았다. 나를 다루는 손길이 거칠어지고, 신세타령이 늘어져도 섭섭하지 않았다. 긴 병에 효자 없다는데 부모도 포기한 나를 버리지 않고, 아내는 항상 같은 시간에 유동식을 먹여주고, 따뜻한 물로 몸을 닦아주고, 기저귀를 확인하여 깨끗하게 갈아주었다. 그런 아내의 성실한 사랑이 내가 마지막으로 기댈 의지처였다.

하지만 아내에 대한 확신도 흔들리기 시작했다. 발단은 장모님이었다. 내가 식물인간이 되고 우리 집에 가장 자주 오신 분이 장모님이셨다. 창졸간에 식물인간이 된 사위도 안타까우셨겠지만 곱게 키운 외동딸이 고생하는 게 마음이 아파 오실 때마다 눈물 바람이셨다.

그런데 그날은 좀 분위기가 달랐다. 내가 쓰러진 지 10개월에 접어들었을 때 장모님이 뜬금없이 고구마순 김치를 해 오셨다. 고구마순 김치는 내가 가장 좋아하는 음식이었다. 장모님은 옛날 어른이라 사위 사랑을 말로 표현 못 하시고, 여름이면 손 많이 가기로 다섯 손가락 안에 드는 고구마순 김치를 손수 담가 주셨다. 젓갈이나 마늘같이 짜고 강한 음식을 싫어하는 아내나 아이들은 젓가락도 대지 않아 그 김치는 온전히 내차지였다. 아삭하고 맵고 짠 맛이 내 식성에 딱 맞았다. 게다가 장모님은 설탕을 넣지 않고 복숭아와 양파를 갈아 넣어 달콤하면서도 향긋한 맛이 식욕을 자극했다.

그 김치를 먹은 지 1년이 넘었는데도 냄새를 맡자 혀가 그 맛을 느끼는 것 같았다. 따끈따끈한 밥에 고구마순 김치 하나얹어 먹으면 소원이 없겠다 싶었다. 견딜 수 없을 만큼 고구마순 김치가 먹고 싶었다. 하지만 그런 식욕이 무슨 소용이 있겠는가. 욕심을 내는 것도 부질없었다. 아무리 소리쳐도 내 말은 가족들이 듣지 못했고, 설사 김치를 입에 넣어준들 씹어 넘길 수도 없었다. 침도 제대로 삼키지 못하는데 고구마순 김치는 언감생심이었다.

생각할수록 처지가 한심하고 기가 막혔다. 아무짝에도 쓸모없는 사람이 되어 사람들에게 짐이 된 내가 처량했다. 차라리 죽었다면 이런 고생은 하지 않았을 텐데 살길은 막혔고 앞날은 암담했다. 그때 내 정신을 번쩍 들게 하는 말이 들렸다.

"에미야, 장 서방 못 살겠다. 이제 그만 산소 호흡기 떼고 포기하자."

내 곁에서 훌쩍이던 장모님이 아내에게 무겁게 한마디 하셨다. 그러자 아내가 울면서 어떻게 그러냐며 자기는 내가 불쌍해서 그렇게 못한다고 하자 장모님이 버럭 화를 내셨다. 산 사람은 살아야지 언제까지 가망도 없는 사람 붙들고 생지옥에서 살 거냐고 하셨지만 아내는 울기만 했다. 그러자 장모님은 이렇게 청승을 떨며 생고생하는 꼴을 더 이상은 못 보겠다고 하시며 문을 박차고 가 버리셨다.

'쾅'하고 문소리가 들리자 나도 모르게 안도의 한숨이 쉬어졌다. 당장이라도 산소 호흡기를 뗄 것 같은 장모님의 기세에

간이 오그라들었는데 문 닫히는 소리가 들리니 안심이 됐다. 내가 아무리 살겠다고 발버둥 쳐도 산소 호흡기를 떼면 그만이었다. 내 목숨줄은 내가 쥐고 있는 게 아니었다. 장모님이나 아내가 마음만 바꿔 먹으면 언제든지 죽을 수 있었다.

내 목숨은 내 소관이 아니란 생각을 하자 속에서 울분이 치밀어 올랐다. 다른 사람도 아닌 장모님이 어떻게 나를 이렇게 비참하게 만들 수 있단 말인가? 배신감에 심장이 두방망이질 했다. 사위 사랑은 장모라지만 우리 집은 반대였다. 장모 사랑은 사위라고 할 만큼 나는 장모님을 극진히 모셨다. 출장이 잦고 업무가 바쁜 탓에 가족들과 함께 있는 시간이 적었기 때문에 그 공백을 장인, 장모님과 함께 지내도록 배려했다.

풍광 좋은 지방으로 출장 갈 때는 꼭 장인, 장모님을 함께 모시고 갔다. 낮에는 우리 가족과 함께 바닷가에서 쉬시게 하고, 업무가 끝나면 그 지역을 구경시켜 드리며 특산물을 사드렸다. 때마다 철마다 싱싱한 과일과 고기 등도 박스째 보내드렸다. 열 아들 안 부럽단 말을 들을 정도로 장모님께 최선을 다했는데 그 결과가 고작 이거란 말인가? 식물인간이 된 후 처음으로 세상에 혼자 버려진 것 같은 기분이 들었다.

그때부터는 아내가 두려웠다. 혹시라도 마음을 바꿔 산소 호흡기를 떼면 어쩌나, 아내의 한숨이 깊어지거나 신세타령이 길어질 때마다 가슴이 졸아들었다. 아내의 말 한 마디, 행동 하나에 신경 쓰다 보니 내 누운 자리가 가시방석이었다.

하루는 훈이와 지훈이가 투닥거리는 소리가 들리더니 "훈아, 지훈아 싸우지 말아라. 아빠가 이렇게 누워 계시잖아. 아빠 죽으면 엄마 혼자 과부로 살아야 하는데 너희들이 싸우면 어떡하니"라고 아이들을 타이르는 아내의 말소리가 들렸다. 그 말을 듣자 가슴이 철렁했다. '과부'라는 말이 심상치 않게 귀에 꽂혔다. 가슴이 뛰고 심장이 벌렁거렸다. 죽을 수도 있다고 생각하니 더 살고 싶었다.
'여보, 나 좀 살려줘. 나 죽지 않았어! 나 멀쩡해요. 내 겉 사람만 마비된 거야.'

다급한 마음에 있는 힘껏 소리쳤지만 말은 입 밖으로 나오지 않았다. 이젠 다 끝났다는 절망감에 눈앞이 캄캄했다. 어둠 속에서 손을 휘저었지만 아무것도 잡히지 않았다. 언제든 나를 다시 일으켜 세워줄 거라 믿었던 돈도, 끝까지 나를 붙잡아 줄 거라 의지했던 아내도 그 어둠 속에서 내 손을 붙잡아 줄 수 없었다.

의지가지 하나 없이 천 길 낭떠러지로 떨어지는 것 같았다. 그 칠흑 같은 절망 속에서 나도 모르게 '하나님'을 불렀다. 10개월 동안 한 번도 부르지 않은 이름, 한 번도 떠올리지 않은 그분을 마지막 순간에 찾은 것이다.

'하나님'

단말마와 같은 이 가냘픈 외침이 10개월 만에 드린 나의 첫 기도였다. 살려달라는 말조차 나오지 않아 탄식 속에 부르짖은 외마디였다. 응답을 원했지만 대답은 기대하지 않았다. 그런데 놀랍게도 하나님은 나의 그 외마디에 응답하셨다. 지난 10개월 동안 아버지를 목 놓아 부르고, 아내를 외쳐 불러도 아무도 대답하지 않았지만 하나님은 나의 작은 신음에도 즉각 응답하셨다. 마치 오랫동안 그 말 듣기를 기다리신 것처럼.

그런데 나는 그 한 마디를 하는 게 왜 그토록 오래 걸렸을까. 참으로 이해가 되지 않는다. 모태신앙이었던 나는 주일학교에서, 교회에서, 미션 학교에서, 신우회장으로서 직장에서 수없이 '하나님 아버지! 예수 그리스도'를 부르며 기도했었다. 그런데 그 존귀하신 이름을, 10개월 동안 고난을 받으면서도 한 번도 찾지 않고 세상을 붙잡고 있었으니 그 어리석음이 얼마나 깊은지 '하나님' 이름을 부르면서 나는 비로소 깨달았다.

"환난 날에 나를 부르라 내가 너를 건지리니 네가 나를 영화롭게 하리로다"(시편 50:15).

2부
인생의 하프타임

이제, 내가 너를 소유하리라

'하나님'이라는 한 마디가 어둠에서 나를 구원했다.

그때 나는 알았다. 그 구원은 나로부터 온 것이 아니라 하나님으로부터 온 것임을. 하나님은 지난 10개월 동안 나를 향해 손을 펴시고, 내가 움켜쥐고 있던 것을 내려놓기를 기다리고 계셨던 것이다. '돈과 명예'을 내려놓고 그 주님의 손을 내가 잡기까지 꼬박 10개월이 걸렸다. 그 주님의 손을 잡고 난 후에야 비로소 눈물이 났다. 기도가 터졌다.

"하나님 잘못했습니다. 저를 용서해 주세요. 이제야 제가 벌레만도 못한 존재라는 걸 알았습니다. 어리석고 타락한 저를 불쌍히 여겨 주세요."

허랑방탕하게 살았던 지난 세월이 파노라마처럼 펼쳐졌다.

가는 곳마다 인정받고 손대는 사업마다 불 일 듯 일어난 것이 내 능력인 양 살았던 시간들이 후회스러웠다. 내 집 드나들 듯 술집에 다니고, 술집 여자들과 어울리면서도 양심의 거리낌이 없었던 것이 부끄러웠다.

"사람이 만일 온 천하를 얻고도 제 목숨을 잃으면 무엇이 유익하리요 사람이 무엇을 주고 제 목숨과 바꾸겠느냐"(마태복음 16:26).

무엇보다 10개월 동안 하나님을 찾지 않은 것이 한탄스러웠다. 목사님과 권사님 그리고 집사님들이 나를 위해 간절히 기도할 때 나는 머릿속으로 돈 찾을 궁리를 하며 하나님을 찾지 않았다. 모태신앙이고, 집사이며 벽산 그룹 신우회 회장까지 했지만 나를 지배하고 있었던 것은 하나님이 아니라 돈이었다. 결국 내 인생 44년 동안 돈에 충성하며 살았던 것이다.

과연 이런 나를 하나님이 용서해 주실지, 다시 살려주실지 확신이 들지 않았다. 하지만 10개월을 기다려주신 분이다. 한 번 더 간구하면 내 기도를 들어주시지 않을까, 반신반의하며 다시 한번 기도했다.

"하나님 저를 다시 살려 주십시오. 병신이 되더라도 좋습니다. 한 번만 살려주시면 제가 손발이 닳도록 하나님을 위해 충성하겠습니다. 하나님이 원하는 사람이 되어 전심으로 하나님을 따르겠습니다. 하나님, 저를 다시 한번 살려주십시오."

기도를 마치자마자 천지를 집어삼킬 듯한 소리가 들렸다.

"이제 내가 너를 소유하리라. 이제 네 서원을 갚아라."
"감사로 하나님께 제사를 드리며 지존하신 이에게 네 서원을 갚으
며"(시편 50:14).

서원을 갚다니 이게 무슨 말인가? 이해할 수 없는 말씀에
마음이 급해졌다. 머릿속을 뒤져 하나님께 간절히 기도했던
순간들을 떠올렸다. 그때 내 귀에 또렷이 '하나님의 종이 되겠
습니다'라는 음성이 들렸다. 다름 아닌 나의 목소리였다. 10년
도 더 오래된 어느 날, 절박한 마음으로 드렸던 기도였다.

둘째 지훈이가 3살 때 큰 사고를 당했다.
아내와 수원 처갓집에 갔다가 펄펄 끓는 물에 빠져 3도 화
상을 입었다. 연년생으로 아들을 낳고 산후조리도 제대로 못
한 딸내미 몸보신을 시키려고 장모님이 사골을 끓이셨는데
잠깐 한 눈 파는 사이에 대청마루에서 고양이와 놀던 아이가
뜨거운 사골 국물에 덤벙 빠진 것이다. 자지러지는 울음소리
에 놀라 어른들이 달려갔을 때 지훈이는 이미 가마솥에 엉덩
이가 녹아 살이 흐물흐물해진 후였다.
아내와 장모님은 아이를 데리고 급히 수원 성빈센트 병원

에 갔지만 의사는 화상이 너무 심해 살릴 방도가 없다며 돌려보냈다. 그 얘기를 듣고 아내는 기절하여 쓰러졌고, 울다 지친 아이는 까무룩 정신을 잃었다 깼다를 반복했다. 그날 나는 회사 직원들을 데리고 야유회를 갔다가 술에 취해 집에 돌아왔고, 일하는 아이로부터 지훈이의 사고 소식을 들었다.

그때부터는 내 정신이 아니었다. 총알택시를 타고 서울 상도동에서 수원까지 달려가 아이를 두 손으로 받쳐 들고 병원으로 달렸다. 숨넘어가게 울어대던 아이는 그조차도 지쳤는지 눈을 까뒤집으며 숨만 할딱였다. 가엾고 불쌍한 것, 이 어린 것을 놓칠 수 있다고 생각하니 온몸에 피가 마르는 것 같았다. 아이가 화상을 입은 게 모두 내 탓 같았다. 내가 야유회를 가지 않고 처갓집에 갔다면 이런 일은 없었을 텐데…. 뼈아픈 죄책감이 가슴을 후벼 팠다.

병원에 가도 아이가 살아날 가망은 없었다.
의사를 윽박질러 치료를 시작했지만 의사도 뾰족한 방법은 없어 보였다. 아이를 살릴 수 있는 모든 가능성이 사라졌을 때 나는 병원 바닥에 무릎을 꿇었다. 그리고 기도했다. 아이 대신 내가 죽겠다는 심정으로 간절히 기도했다. 그런데 그때 생각지도 않은 말이 내 입에서 나왔다.

"하나님, 지훈이를 살려 주십시오. 이 아들만 살려 주신다면 제가 주의 종이 되겠습니다. 평생 하나님 원하시는 일을 하며 살겠사오니 아들을 꼭 살려 주십시오. 하나님 제가 죄인입니다. 사업을 핑계로 방탕하게 지내다 이 어린 것을 아프게 했습니다. 하나님 저를 용서해 주시고, 이 아들을 살려주십시오."

하나님은 약속을 지키셨다. 아이의 화상은 치료되었고 깨끗이 나음 받았다. 하지만 나는 그 기도를 까맣게 잊고 10년 넘게 살았다. 그리고 이제 하나님은 내 입술의 고백을 온전히 기도로 받으시기 위해 그날을 기억케 하셨다.

"내가 이제 너를 소유하리라. 요나야, 너는 일어나 저 큰 성 니느웨로 가라. 가서 내가 네게 말하는 것을 그들에게 선포하라."

온 천지를 진동케 하는 폭풍우와 같은 하나님의 음성에 나는 떨리는 마음으로 무릎을 꿇었다.
그런데 요나는 누구이며 니느웨는 어디란 말인가? 명색이 집사였지만 그때까지 요나서를 읽어본 적이 없었기에 요나도 니느웨도 처음 듣는 말이었다.

"하나님, 니느웨가 어디입니까?"

하나님은 천둥 같은 음성으로 내게 대답하셨다.

"네가 전에 갔던 곳이다."

그때 우레와 같은 소리가 나를 뒤흔들면서 살아있는 하나님의 말씀이 내 안으로 들어왔다. 좌우에 어떤 검보다 예리한 말씀의 검이 내 혼과 영과 관절과 골수를 찌르고 쪼갰다. 말씀의 검이 닿는 곳마다 성령의 피가 터져 나왔다. 바짝 말랐던 혈관에 피가 돌고 근육이 풀리면서 몸이 움직였다. 마치 감전된 사람처럼 온몸이 찌릿찌릿하고, 혈관이 따끔거렸다. 손가락 발가락 끝이 제멋대로 움직이기 시작했다.

"하나님의 말씀은 살아 있고 활력이 있어 좌우에 날선 어떤 검보다도 예리하여 혼과 영과 및 관절과 골수를 찔러 쪼개기까지 하며 또 마음의 생각과 뜻을 판단하나니"(히브리서 4:12).

말씀으로 새롭게 되면서 내 육체는 성령의 피로 채워진 새 부대가 되었다. 그날 돈과 명예 권력에 묶여 살았던 내 과거는 죽었다. 나는 10개월 만에 깨어난 것이 아니었다. 그날은 44년 만에 새 생명을 부여받은 내 인생의 첫날이었다.

"영접하는 자 곧 그 이름을 믿는 자들에게는 하나님의 자녀가 되는 권세를 주셨으니 이는 혈통으로나 육정으로나 사람의 뜻으로 나지 아니하고 오직 하나님께로부터 난 자들이니라"(요한복음 1:12~13).

감림산 기도원

식물인간에서 깨어나서 가장 먼저 본 것은 아들이었다.

학교에서 돌아온 지훈이가 내 방에 와서 인사를 하는데 눈 앞에 회색 그림자가 같은 게 보였다. 눈을 떠도 감아도 짙은 안개가 낀 것처럼 희부옇었었는데 형체가 정확하진 않지만 뭔가 내 눈앞에서 왔다 갔다 하는 게 보였다. 아들일 게 틀림없었다. 어떤 모습일까? 지훈이를 자세히 보고 싶어 눈을 부릅뜨는데 갑자기 비명 같은 소리가 들렸다.

"엄마, 엄마 아빠가 움직여요."

온몸을 꿈틀거리며 눈을 희번덕거리는 날 보고 놀란 아들은 다급하게 엄마를 찾았다. 하지만 아내는 아들의 말을 못 들은 척 "빨리 손 씻고 밥 먹어"라고 했다.

그동안 혹시나 하는 마음에 내 방으로 뛰어 들어온 적이 없었겠는가? 주방에서 일하다가, 거실에 앉아 있다가 후다닥 방에 들어왔다가는 나무토막처럼 누워있는 나를 보고 아내는 깊은 한숨을 내쉬곤 했다. 그래서인지 아내는 아들이 다급하게 불러도 꿈쩍도 하지 않았다.

아들은 고장 난 로봇처럼 관절을 뒤틀고, 온몸을 부자연스럽게 움찔거리는 나를 혼자 두고 나가기가 겁났던지, 그 자리에 못이 박힌 듯 꿈쩍하지 않고, 목소리만 높여 연신 엄마를 불러댔다.

결국 아내가 방으로 왔다. 그리고는 숨을 훅 들이키더니 "아이고 어쩌나, 이제 가시려나 보다"라고 힘없이 말했다.

내가 깨어났으리라고 상상도 못 한 아내는 죽기 전에 몸이 마지막으로 경련을 일으키는 건 줄 알고 황급히 구급차를 불렀다. 그리고 응급실에서 내가 마비에서 풀렸다는 진단을 받았다. 10개월 만에 다시 깨어난 것이다.

"그가 찔림은 우리의 허물 때문이요 그가 상함은 우리의 죄악 때문이라 그가 징계를 받으므로 우리는 평화를 누리고 그가 채찍에 맞으므로 우리는 마음을 받았도다"(이사야 53:5).

그때부터 회복에 속도가 붙었다.

의사가 손쓰기 전에, 약이 그 효과를 나타내기 전에, 하나님께서 나를 직접 치유하신다는 것을 보여주시기 위함 같았다. 산소 호흡기와 유동식을 투입했던 호스를 떼고 이틀 만에 목구멍에 미음을 흘려 넣었다. 입가가 실룩거려 발음이 부정확했지만 말도 할 수 있게 되었다. 처음 입을 떼자마자 나는 아내에게 "감림산, 감림산"이라고 말했다.

10개월 만의 첫 말이 '감림산'이라니, 영문을 모르는 아내는 거기가 대체 어디냐고 되물었다. 내가 말하고 싶었던 것은 '감림산'이 아니라 '감림산 기도원'이었다. 몸이 깨어나면서부터 내 안에 '감림산 기도원에 가라'는 음성이 들렸다.

감림산 기도원은 부산에서 요트장 공사를 할 때 부하직원과 함께 몇 번 갔었다. 사업을 하면서 일이 막히고 꼬여 답답할 때 부하직원이 함께 가자며 권했던 곳이 감림산 기도원이었다. 하지만 그때도 나는 제대로 기도를 드리지 못했다. 상황은 답답했지만 어떻게 기도할지 몰라 더듬더듬 몇 마디 구하고 나서는 기도원을 따라 이어진 계곡에서 송사리를 잡아다가 초고추장에 찍어 먹으며 소주를 마시곤 했다.

기도했던 것보다 술 마셨던 기억이 더 선명한 그곳에 하나님은 왜 가라고 하셨을까? 이유는 알 수 없지만 환상 중에 보여주신 곳은 분명 감림산 기도원이었다. 그것은 내가 그곳에 가길 하나님이 바라시는 것 같았다.

내가 깨어나자마자 말한 '감림산'이라니는 게 양산에 있는 기도원이라는 것을 알게 된 아내는 어처구니없어했다. 당연한 일이었다. 회복이 빠르다고 해도 깨어난 지 고작 이틀이 지났을 뿐이었다. 10개월 동안 굳어 있던 몸이 풀리면서 온몸은 흐느적거렸고, 아직 힘을 받지 못한 다리를 세워놓으면 곧 허물어졌다. 한쪽 눈은 실명되어 볼 수 없는 상황이었다.

그 몸으로 서울도 아닌 양산에 있는 기도원에 가겠다고 하니 아내가 찬성할 리 만무했다. 아내 입장에서는 아이들만 집에 두고 나를 따라나설 수 없고, 몸도 제대로 못 가누는 나를 혼자 타지에 보내기도 어려웠을 것이다. 깨어나자마자 아내에게 어려운 숙제를 내준 셈이었다.

아내는 내가 몸이 회복될 때까지는 혼자 못 보낸다고 고집을 피웠고, 나는 혼자라도 감림산 기도원에 가겠다고 날마다 보채듯 졸라댔다. 결국 아내는 앵돌아져서는 혼자 갈 테면 가 보라고 화를 냈다. 그것을 허락의 신호로 받아들인 나는 곧장 부산에 사시는 이모님께 연락을 했고 택시를 대절해 이모님과 함께 감림산 기도원으로 향했다.

1년 만에 다시 찾은 기도원은 변함이 없었지만 나는 완전히 다른 사람이 되었다. 혈기왕성하여 세상에 무서울 것이 없었던 때는 내 힘으로 이루지 못할 게 없다고 생각했다. 그런데 그 후 1년도 채 못 되어 혼자 걷지 못해 환갑 넘은 이모님의 등에 업혀 오는 신세가 된 것이다.

죽을 고비를 넘기면서 몸은 반으로 줄어 뼈에 가죽만 남았다. 38kg밖에 안 되는 나를 가뿐히 업고 이모님은 산비탈 위에 있는 예배당으로 향하셨다. 그 몰골이 얼마나 형편없었던지 감림산 기도원의 이옥란 원장님은 이모님의 등에 업혀 가는 나를 보고, 누가 감림산에 시체를 묻으려고 떠메고 온 줄 알았다고 했다.

이모님의 등에 업혀 가는 동안 마음이 한없이 낮아졌다. 나를 더 높고 힘 있는 곳으로 데려다줄 거라 믿었던 돈과 능력을 모두 잃어버린 그때 나는 높아지고 싶어도 높아질 수가 없었다. 그저 땅바닥 가장 낮은 곳에 있는 벌레에 불과했다. 나를 겹겹이 포장하고 있던 성공의 껍데기가 다 벗겨지고 나서야 진정한 나를 볼 수 있었다. 지금껏 내가 자랑했던 모든 것이 내 것이 아니라는 것을 그제야 알았다.

　'아, 나는 탕자구나. 아버지의 재산을 탕진하며 그것이 내 것인 줄 알고 자랑하며 살았구나.'

　후회와 자책의 눈물이 이모님의 등을 흠뻑 적셨다.

　내 힘으로 살겠노라 아버지의 가슴에 못을 박고 나갔지만 결국 내 몸 하나 가누지 못하는 벌레가 되어 아무 데도 갈 곳 없는 나를, 아버지는 받아주실까. 아들이 아니어도 좋다. 아버지의 집에서 살 수만 있다면 종이어도 좋다. 아버지의 집에서 살 수만 있었으면 좋겠다. 돌아온 탕자처럼 나는 절박한 심정으로 간절히 기도했다.

　"하나님, 저를 불쌍히 여겨 주세요. 혼자 설 수도 없는 몸으로 하나님 앞에 엎드립니다. 커다란 벌레가 되어 땅바닥 가장 낮은 곳에 엎드린 저를 긍휼히 여겨 주세요. 의지할 곳 없어 손들고 돌아온 저를 불쌍히 여겨 주시옵소서."

이제 내가 붙들 것은 십자가뿐이요, 의지할 분은 하나님뿐이었다. 비록 한쪽 눈은 실명했고, 혼자 일어서기도 힘든 상황이었지만 숙소에 혼자 남겨졌을 때도 무섭지 않았다. 두렵지 않았다. 그곳은 아버지의 집, 하나님의 품이었으니까.

"그러나 무엇이든지 내게 유익하던 것을 내가 그리스도를 위하여 다 해로 여길뿐더러 또한 모든 것을 해로 여김은 내 주 그리스도 예수를 아는 지식이 가장 고상하기 때문이라 내가 그를 위하여 모든 것을 잃어버리고 배설물로 여김은 그리스도를 얻고 그 안에서 발견되려 함이니 내가 가진 의는 율법에서 난 것이 아니요 오직 그리스도를 믿는 믿음으로 말미암은 것이니 곧 믿음으로 하나님께로부터 난 의라"(빌립보서 3:7~9).

성전 문 옆의 앉은뱅이

기도원에서의 생활은 쉽지 않았다.

혼자 일어서기도 힘든 내가 숙소에서부터 산비탈 위에 있는 예배당까지 가는 건 엄청난 고행이었다. 감사하게도 사람들이 내 방에 줄을 매달아 주어서 그 줄을 잡고 겨우 일어나 한 발씩 떼며 사람들의 등에 업혀서 예배당에 올랐다.

온몸이 땀으로 흠뻑 젖어 예배당 앞에 섰는데 눈앞에 십자

가가 보였다. 어릴 때부터 얼마나 흔하게 봐왔던 십자가였던
가. 어디서든 눈만 돌리면 보였던 그 십자가가 이제 내 생명처
럼 느껴졌다. 십자가를 보는 순간 눈물이 쏟아지며 허리가 고
꾸라졌다.

'하나님, 제가 이제야 왔습니다. 저를 불쌍히 여겨 주세요.
이제 시키는 대로만 하겠습니다.'

예배당까지 오는데 온힘을 다 써서 강단 앞쪽으로 갈 엄두
가 나지 않았다. 그렇다고 거동도 못 하는 내가 가운데 자리를
차지하고 누워있을 수도 없었다. 그래서 성문 옆의 앉은뱅이
처럼 예배당 입구 모서리 쪽에 자리를 잡았다. 방석 여러 개를
겹쳐 두툼하게 깔고 벽에 비스듬히 기대어 앉아 종일 말씀을
듣고 찬양을 불렀다. 그 자리에 있다는 것 자체만으로도 마음
이 뭉클해지고 가슴이 뜨거웠다. 성경 말씀만 읽어도 감동으
로 눈물이 났다. 어떻게 나 같은 죄인을 이곳으로 부르시고 사
랑해 주시는지, 예수님의 그 큰 사랑이 벅차게 다가왔다. 죄가
깊을수록 받는 은혜가 컸다.

기도원을 찾는 사람들은 보다 절박한 기도 제목을 가지고
오는 경우가 많다. 절규하듯 부르짖는 통성 기도 속에 말 못
할 사연과 아픔이 절절히 배어있다. 그런데 그들 중에서도 나
는 가장 비천하고 불행한 자였다. 거동이 불편하다 보니 사람

들이 한꺼번에 나가고 들어올 때 미처 피하지 못해 발길에 채이기도 하고, 눈총을 받기도 했다. 음식도 제대로 먹지 못했다. 누군가 음식을 주면 얻어먹으며 겨우 끼니를 때웠다. 그래도 그 자리는 내게 은혜의 자리였다. 모든 사람들이 피해가는 가장 비천한 자리에서 나는 예수님을 인격적으로 만났기 때문이다.

감림산 기도원에서는 1년 365일 내내 집회를 개최했다.

집회마다 강사 목사님이 다르기 때문에 주제는 그때그때 달랐다. 그런데 내가 기도원에 간 지 3달이 되었을 때 지금 남서울비전교회의 담임목사님인 최요한 목사님이 강사로 오셨다. 신유의 은사가 강했던 목사님께서 특별히 안수기도를 해 주셨다. 설교를 마치고 나서 안수기도를 받고 싶은 사람들은 강단 앞으로 나오라고 하셨다. 그러자 사람들이 우르르 강단 앞으로 나갔다.

그때 사람들이 목사님이 서 계신 자리에서 서너 발짝 떨어진 곳에 뭔가를 놓기 시작했다. 대체 저게 뭔가 싶어 고개를 빼고 보니 방석이었다. 처음 보는 광경에 호기심이 생겨 계속 보다 보니 방석을 왜 깔았는지 짐작이 갔다. 목사님이 안수기도를 하실 때 사람들의 이마에 손을 댔는데, 그 손이 닿자마자 사람들이 뒤로 벌렁 넘어졌다. 그때 다치지 말라고 방석을 깔아 놓은 것이다. 그걸 보자 안수기도에 대한 신뢰가 깨졌다.

전부 다 쇼 같았다. 그래서 안수기도를 받고 나음을 입었다는 간증이 넘쳐나는데도 나는 목사님 앞에서 이마를 숙이지 않았다.

그런데 그런 나에게도 하나님은 안수기도를 받을 수 있는 기회를 주셨다. 집회 마지막 날에 목사님은 성전 안에 있는 모든 분들에게 안수기도를 해 주시겠다고 했다. 그때까지도 의심을 풀지 않았던 나는 어떻게 안수기도를 하는지 가까이에서 보겠다는 심정으로 목사님의 동선을 눈으로 좇았다. 목사님은 사람들의 머리에 손을 얹고 뭔가 짧게 중얼거리며 기도하면서 옆으로, 뒤로 빠르게 움직였고 사람들은 볏단처럼 뒤로 쓰러졌다. 방언이 터지고 기도가 뜨거워지는데 나만 심드렁해서 어정쩡하게 앉아 있었다.

드디어 내 차례가 되었다. 목사님은 일어나 앉지 못하는 내 옆에 무릎을 꿇고 앉아 머리에 손을 얹었다.

"앗 뜨거!"

최요한 목사님의 손이 내 머리에 닿는 순간 나도 모르게 펄쩍 뛰며 소리를 쳤다. 마치 불붙은 쇳덩어리가 이마에 닿은 것처럼 뜨겁고 묵직한 충격이 순간적으로 나를 압도했다. 그 불 같은 손에 내 머리가 녹고, 몸뚱이가 녹으면서 내가 불에 활활

타는 것 같았다. 그 순간 성령의 뜨거운 역사가 내 안의 모든 병마를 깨끗이 치유하셨다. 할렐루야!

"아무것도 염려하지 말고 다만 모든 일에 기도와 간구로, 너희 구할 것을 감사함으로 하나님께 아뢰라 그리하면 모든 지각에 뛰어난 하나님의 평강이 그리스도 예수 안에서 너희 마음과 생각을 지키시리라"(빌립보서 4:6~7).

그때부터 회복 속도가 눈에 띄게 빨라졌다.

후들거리던 다리에 힘이 붙었고, 번번이 꺾어져 바닥에 주저앉게 만들었던 팔에도 힘이 생겨 제법 내 몸을 지탱할 수 있게 되었다. 그래서 한 손으로 땅을 짚고, 다른 한 손으로 벽을 잡고 혼자 일어설 만큼 회복이 되었을 때 나는 하나님과의 독대하는 시간을 가져야겠다고 결심했다.

10개월 동안 병마와 싸우면서 깨달은 건 내가 부질없는 것을 붙들고 살았다는 것이었다. 죽음의 문턱까지 가서야 나는 세상에서 자랑하고, 사랑했던 것들이 아무 소용없다는 것을 알게 되었다. 생명과 나만 남았을 때, 나를 지옥의 구렁텅이로 빠뜨리지 않을 구원의 열쇠는 예수 그리스도밖에 없었다.

만약 죽음이 끝이라면 하나님께 생명을 구하지 않았을 것이다. 세상에서 헛된 것을 사랑하며 살았던 시간을 후회하지 않았을 것이다. 하지만 죽음은 끝이 아니었다. 그 뒤에는 천국과 지옥이 있다. 사람은 누구나 둘 중 하나를 가야 한다. 중요한 건 천국과 지옥의 갈림길에 섰을 때 우리에겐 선택권이 없다. 선택은 생명이 있는 동안에만 가질 수 있는 특권이라는 것이다. 예수 그리스도를 구주로 영접한 사람만이 죽음 후에 천국에 갈 수 있다.

불치병으로 전신이 마비된 나를 보고 사람들은 죽었다 했지만 내 영은 살아서 하늘나라를 자유롭게 오갔다. 그들이 죽었다고 판단한 것은 내 육과 혼이었다. 나의 참 본질이자 존재인 영은 죽지 않았다. 만약 내가 숨이 끊어져 목숨을 다했다 해도 마찬가지다. 육은 흙이 되어 썩어지고, 혼은 사라져도 하나님의 씨(spevrma)로부터 지으심을 받은 영은 죽지 않는다.

나의 영은 혼과 육으로부터 분리되어 이 땅을 떠나 우리의 심판주이신 하나님 앞에 서게 된다. 그리고 결코 죽지 않는 영(spevrma)의 존재로서 천국과 지옥 둘 중 한 곳에 가게 된다는 것을 식물인간으로 있으면서 알게 되었다. 가장 무서운 것은 천국과 지옥은 끝이 없는 곳이며 영원하다는 것이었다. 그러니 숨 붙어 있는 동안 육과 혼이 전부라 여기며 살았던 것이 얼마나 부질없는 것인지 천국과 지옥을 보며 깨달았다.

"사람이 만일 온 천하를 얻고도 자기를 잃든지 빼앗기든지 하면 무엇이 유익하리요"(누가복음 9:25).

또한 천국과 지옥을 보면서 나는 구원이 죽음 후의 일이 아니라 산 자가 누릴 수 있는 은혜이며 선택해야 할 몫이라는 걸 깨달았다. 그러니 어떻게 생명을 포기할 수 있겠는가. 그때 죽었다면 나는 지옥행이었을 것이다. 그것은 10개월 간 식물인간으로 있었던 것과는 비교할 수 없을 만큼 처참하고 끔찍한 일이다.

천국과 지옥은 추상적 개념이 아니다.

그곳은 실제로 존재한다. 나는 꿈을 통해 천국과 지옥을 또렷이 경험했다. 분명 꿈이었지만 꿈이 아닌 신비한 경험이었다. 육체는 죽었고 혼은 살아서 끊임없이 부귀와 명예를 좇고 있었지만 나의 영은 하나님의 인도하심에 따라 천국과 지옥을 맛보았다. 육신에서 빠져나가 영계를 오르락내리락하면서 천국과 지옥을 속속들이 보았다.

천국은 그야말로 생명의 세계였다. 솜사탕처럼 따뜻하고 부드러운 기운이 뭐라 규정할 수 없는 다채로운 색깔로 살아 움직이며 오케스트라보다 더 아름다운 소리로 하나님을 찬양했다. 돌멩이가 나무에 화답하고, 흐르는 물이 바위를 감싸 돌며 내는 신비한 소리가 마치 '거룩하다. 거룩하다. 주 하나님 전능하신 이여'라고, 에덴동산에서 아담과 나누던 그 음성과 그들의 말로 외치는 것 같았다. 아무것도 해할 게 없고 오직 찬양과 감사만으로 충만한 세계, 그 중심에 하나님이 계셨다.

하나님의 보좌 옆에는 지옥이 있었다. 지옥도 하나님의 권세 아래 있었다. 그러나 그곳에는 찬양도 기쁨도 감사도 없었다. 고통과 아픔, 절규만이 가득했다. 소멸되지도 줄어들지도 않는 뜨거운 불이 사람들을 견딜 수 없게 만들었다. 그 불길 안에서 사람들은 채워지지 않는 욕망에 목말라했고, 증오와 갈등으로 적의를 불태웠다. 인간의 추악한 본성만 남아있는 곳이 바로 지옥이었다.

"악인들이 스올로 돌아감이여 하나님을 잊어버린 모든 이방 나라들이 그러하리로다"(시편 9:17).

지금도 지옥의 그 처참한 모습을 떠올리면 정신이 번쩍 든다. 절대 그곳에 가고 싶지 않았다. 하지만 인간이 얼마나 약한 존재인지 철저히 경험한 나는, 나를 믿을 수가 없었다. 나의 의지와 결심만으로는 갈 수 없는 곳이 천국이라는 것을 뼈저리게 체험했기 때문에 지옥에 갈 생명을 살려주신 하나님께 매달릴 수밖에 없었다.

온전히 그분의 통치 아래에서 믿음의 전신갑주를 입기 위해 하루에 한 번씩 하나님을 만나 영의 양식을 공급받고 싶었다. 그 말씀으로 하루를 살아내고, 하나님의 은혜로 하루를 채우고 싶었다. 그래서 새벽 3시를 거룩한 시간으로 정했다. 그 시간에 나 홀로 하나님을 만나 구하고, 찾고, 두드려 보자고 결심했다. 성경은 일점일획도 틀린 것이 없으니 구하고 찾고 두드리면 반드시 만나 주실 거라 믿고, 나는 새벽 3시에 하나님을 찾아 산에 올랐다.

"진실로 너희에게 이르노니 천지가 없어지기 전에는 율법의 일점일획도 결코 없어지지 아니하고 다 이루리라"(마태복음 5:18).

베트남이 니느웨?

내가 감림산 기도원에 올라갔을 때 여름 성회가 한창이었다. 알고 보니 감림산 기도원은 우리나라에서 손꼽히는 대표 기도원으로 성회가 열리는 여름이면 문전성시를 이루었다. 예배를 드리는 큰 성전은 물론이고 부속 건물들도 사람들이 들어찼고, 사방에서 기도와 찬양 소리가 들렸다. 내가 붙박이로 있었던 큰 성전에서는 종일 말씀 강의와 찬양 기도 일정이 빽빽하게 있었다.

그러다 보니 나 혼자 하나님과 대화하기가 어려웠다.
그래서 기도원에서 가장 조용한 시간을 찾아보니 새벽 3시였다. 밤이 늦도록 철야기도를 하는 분들도 대부분 2-3시면 산에서 내려오시고, 새벽기도는 5시에 시작하기 때문에 그 중간인 3시가 가장 한적했다. 그 시간이라면 다른 사람의 방해를 받지 않고 하나님을 만날 수 있었다.

　결심한 그날부터 바로 캄캄한 새벽에 산을 올랐다. 기도의
장소로 정한 곳은 구국제단이었다. 기도원 뒤편 산 중턱의 평
편한 곳에 벽돌을 네모지게 쌓아놓은 곳으로 이옥란 원장님
이 구국을 위해 세운 구국제단인데, 많은 사람들의 눈물의 기
도가 쌓인 기도터였다.

　하지만 오르기가 만만치 않았다. 당시 체력으로는 보행이
어려웠다. 그래서 나무뿌리를 잡고 배로 땅을 밀면서 기어 올
라갔다. 개구리처럼 다리를 움쳤다가 펼치면서 그 진동으로
조금씩 이동했다. 온몸이 땀으로 젖고 흙이 눈과 입으로 들어
왔지만 개의치 않았다. 그 자리에 가서 기도를 하고 싶다는 마
음에 새벽마다 구국제단으로 향했다.

　그 자리에서 받은 은혜는 이루 말할 수가 없다. 내 마음의
중심을 보신 하나님은 특별한 은혜를 베푸셔서 내 죄과를 회
개케 하시고, 심령을 새롭게 하셨다. 그날도 죄 고백의 눈물로
제단을 흠뻑 적시고 눈을 떴는데 제단으로 이어지는 구국제
단 옆에 서 있는 엄청 큰 소나무에 뭔가 매달려 있는 게 보였
다. 자세히 보니 커다란 벌집이었다. 가마솥같이 크고 솔방울
처럼 생긴 벌집에서는 꿀이 뚝뚝 떨어졌다. 너무 희한해서 벌
집을 잡아당기자 갑자기 그 속에서 건축자재들이 쏟아져 나

왔다. 그걸 보자 집을 짓고 싶은 마음이 생겼다. 그래서 구국 제단에서부터 시작해 여기저기 집을 짓고 다녔다.

한창 집을 짓고 있는데 사람들의 웅성거리는 소리가 들렸다. 새벽예배를 마친 사람들이 산 기도를 하기 위해 올라오는 소리였다. 그 소리에 환상에서 깨어났는데 갑자기 몸이 붕 뜨면서 기도원 지붕 위로 올라갔다. 그런데 놀랍게도 하늘에서 내려다보이는 건 감림산 기도원이 아니라 야자수가 우거진 열대 지방의 숲이었다. 야자수 사이로 내가 마이크를 잡고 연설하고 있는 모습과 많은 건물들을 건축하고 있는 모습이 보였다. 식물인간일 때 꾸었던 꿈과 같은 장면이었다.

10개월 동안 누워있을 때 참 많은 꿈을 꿨다.
특히 열대 지방을 누비고 다니면서 연설을 하고 집을 짓는 꿈을 연달아 꾸곤 했다. 그때는 그 꿈이 예지몽이라고 생각했다. 건강이 회복되면 아마 열대 지방에 가서 건설업을 크게 일으키고 정계까지 진출할 것을 미리 보여주는 꿈이라 하고 한껏 기대에 부풀기도 했다. 그런데 그 꿈의 장면들이 다시 나타난 것이다. 그것도 내가 감림산 기도원의 지붕 주위를 뱅뱅 돌고 있을 때 실제 장면처럼 눈앞에 펼쳐졌다.
한참 후에 눈을 떠보니 나는 여전히 구국제단에 엎드려 기도를 하고 있었다. 모든 것이 환상이었다. 그런데 너무 뚜렷하여 잊히지 않았다. 그래서 최요한 목사님에게 내가 그날 본 환상과 식물인간에서 깨어날 당시에 들은 음성에 대해 이야기했다. 목사님은 기도를 하시더니 "집을 지은 건 교회와 병원 같습니다. 많은 사람들 앞에서 마이크를 들고 연설한 것은 아마도 주의 종이 되는 걸 환상으로 보여주신 것 같습니다"라고 하셨다.

> "이르시되 내 말을 들으라 너희 중에 선지자가 있으면 나 여호와가 환상으로 나를 그에게 알리기도 하고 꿈으로 그와 말하기도 하거니와"(민수기 12:6).

주의 종이 된다면 목사가 되라는 뜻일까?

지난번에 서원을 갚으라고 말씀하셨던 하나님이 당신의 뜻을 환상을 통해 보다 명확하게 보여주신 것 같았다. 그런데 야자수 숲을 보여주신 걸 보면 한국에서 목회를 할 게 아니라 선교사가 되라는 뜻인 것 같았다. 그때 갑자기 내 귀에 "네가 갔던 곳이다"라는 하나님의 음성이 들려왔다.

> "꿈에 하나님의 사자가 내게 말씀하시기를 야곱아 야곱아 하기로 내가 대답하기를 여기 있나이다 하매"(창세기 31:11)

내가 가본 곳 중에 야자수 숲이 우거진 곳은 한 군데밖에 없었다. 바로 베트남이었다. 그렇다면 하나님께서 말씀하신 니느웨가 베트남이란 말인가? 80년대 중반만 해도 베트남은 철저한 공산주의 국가였다. 외국인이 자유롭게 왕래할 수 없었을뿐더러 주변국과의 불화로 인해 접근하기도 쉽지 않았다. 80년대 초반부터 베트남은 라오스와 캄보디아에 자국 군대를 주둔시켜 인도차이나 반도 대부분을 장악함으로써 주변국과의 관계가 악화된 상황이었다.

그런데 그런 나라에 가서 내가 무엇을 할 수 있단 말인가? 마음에서 의문이 솟구쳤지만 나는 한 가지만 생각하기로 했다. 하나님이 내가 베트남에 가서 일하기를 원하신다는 것만 생각하기로 했다. 언제 어떻게 갈지 거기서 무엇을 할지 결정하는 것은 내 몫이 아니다. 내가 할 일은 죽도록 충성하는 것, 내 자아를 버리고 하나님의 사람이 되어 하나님 원하는 곳에 가서 일하는 것이다. 그 기꺼운 순종만이 내 몫이었다.

"너는 일어나 저 큰 성읍 니느웨로 가서 그것을 향하여 외치라 그 악독이 내 앞에 상달되었음이니라 하시니라"(요나 1:2).

생명의 피 값

환상을 통해 베트남 선교사로서의 비전을 받았을 때 나는 당장 서울로 올라가 신학을 공부해야겠다고 생각했다. 하지만 하나님은 그것을 허락하지 않으셨다. 사명을 감당하기 전에 먼저 내 안에 가득했던 불순물을 깨끗하게 비우는 작업을 하셨다. 그 시작은 회개였다. 말씀을 통해 나의 죄를 깨닫게 하실 뿐 아니라 기도 중에 나의 죄를 보게 하셨다.

그중에는 알고 지은 죄도 있었지만 모르고 지은 죄도 있었다. 가장 기억에 남는 것은 두 여자였다. 기도 중에 눈앞에 대형 화면이 나타나면서 두 명의 여자가 나란히 서서 나를 보고 있었다. 한 명은 청주 23육군병원에서 근무할 때 만났던 간호장교였고 다른 한 명은 입대하기 전에 여고에서 선생을 할 적에 가르쳤던 여학생이었다.

아무런 연관성이 없는 두 사람이 왜 같이 나타난 것일까? 아무리 생각해 봐도 이유를 알 수 없었다. 그런데 하나님께서는 전혀 예상치 않은 말씀을 하셨다.

"이들은 너로 인해 이 땅에서 실족한 자들이다. 이들의 피 값을 너에게서 찾는 것이다."

'피 값'이란 말을 듣자 아찔했다. 두 사람은 연관성이 없는 게 아니었다. 두 사람 다 나로 인해 스스로 목숨을 끊었다. 결혼하여 함께 살자고 끈덕지게 졸라대던 간호장교를 피해 베트남 전쟁에 참전했지만 그녀는 나를 포기하지 않고 하루가 멀다 하고 편지를 보냈다. 전쟁보다 간호장교의 편지가 더 두

려울 때쯤 나와 같이 근무했던 감찰관 임 중령이 한국으로 들어가면서 자신이 책임지고 간호장교의 마음을 돌려놓겠다고 했다. 그리고 그 중령이 한국에 돌아가고 얼마 지나지 않아서 간호장교로부터 편지가 오지 않았다.

그런데 나중에 알고 보니 그녀가 자살을 했다는 게 아닌가. 간호장교가 쉽사리 마음을 접지 않자 내가 베트남 여자와 아이를 낳고 잘 살고 있으니 그만 잊으라고 임 중령이 거짓말을 했는데, 그 말을 곧이 믿은 간호장교가 실망하여 자살을 한 것이다. 여학생 역시 나를 사랑하는 마음을 참지 못하겠다는 유서를 남겨놓고 약을 먹었다. 두 사람 모두 나로 인해 죽었다.

> "또 의인이 그의 공의에서 돌이켜 악을 행할 때에는 이미 행한 그의 공의는 기억할 바 아니라 내가 그 앞에 거치는 것을 두면 그가 죽을 지니 이는 네가 그를 깨우치지 않음이니라 그는 그의 죄 중에서 죽으려니와 그의 피 값은 내가 네 손에서 찾으리라"(에스겔 3:20).

이제 나는 무엇을 해야 하는가?

나의 물음에 하나님은 회개를 하라고 답하셨다. 내가 주의 종이 되기 전에, 사역을 감당하기 전에 먼저 나로 인해 실족한 이들의 영혼을 위해 아파하며 회개하라고 하셨다. 그래야 하나님의 일을 할 수 있다고 하셨다.

알고 지은 죄는 회개하기 쉽다.

하지만 모르고 지은 죄는 참회, 자복하기가 쉽지 않았다. 간호장교와 여학생의 자살이 가슴 아팠지만 그때로 다시 돌아간다고 해도 나는 그들의 사랑을 받아줄 수 없었다. 그렇다면 나로 인해 그들이 실족한 것은 불가피한 일이 아닌가? 죄를 보여주셨지만 회개하기가 쉽지 않았다. 그래서 며칠 동안 금식하며 회개의 영을 부어달라고 기도했다.

그리고 깊은 기도 가운데 진정 무엇이 죄인지 깨닫게 되었다. 내가 그들의 사랑을 받아주지 않은 것이 죄가 아니라 그들의 영혼을 불쌍히 여기고 사랑하지 않은 것이 죄였다. 당연히 주장할 수 있는 내 권리가 먼저였기에 응당 사랑해야 할 자들을 사랑하지 못했다. 그 사랑을 온전히 내게만 쏟은 것이다. 내가 사랑할 수밖에 없는 자들만 사랑하는 것은 사랑이 아니었다. 사랑받을 충분한 이유가 있는 자들만 사랑하는 것도 사랑이 아니었다. 사랑할 수 없는 자들을 사랑하는 것이 진정한 사랑이었다. 하나님은 죄 고백을 통해 그것을 깨닫게 하셨다.

그런데 그 사랑은 내 안에 없다. 그 사랑은 십자가를 통해서만 흘려보낼 수 있다. 내가 죄인 되었을 때 나를 사랑하사 나를 위해 십자가에 달리신 예수님, 그분을 통해서만 도저히 사랑할 수 없는 자들을 기꺼이 사랑할 수 있다는 것을 비로소 깨달았다. 영혼을 사랑하라는 것이 사명이라면 내게는 그 능력이 없다는 것을 깨닫게 하셨다. 그제야 나는 가난한 심령으로, 애통하는 마음으로 하나님께 기도했다.

'하나님, 제 안에 사랑이 없습니다. 선한 것이 없습니다. 저를 불쌍히 여겨 주십시오. 제 안에 사랑을 창조하사 나로 인하여 다른 이들이 실족치 않게 하시고, 마땅히 사랑해야 할 자들을 사랑하게 해 주십시오.'

"사랑은 오래 참고 사랑은 온유하며 시기하지 아니하며 사랑은 자랑하지 아니하며 교만하지 아니하며 무례히 행하지 아니하며 자기의 유익을 구하지 아니하며 성내지 아니하며 성내지 아니하며 악한 것을 생각하지 아니하며 불의를 기뻐하지 아니하며 진리와 함께 기뻐하고 모든 것을 참으며 모든 것을 믿으며 모든 것을 바라며 모든 것을 견디느니라"(고린도전서 13:4~7).

나의 허물을 자백하고 죄악을 토설하자 몸이 치유되기 시작했다. 나를 종일 신음케 하고 뼈가 쇠하는 고통 속에 몸부림치게 한 건 죄였다. 오직 숨겨진 죄들이 토해질 때만 소망이 있다. 눈물로 죄를 고백한 자리에는 반드시 용서하심의 회복이 있었다. 내 죄를 자복하고 회개함으로써 3개월 만에 건강을 완전히 되찾고 예수님을 영접할 수 있었다. 그때 비로소 진정한 '예수의 사람'이 된 것이다.

데오 그라이트스

감림산 기도원에서 서울로 올라와 바로 신학교에 들어갔다. 나는 어려서부터 기독교대한감리교 소속 교회를 다녔기 때문에 같은 교단의 신학교에 다니고 싶었지만 나이 제한에 걸렸다. 그래서 규모는 작지만 예수교대한감리회 소속 신학교에 들어갔다.

신학을 공부하면서 나는 최요한 목사님과 사모님과 함께 전국을 돌며 부흥회를 인도했다. 아니 정확하게 말하면 최요한 목사님의 가방을 들고 부흥회를 쫓아다니면서 훈련을 받았다. 목사님은 5일 부흥회 중 하루는 내가 간증할 수 있도록 배려해 주셨다.

나보다 10살이나 아래였지만 최요한 목사님은 나의 영적 지도자였다. 나는 목사님을 존경하고 사랑하는 마음으로 성심껏 섬기며 순종하고 봉사했다. 언제나 곁에서 수행비서처럼 가방을 들고 다녔고, 양말도 빨아드리고, 시간 맞춰 한약도 데워 드렸다. 방이 좁아 침대가 하나뿐인 여관방에서 자야 할 때는 내가 바닥에서 쭈그려 잤다. 그래도 행복했다. 세상에서 잘 나갈 때 누렸던 행복과 비교도 안 되는 진정한 기쁨이 날마다 내 안에 흘러넘쳤다.

그때 나는 초신자와 다름없었다.

첫사랑의 감격으로 열정에 불타올랐지만 영적 분별력이나 지혜는 부족했다. 그런 나를 위해 주님은 특별한 천사와의 만남을 준비하셨다. 천사를 처음 만난 건 주암산 기도원에서였다. 최요한 목사님과 나는 집회기간 동안에는 종종 기도원에 올라가 밤샘 기도를 했다. 그때도 대구에서 집회를 하고 있었던 터라 밤늦게 주암산 기도원에 올랐다.

밤이 너무 늦은 데다 날씨도 적당해서 우리는 기도실에 가는 대신 개울가에 있는 바위를 하나씩 차지하고 앉았다. 어둠에 둘러싸인 바위에 앉으니 콸콸 물 흐르는 소리와 바람 소리, 풀벌레 소리밖에 들리지 않아 기도하기에는 더할 나위 없이 좋았다.

그래서 한참 기도를 하고 있는데 눈앞에 뭔가 어른거리는 게 보였다. 사람 같았다. 그것도 베토벤처럼 치렁치렁한 가발을 쓴 남자 같았다. 깜짝 놀라 나도 모르게 '사탄아 물러가라'고 소리를 쳤다. 그러자 눈앞에서 그 커다란 얼굴이 고개를 저으면서 안 가겠다고 했다. 나를 위협하는 것 같지는 않아서 내가 방향을 바꿔 앉았다.

그리고 기도를 하려는데 그 얼굴이 또다시 나타났다. 도저히 안 되겠다 싶어서 '누구냐?'고 소리를 쳤더니 '나를 보호하는 수호천사'라고 했다. 수호천사라니 세상에 그런 게 어디 있는가? 나는 '웃기지 말라'고 소리치며 그를 물리치려고 했다.

"모든 천사들은 섬기는 영으로서 구원 받을 상속자들을 위하여 섬기라고 보내심이 아니냐"(히브리서 1:14).

한참 실랑이를 벌이고 있는데 최요한 목사님이 옆에서 "장 집사 뭐요?"라고 물었다. 내 앞에 베토벤 같은 남자가 자꾸 나타난다고 했지만 최요한 목사님은 당신은 아무것도 보이지 않는다고 하시며 영을 분별할 수 있게 해 달라고 기도를 하셨다. 그리고 내게 이름을 물어보라고 하셨다. 내가 '너의 이름이 뭐냐?'라고 묻자 베토벤 천사인지 사탄인지 모를 그 남자는 '데오 그라이트스'라고 답했다.

분명 코앞에서 대화를 주고받는데 최요한 목사님은 천사와 내가 하는 말을 듣지 못했다. 그래서 그 천사의 이름을 알려주자 목사님은 고개를 갸우뚱하며 '데오'라면 신학에서는 하나님을 뜻하는데 어떤 스펠링을 쓰는지 물어보라고 하셨다. 그래서 스펠링을 물어보려는 찰나 베토벤 같은 천사가 사라져 버렸다.

그 뒤로 베토벤 같은 천사는 수시로 나타났다.
눈을 감으면 내 오른편에 바짝 서서 큰 얼굴을 내게 들이밀고 있는 모습이 보였다. 서로 닿을 듯 가깝게 있지만 만져지지 않았고, 눈을 뜨면 보이지 않았다. 하지만 항상 곁에 있으면서 힘이 되고 의지가 되어 주었다. 영적으로 모르는 건 일러주고, 잘못 알고 있는 건 바르게 방향을 잡아주었다. 말 그대로 나의 수호천사였다. 내가 '베토벤 천사'라 불렀던 데오 그라이트스 와 대화하는 모습을 목격한 사람들은 나를 이상하게 여겼다. 내가 신비주의에 빠져서 '또라이'가 됐다고 뒷말하는 사람들 도 꽤 많았다.

하지만 함께 사역하는 분들은 달랐다.
어려운 일이 있을 때 '베토벤 천사'로 인해 기도를 부탁하는 분도 계셨다. 최요한 목사님이 한참 북한 선교 일을 담당하실 때 큰 행사로 대구 두류체육공원에서 '휴전선아 무너져라'는 주제로 선교 집회를 가졌다. 그때 부흥사 목사님들과 신영균 목사님을 강사 목사님으로 모셨는데, 집회를 며칠 앞두고 신 영균 목사님께서 내게 전화를 하셨다.

집회를 체육공원 야외에서 하는데 나흘 남겨두고 대구에 큰 비가 오고 있으니 어쩌면 좋겠냐고 하시면서 기도를 부탁하 셨다. 정확히 말하면 '베토벤 천사'와 함께 주님께 간구해 달 라는 말씀이었다. 그래서 전화를 끊고 바로 아파트 옥상으로 올라갔다. 3일 금식기도를 할 요량으로 물병 몇 개와 돗자리 를 들고 올라가 물탱크 옆에 자리를 잡고 앉았다.

그런데 이틀째 되던 날 밤에 옥상에 누군가 올라오는 발소리가 들렸다. 그러더니 곧 나를 뭔가로 쿡쿡 찔러대며 "어이, 또라이 여기서 뭐해?"라고 했다. 눈을 떠보니 경찰과 방범대원이 나를 내려다보고 있었다. 알고 보니 건너편 옥상에서 누군가 내가 밤낮 떠들어대는 걸 보고 신고를 한 거였다. 해가 쨍쨍 내리쬐는 데서 비를 그치게 해 달라고 기도하니 정상으로는 안 보였을 것이다. 게다가 수염도 덥수룩하고 추리닝 복장으로 행색까지 추레한 게 영락없는 동네 불량배였다. 그러니 오해를 살 만도 했다.

가까이서 나를 본 경찰도 내가 아파트 주민이라는 걸 믿지 않았다. 내가 또라이 아니라고 하면 할수록 경찰은 '세상에 또라이 중에 자기가 또라이라고 말하는 사람은 없다'면서 빨리 보따리를 챙기라고 윽박질렀다. 아무리 옥신각신해봤자 답이 나올 것 같지 않아서 옷이나 갈아입고 가겠다고 하면서 경찰과 함께 내 집으로 내려갔다.

내 말은 안 믿어도 아내의 말은 믿겠지 싶어 미심쩍어 하는 경찰을 억지로 데리고 갔는데 이게 웬일인가. 초인종 소리에 설거지하다 나온 아내가 나를 보더니 모른 척 시침을 뗐다. 경찰이 "아줌마, 이 사람 아는 사람이요?"라고 묻자 아내는 "나, 저 사람 몰라요. 또라이에요"라고 대답하는 게 아닌가. 멀쩡한 집을 놔두고 옥상에 올라가 경찰까지 출동시키며 동네 망신을 당했으니 아내가 화날 만도 했다. 결국 그날 밤은 파출소에서 잤다. 다음 날 파출소에 온 아내는 '당신은 좀 고생을 해 봐야 해'라고 말하면서도 나를 빼내 주었다.

그리고 다음 날 집회를 위해 대구로 내려갔다.

경부고속도로를 달리는 동안 내 신경은 온통 반대 차선에 쏠려 있었다. 대구 날씨가 너무 궁금한데 알 길이 없어서 급한 대로 반대편 차선에서 오는 자동차의 와이퍼에 물이 묻었는지 확인했다. 사실 자동차를 살피는 건 별 의미가 없었다. 물에 젖은 자동차와 그렇지 않은 것이 엇비슷해서 날씨를 가늠할 수 없었기 때문이다. 하지만 궁금한 걸 못 견디는 성격이라 서울에서 대구까지 가는 시간도 참지 못해 눈에 불을 켜고 자동차를 살핀 것이다.

다행히 대구에 도착했을 때 비가 오지 않았다. 나는 차에서 내리자마자 숙소에 뛰어 들어가 지배인에게 "지배인 집사님, 비가 언제 그쳤습니까?"라고 물었다. 지배인은 전날부터 비가 오지 않았다고 했다. 할렐루야! 주님께서 내 기도를 들어주셨다 생각하니 감사가 절로 나왔다. 마른 땅을 보니 가슴이 벅차올랐다.

'우리의 기도를 들어주시는 주님, 감사합니다. 죽도록 충성하겠습니다.'

"감사로 제사를 드리는 자가 나를 영화롭게 하나니 그의 행위를 옳게 하는 자에게 내가 하나님의 구원을 보이리라"(시편 50:23).

수호천사

주님의 은혜로 북한 선교 집회는 성황을 이루었다. 원래 부흥회보다 집회는 일이 몇 배나 많은데 사람들이 많이 몰리는 집회는 정말 눈코 뜰 새 없이 바빴다. 낮에는 집회 준비하고, 밤에는 집회를 하다 보니 잠을 잘 새도 없었다. 짬날 때마다 토막잠을 자는 게 전부였다.

집회 이틀째 되던 날 오후에도 10분 정도 시간이 나서 잠깐 눈을 붙이러 봉고차에 들어갔다. 그리고 깜박 잠이 들었는데 누가 다급하게 나를 흔들어 깨웠다. 일어나 보니 '베토벤 천사'였다. 그는 다짜고짜 빨리 일어나서 나가라고 했다. 성화에 못이겨 비몽사몽 간에 집회 장소 입구 쪽으로 갔지만 별다른 일은 없어 보였다.

그래도 바로 돌아가기가 뭣해서 어정쩡하게 서 있는데 한 여자 권사님이 "목사님"이라고 부르며 내게 달려왔다. 내가 목사님들과 다녀서 목사라고 착각하신 것 같았다. 헐레벌떡 달려온 권사님은 종이 한 장을 보여주시면서 "목사님 이것 좀 보세요. 이상해요"라고 하셨다. 내게 보여주신 건 다름 아닌 입금표였다. 권사님은 방금 D은행에서 최요한 목사님께 돈을 송금했는데 영수증에 다른 이름이 나왔다며 그 이름을 가진 목사님이 계신지 확인을 좀 해 달라고 하셨다.

　내가 알기로 목사님 중에 그 이름을 가진 분은 안 계셨다. 그런데 입금표에 찍힌 계좌번호는 최요한 목사님의 것이 맞았다. 그 계좌는 북한 선교대회 집회 기간 동안에만 사용하기 위해 D은행에서 개설한 것으로 성도들이 헌금할 수 있도록 만든 것이었다. 그런데 그 계좌번호가 다른 이름으로 입금표에 찍혀 있는 걸 보니 뭔가 이상하다 싶었다.

　그래서 최요한 목사님께 달려가 입금표에 찍힌 이름을 아시냐고 물었더니 목사님 역시 처음 보는 이름이라고 확인을 한 번 해보는 게 좋겠다고 하셨다. 하지만 은행에 가기엔 너무 피곤했다. 잠깐만 쉬었다 가겠다고 눈을 붙였는데 나도 모르게 푹 잠들었던지 '베토벤 천사'가 나를 또 흔들어 깨웠다. 그리고 빨리 은행에 가라고 재촉했다. 잠결에 어느 은행에 가야 하냐고 하니까 D은행에 가라고 했다. 이미 은행 문 닫을 시간이 다 됐다는 데도 빨리 가라고 다그쳐서 어쩔 수 없이 회계 집사님과 함께 가까운 D은행에 갔다.

　은행에 도착하니 영업시간이 끝나 정문은 잠겼고 쪽문만 열려 있었다. 업무가 늦어진 고객들을 위해 출구로 열어놓은 쪽문으로 우리가 들어가자 창구 여직원이 영업이 끝났다고 하면서 문을 가리켰다. 그래도 거기까지 갔는데 그냥 뒤돌아 나올 수가 없어서 그 직원에게 계좌번호만 한 번 확인해 달라고 부탁을 했다.

그런데 그때 그 여직원 뒤에 앉아 있는 남자 대리의 명찰에 쓰인 이름이 눈에 확 들어왔다. 전날 밤 주암산 기도원에서 기도할 때 환상 중에 본 이름과 같았기 때문이다. 전날 기도할 때 내가 앉은 바위 위로 수많은 개미가 떼 지어 올라왔다. 그런데 개미들이 가까이 오지 않아서 이상한 마음에 들여다보니 놀랍게도 제자리걸음을 하고 있었다. 그때 개미떼 중간에 있는 왕개미가 밥풀을 물고 있었는데 그 밥풀이 점점 커지면서 거기에 쓰인 이름 석 자가 보였다. 바로 D은행의 남자 대리의 이름이었다. 그 이름을 보자 왜 '베토벤 천사'가 은행에 가라고 했는지 어렴풋이 이해가 됐다.

나는 그 여직원에게 가서 통장을 찍어 봐달라고 했다. 그 여직원이 기계에 통장을 넣어보려고 할 때 그 뒤에 있던 남자 대리가 "손님 잠깐만이요"라고 하더니 그 통장을 가지고 지점장실로 들어갔다. 그리고 조금 후에 나와 아무 이상이 없다고 했다.

그러자 '베토벤 천사'가 본점에 가보라고 했다.

직접 가기에는 너무 늦어서 본점에 전화를 걸어 그 계좌의 입출금 내역서를 받아보았다. 확인해 보니 회계 집사님이 개설한 계좌 말고 1-이 붙은 계좌가 하나 더 있는데 그동안 송금된 돈의 반은 거기에 있었다. 분명히 착오가 있는데도 남자 대리는 통장에 이상이 없다며 우리를 되돌려 보냈으니 거기서 문제가 생긴 게 틀림없었다.

회계 집사님과 나는 그 대리에게 가서 입출금 내역서를 보여주고 어떻게 된 일이냐고 따졌다. 그러자 그 대리가 말없이 지점장실로 갔다. 그리고 한참 후에 나와 우리를 지점장실로 데리고 갔다. 우리를 보자 지점장은 "살려 달라"고 하면서 무릎을 꿇었다. 그 계좌가 북한 선교를 위해 헌금하고픈 불특정 다수인을 위해 만든 걸 알았던 지점장이 대리와 짜고 기이한 방법으로 돈을 빼돌린 거였다.

내게 잘못을 고한 지점장은 뜻밖에도 책상 서랍에서 성경책을 꺼냈다. 그리고 '자기가 어려서부터 교회에 다녔다'고 하면서 권사님이신 어머니가 제발 교회에 나오라고 매주 간곡히 부탁하셨는데 바쁘다는 핑계로 교회를 안 다녔지만 그 주부터는 당장 교회에 가겠다고 했다.

그때 최요한 목사님과 일행이 은행에 도착했다. 자초지종을 듣자 목사님과 일행은 당장 경찰에 신고해야 한다며 전화를 찾았다. 그런데 '베토벤 천사'가 지점장 옆에 서서 내게 용서해주라고 반복해서 말했다. 그래서 최요한 목사님께 "목사님, 데오 그라이트스가 지점장님을 용서해 주라고 하는데요"라고 말씀드리니 목사님은 "그래요? 그럼 용서하지요"라고 하시며 지점장님을 위해 기도해 주셨다. 그 일을 통해 성도들의 헌금도 되찾고 지점장의 영혼을 구할 수 있었으니 얼마나 감사했는지 모른다.

> "예수께서 이르시되 네게 이르노니 일곱 번뿐 아니라 일곱 번을 일흔 번까지라도 할지니라"(마태복음 18:22).

나의 수호천사였던 베토벤 천사, 데오 그라이트스는 신학을 공부하는 3년 동안 나와 함께 했다. '베토벤 천사'는 하늘의 신비뿐 아니라 내가 겪는 모든 상황 속에서 어떻게 행동하고 판단해야 할지 어린아이 가르치듯 하나하나 알려주고, 인도해 줬다. '베토벤 천사' 덕분에 세상 것으로 가득 차 있던 내가 예수의 사람으로 변화될 수 있었다. 내가 넘어지지 않게 나의 오른편에서 나를 지켜주었던 데오 그라이트스, 그는 열정만 가득하고 믿음이 부족했던 나를, 영혼을 구원하는 새로운 피조물로 빚으시기 위해 하나님이 보내주신 특별한 동행자였다고 믿는다. 나는 지금도 그가 보이지 않지만 항상 나와 함께하는 것을 믿고 있다.

서로를 위한 결단

평생 계속될 것 같은 만남이 있다. 그 사람과의 관계가 돈독할수록 관계가 영원히 지속될 거라 생각한다. 나와 최요한 목사님과의 관계가 그랬다. 감림산 기도원에서 안수기도를 받은 후부터 나는 최요한 목사님과 일거수일투족을 함께 하며 특훈을 받았다. 신학교에 다니면서도 집회와 부흥회가 있을 때마다 봉고차 조수석에 앉아 전국을 누볐다. 거기 앉아 졸기도 하고, 공부도 하고, 찬양하고 기도하며 은혜도 받았다.

그런데 신학교 졸업반이 되어 논문을 쓰기 시작하자 공부할 시간이 턱없이 부족했다. 아무리 시간을 쪼개도 부흥회를 쫓아다니면서 논문을 쓸 수가 없었다. 일정이 워낙 빡빡하다 보니 논문은 항상 뒷전이었고, 그러다 보니 진도가 전혀 나가질 않았다.

그날도 최요한 목사님과 사모님 그리고 성도들과 함께 심방을 다녀왔다. 새벽 2시가 되어서야 일정이 끝나서 집에 가려고 하는데 최 목사님이 너무 늦었으니 충현교회 마당에 있는 봉고차에서 같이 자고 내일 일정을 시작하자고 했다. 다른 때 같으면 흔쾌히 그러자고 이불을 폈을 것이다. 그런데 그때는 그 말을 듣자 마음이 답답했다. 이렇게 다니다가는 아무것도 못 할 것 같았다.

결단의 때가 온 것이다. 큰맘 먹고 나는 최 목사님께 앞으로 공부에 전념하겠다고 말씀드렸다.

마음은 아팠지만 결단이 필요한 시기였다. 목사님을 존경하고 사랑했지만 하나님의 종이 되기 위해 신학교에 들어갔는데 졸업도 못하고 목사 안수를 받지 못한다면 그건 하나님이 원하시는 길이 아닌 것 같았다. 내가 충성해야 할 분은 결국 주님이었다.

이후에 나는 신학교를 졸업하고 목사 안수도 받았다.
하지만 한국에서는 목회를 하지 않았다. 주님께서 베트남 선교사로 부르셨기 때문에 그것을 준비하면서 부흥사로 집회를 다니며 복음을 전했다. 누구의 후광 없이 하나님만 의지하면서 강단에 서기 시작했다. 지금도 그렇지만 그때도 한쪽 눈은 실명되어 찌그러져 있었다. 전신마비의 흔적은 그렇게 내 몸에 남아있었다. 그걸 보면서 사람들은 하나님이 내게 베푸신 기적의 손길을 경험했고, 다 함께 감사의 눈물을 흘리며 감격했다.

"내가 복음을 전할지라도 자랑할 것이 없음은 내가 부득불 할 일임이라 만일 복음을 전하지 아니하면 내게 화가 있을 것이로다"(고린도전서 9:16).

하지만 이전에 나를 알았던 사람들은 내가 목사가 됐다는 걸 믿지 않았다. 당시 내 지인들의 술자리에서 가장 재밌는 농담으로 통했던 게 바로 '장주석이 목사가 됐다'는 거였다고 한다. 술고래인 내가 무슨 바람이 들어서 목사가 됐는지 모르지만 잠깐 곁길로 빠졌다가 다시 돌아올 거라고, 다들 내가 목사 노릇하는 게 오래가지 못할 거라고 생각했다고 한다.

심지어 아내도 나의 변화를 믿지 못했다.

결혼하고 10년 넘게 사업한다고 바깥으로만 돌았던 남편이 하루아침에 식물인간이 되어 10개월 동안 죽은 목숨으로 있다가 갑자기 살아나서 목회를 하겠다고 하니 누가 믿겠는가. 아내가 걱정하는 것도 이해 못 할 일은 아니었다. 이전의 나를 너무 잘 알고 있는 아내 입장에서 술주정뱅이로 예배도 제대로 드리지 않던 내가 설교나 제대로 할 수 있을지, 행여 실수는 하지 않을지 걱정하는 건 오히려 당연했다.

그래서 내가 집회를 한다고 하면 아내는 어린아이를 물가에 내놓은 듯 불안해했다. 아내는 차마 자기가 오지는 못하고 나와 아내의 매파 역할을 했던 처남에게 내 뒤를 밟게 했다. 그것도 모르고 나는 서울 강남구의 한 교회에 설교를 하러 갔다. 그런데 설교 도중에 사람들 사이로 처남의 얼굴이 크게 클로즈업돼서 보이는 게 아닌가.

그래서 설교하다가 "여기 저희 처남도 있습니다. 제가 어떻게 살아왔는지, 주님께서 제게 어떤 기적을 보이셨는지 가장 지척에서 본 증인입니다"라고 말하면서 처남에게 그 자리에서 일어나라고 했다. 그렇게 나를 미행한 사실이 발각된 걸 알게 된 처남은 집회가 끝나자마자 내게 와서 무릎을 꿇고 잘못을 빌었다. 그리고 예수를 믿겠다고 결단했다.

그렇게 내 가족과 주변의 지인들이 한 명씩 주님을 영접하게 되었다. 지인들은 물론 아내도 나를 못 미더워할 만큼 부족한 것 투성이었지만 주님은 그런 내 모습을 그대로 받아주시고, 나를 통해 사람들을 주님께로 인도하셨다. 그렇게 나는 홀로서기를 통해 주님의 쓰임 받는 도구로 변화되어 갔다.

"오직 성령이 너희에게 임하시면 너희가 권능을 받고 예루살렘과 온 유대와 사마리아와 땅끝까지 이르러 내 증인이 되리라 하시니라"(사도행전 1:8).

그 사이 최요한 목사님도 많은 변화를 겪으셨다. 나와 헤어진 후 목사님은 그날로 교회를 정리하고 감림산 기도원에서 40일 동안 금식기도를 하셨다고 한다. 교회를 개척하기로 결심하신 것이다. 그 당시 신도시 개발계획을 앞두고 있었는데 목사님은 교회 개척지로 평촌, 일산, 수서, 분당 4곳을 점찍었다.

그리고 40일 금식 기도 중에 "분당으로 가라"는 하나님의 음성을 듣고 개척한 것이 지금의 남서울비전교회다.

교회를 개척한 후 목사님은 교회가 부흥할 때까지 절대 분당 밖으로 나가지 않겠다는 각오로 교회의 성장과 부흥에만 전념하여 현재 성도가 수천여 명이 되는 성령의 역사를 경험하고 계시다.

최요한 목사님을 다시 만난 것은 교회를 개척하신 후였다.

나는 이미 베트남 선교사로 파송 받아 사역을 감당하고 있었고, 목사님은 교회를 다시 개척하여 성장과 부흥에 힘쓰고 계실 때였다.

다시 만났을 때의 감격은 이루 말할 수가 없었다. 특별히 목사님은 내가 베트남 선교사가 된 것을 기뻐하고 감사하셨다. 감림산 기도원의 환상을 통해 보여주셨던 하나님의 비전이 이루어진 것을 보며 감격의 눈물을 흘리셨다.

그때 나는 초교파 의료선교단체인 사랑의 병원 선교회 소속으로 베트남에 파송되었지만 목사님은 나를 남서울비전교회 파송 선교사로 동역을 할 수 있도록 파송해 주셨다. 처음 만날 때부터 지금까지 최요한 목사님은 내게 둘도 없는 후원자요, 동역자다.

하지만 지금의 동역이 가능했던 것은 서로를 위한 결단으로 각각 주님을 의지하며 성장해왔기 때문이다. 주님은 각자에

게 맡겨진 사명에 따라 우리를 키우시고 또 가장 좋은 시기에
다시 만나게 하시어 베트남 선교를 위해 더 큰 일을 할 수 있
게 인도해주셨으니 이보다 더 감사한 일이 어디 있겠는가.

"나는 심었고 아볼로는 물을 주었으되 오직 하나님께서 자라나게
하셨나니"(고전 3:6)

3부
사명

철의 장막 속으로

1990년 1월 23일 베트남에 도착했다.

한국을 떠난 지 일주일 만이었다. 그때는 한국과 베트남이 수교를 맺기 전이었기 때문에 베트남을 방문하려면 특정 국가 허가서를 받아야 했다. 그런데 그 허가서를 받으려면 국가 공무원 두 사람이 보증을 서야 했고, 방문 목적도 뚜렷해야 했다.

나는 우선 외교부에 특정 국가 허가서를 신청하고 그걸 가지고 비자를 발급받기 위해 베트남 대사관이 있는 태국의 방콕으로 갔다. 화승 베트남 지사장 자격으로 한 달짜리 비즈니스 비자를 신청했다. 당시 베트남은 종교 활동을 전혀 할 수 없는 공산주의 국가였기 때문에 비즈니스 업무 외에는 갈 수가 없었다. 그것도 연간 수출 실적이 수십억 이상이 되는 대기업 관계자들에게만 비자를 발급해주었다.

　고맙게도 그 당시 화승의 사장이었던 내 친구 조명동 집사
(여의도 침례교회)가 베트남 지사장 자리를 만들어주어 서류를
갖출 수 있었다. 목적은 시장 조사, 체류 기간은 한 달, 제한된
조건이었지만 방콕에서 일주일을 기다려 비자를 받아 베트남
하노이로 들어갔다.

　하노이는 75년 통일되기 전에 월맹의 수도였다. 민주주의
를 경험한 호치민보다 복음을 전하기 더 어려운 동토의 땅이
었다. 베트남은 파월 장병으로 베트남 나트랑에 왔을 때 십자
성 감찰참모부 행정병으로 구석구석 안 가본 데가 없을 정도
로 다녀서 지리에 익숙했지만 하노이에 대해서는 아는 바가
전혀 없었다.

　그럼에도 불구하고 나는 첫 선교지로 하노이를 선택했다.
호랑이를 잡으려면 호랑이 굴에 들어가야 했다. 나는 하노이
에 들어가 제일 높은 사람들을 만나 복음을 전해야겠다는 전
략을 세우고 방콕에서 비행기를 탔다. 요즘 같은 비행기가 아
니라 프로펠러 비행기였다. 그나마도 베트남행 노선은 일주
일에 두세 번밖에 없었다.

　하노이 공항에 도착했을 때 해가 저물어 주위가 캄캄했다.

어느 정도 어둠에 익숙해졌을 때 나는 내 눈을 의심했다. 엉성
하게 시멘트를 깔아놓은 활주로도 경악스러웠지만 불빛 하나
없는 어둠 속에서 일하고 있는 노동자들을 보니 기가 막혔다.
그들은 시멘트 반죽을 어깨에 메고 일일이 수작업으로 시멘
트를 비행기 활주로 바닥에 바르고 있었다.

명색이 국제공항인데 원시적인 방법으로 활주로를 만들고 있다는데 충격을 받은 것도 잠깐, 승객들에게 밀려 내려왔는데 공항까지 갈 트랙이 없었다. 그래서 짐을 리어카에 싣고 공항까지 걸어왔다. 시골 대합실만 한 공항 한쪽에 새끼줄로 막아놓은 구역이 보였는데 거기가 입국심사장이었다. 장소도 협소한데 절차는 얼마나 까다로운지 심사 시간이 꽤 오래 걸렸다.

혹시나 입국 심사에서 거부당하면 말짱 도루묵이니 마음이 조급했다. 그래서 앞 사람들이 어떻게 심사를 받는지 보려고 고개를 내미는데 날카로운 호루라기 소리가 들렸다. 그리고 경찰이 나를 손가락으로 가리키며 똑바로 서 있으라고 호통을 쳤다. 그때마다 '나는 네가 선교사로 온걸 다 알고 있다'는 듯 부릅뜬 눈으로 나를 노려보는 것 같아 심장이 졸아들었다.

드디어 내 차례가 되었다.
딱딱하게 굳은 표정으로 경찰은 내 여권을 받아들더니 장부 사이에 먹지를 끼우고 여권번호와 이름, 생년월일을 적었다. 그리고 내게 반듯이 서라고 하더니 사진을 찍었다. 그리고 무사통과, 이제 남은 건 짐을 무사히 찾는 것이었다. 화물은 리어카에 실어 발동기로 돌아가게 만들었는데 전기라고는 백열구 몇 개가 있을 뿐이어서 잘 보이지 않았다.

가방 두 개를 겨우 찾아 나오니 세관원이 짐 검사를 했다. 검사대 위에 가방을 올려놓고 그 안에 있는 물건을 하나씩 꺼내서 보여줘야 했다 소포장 된 것도 따로 풀어서 검사를 받아야 통과할 수 있었다. 문제는 성경책이었다. 성경책은 압수 목록에 있기 때문에 걸리면 바로 빼앗겼다. 하지만 다른 건 몰라도 성경책은 절대 뺏길 수 없었다. 전쟁터에 총칼을 두고 간다면 무슨 의미가 있겠는가. 나는 경찰이 성경책을 보지 않길 간절히 기도하며 가방을 열었다. 그리고 또 한 번 무사통과!

시내에 있는 호텔까지는 승용차 택시를 이용했다. 오토바이와 시클로도 있었지만 초행이었기 때문에 승용차를 탔다. 차에 타보니 이미 외국인 3명이 뒷좌석에 타고 있었다. 그런데 그 차가 겉만 멀쩡하고 속은 곪았는지 10m도 채 가지 않아 시동이 꺼졌다. 그러기를 여러 차례, 우리는 호텔에 도착하기까지 수시로 차에서 내려서 시동 꺼진 자동차를 밀어야 했다. 가로등 하나 없는 거리에는 자동차도 사람도 보이지 않았다. 적막의 공포가 온 도시를 휘감고 있는 것 같았다. 죽은 도시와 같은 하노이는 식물인간 때 본 지옥과 같았다. 지옥이 너무 지나친 표현이라면 마치 음부의 대기소와 같았다.

월맹이 어렵다는 뉴스는 봤지만 20년 전에 갔던 호치민과 비교하면 하늘과 땅 차이였다. 어떻게 이렇게까지 낙후될 수 있을까, 마치 타임머신을 타고 40년 전으로 돌아가는 것 같았다. 흑백 필름 영화가 서서히 과거로 장면을 되돌리는 것처럼, 나는 자동차를 밀다시피 하며 2시간 만에 겨우 호텔에 도착했다.

호텔에 도착하자 밤 10시가 넘었다. 하지만 호텔도 그리 호락호락하게 문을 열어주지 않았다. 호텔에도 경찰이 있었다. 그들에게 입국서류와 출국서류, 세관 카드와 병력카드, 신상명세 이력서 등 십 수 가지 서류를 제출해야만 호텔 사용을 허락해 주었다. 경제 개발을 위해 외국인의 입국은 허용했지만 신분이 수상하거나 사업 이외의 목적으로 온 사람이면 바로 출국 조치를 하기 위해 절차를 까다롭게 한 것이다.

90년도에는 베트남 현지인들은 호텔을 이용할 수 없었다. 심지어 객실에 잠깐 올라가는 것도 허락되지 않았고, 호텔에 묵고 있는 방문객을 만나는 것도 경찰 입회하에만 가능했다. 그것도 호텔 접수대 옆에 있는 책상에서만 볼 수 있기 때문에 주고받는 모든 내용이 공개됐다.

하지만 내가 객실에 올라갈 때까지도 나는 베트남이 철저하게 통제된 공산주의 국가라는 걸 체감하지 못했다. 객실에 올라와 짐을 풀려는 순간 노크 소리와 함께 방문이 벌컥 열리더니 경찰들이 들어왔다. 그리고 침대 밑부터 화장실 구석까지 손전등을 비추어 샅샅이 뒤지고 검사했다. 처음에는 내게 겁을 주려는 건지 돈을 요구하려는 건지 몰라서 가만히 있었다.

그런데 둘 다 아니었다. 호텔에는 경찰이 상주해 있었고 수시로 객실을 불시에 검사했다. 아침, 점심, 저녁 식사도 배급제였다. 그것이 90년대 베트남의 일상이었고 현실이었다.

사흘 만에 감옥행

우여곡절 끝에 도착했지만 오매불망 꿈에도 그리던 베트남이었다. 감림산 기도원에서 내가 가야 할 곳이 베트남이라는 것을 알게 된 후로 나는 베트남에 미쳐 있었다. 그때는 정보가 발달하지 않았을 때라서 베트남 관련 자료를 얻기가 어려웠다. 그래서 어디선가 '베트남'이라는 말만 들으면 무조건 달려가 사람을 만나고, 자료를 얻었다. 그렇게 준비하고 꿈꾸던 곳에 5년 만에 왔으니 잠이 오겠는가? 마음이 설레어 가만히 앉아 있을 수가 없었다.

그래서 잠깐 밖에 나가려고 1층으로 내려갔는데 입구에서 바로 저지를 당했다. 여행허가서가 없으면 호텔 밖으로 나갈 수 없다는 거였다. 비자를 보여줬지만 소용없었다. 그래서 여행허가서는 어떻게 발급받느냐고 묻자 사진 2장과 20불을 내면 된다고 했다. 그런데 바로 해줄 수 없으니 다음날 아침까지 기다리라고 했다.

협상의 여지가 없는 베트남에서는 고집을 피워봤자 헛수고였다. 괜히 밉보이면 손해일 것 같아 얼른 내 방으로 올라왔다. 하지만 잠이 오질 않았다. 나는 아무것도 보이지 않는 창문 너머를 바라보며 찬양하고 기도하며 밤새 뜬 눈으로 밤을 보냈다. 생각해 보면 얼마나 감격스러운가? 75년에 베트남이 공산화되면서 다시는 밟지 못할 거라 생각했던 땅이었다. 그런데 내가 베트남에 와 있다니 꿈만 같았다.

> "내 이름으로 일컫는 내 백성이 그들의 악한 길에서 떠나 스스로 낮추고 기도하여 내 얼굴을 찾으면 내가 하늘에서 듣고 그들의 죄를 사하고 그들의 땅을 고칠지라"(역대하 7:14).

1975년 4월에 공산화되면서 베트남은 지구상에서 사라진 나라였다. 그런데 하나님께서 이 땅을 고치시기 위해 경제개방 정책을 통해 굳게 닫혔던 문을 열게 하셨다. 그 모든 과정이 내가 식물인간으로 있을 때와 맞물려 진행됐다. 하나님은 내가 갈 곳을 베트남이라 지명하여 알려주시고, 10개월 동안 죽어있던 내 영혼을 소생시켜 주셨다. 그래서 이미 땅에 썩어져 흙으로 돌아갔을 내가 하나님의 사역을 하고 있는 것이다.

만약 죽었다 살아난 그 기적을 체험하지 않았다면 거대한 공산국가에 선교사로 들어올 엄두를 낼 수 있었을까? 성경책을 숨겨 들어올 수 있었을까? 아마도 불가능했을 것이다. '세상에 빠져 살던 나를 살리신 하나님이 반드시 이 땅을 구원하실 것이다. 내가 그 확실한 증거다. 비록 지금은 칠흑같이 어둡지만 이 땅에 놀라운 기적은 이미 시작됐다.' 이런 생각을 하자 가슴이 널뛰었다. 베트남이 보고 싶어 견딜 수가 없었다. 그날 밤 나는 첫사랑의 여인을 기다리듯 아침이 오기만 기다렸다.

하지만 베트남은 쉽게 그 모습을 보여주지 않았다.

다음 날 아침 일찍 여행허가서를 신청했지만 발급받는데 이틀이나 걸렸기 때문에 꼬박 48시간을 호텔에 갇혀 있었다. 창문이라도 있으면 바깥 풍경을 볼 수 있으련만 복도와 로비 어디에도 창문은 없었다. 공교롭게도 내 방 창문 역시 옆 건물 벽에 가려 막혀 있었다.

호텔 문밖에 나간 것은 베트남에 도착한 지 사흘 만이었다. 여행허가서가 나오자마자 바로 나갔는데 호텔 입구에 넝마를 걸친 아이들이 버글거렸다. 바짝 말라 오종종한 얼굴엔 땟물이 졸졸 흘렀고, 누런 콧물 위엔 파리가 앉아 있었다. 파리가 윙윙거리며 콧속으로도 들어가고 눈썹 위에도 앉았지만 아이들은 아랑곳하지 않고 나를 보며 '1달러'를 외쳤다.

초점 없는 눈동자와 가냘픈 손을 보자 가슴이 너무 아팠다. 얼굴을 보니 며칠 동안 먹지도 못한 것 같았다. 일단 먹이고 보자는 생각에 호텔에 들어가 식당 안에 있는 바게트를 갖다 주었다. 하지만 아이들은 빵은 거들떠보지도 않고 '1달러'만 외쳤다. 하는 수 없이 아이들 손에 1달러를 쥐어주는데 앙상한 뼈가 만져졌다.

그 손을 보자 왈칵 눈물이 났다.

내가 내 아들과 가족만 챙기면서 사는 동안 이 아이는 이렇게 비참하게 살았구나 싶으니 '1달러'를 내미는 내 손이 부끄럽고 아이들에게 너무 미안했다. 내가 당장 줄 수 있는 건 1달러뿐이지만 하나님은 이 아이를 돌보실 수 있는 분이었다. 그래서 아이의 머리에 손을 얹고 기도했다.

"하나님 이 아이를 불쌍히 여겨 주십시오. 베트남의 헐벗고 굶주린 아이들을 눈동자와 같이 지켜 주십시오. 모두 주님의 자녀입니다. 이 아이들이 주님의 은혜 가운데 건강하고 행복하게 자랄 수 있도록 지켜 주십시오."

눈물을 쏟으며 기도를 하고 있는데 누군가 내 팔을 잡아당기더니 팔짱을 끼었다. 눈을 떠보니 경찰이었다. 아마도 내가 여행허가서도 없이 다니는 줄 알고 잡는가 싶어 여행허가서를 보여주었지만 그게 문제가 아니었다. 내가 접촉허가서 없이 아이의 머리에 손을 대고 기도한 게 잘못이었다. 베트남에는 외국인이 현지인을 만날 때 반드시 접촉허가서를 받아야 하는 법이 있었던 것이다.

그 길로 붙잡혀 가서 나는 정치범수용소 같은 데서 20일간 구류 조사를 받았다. 경찰은 나를 취조하는 것도 모자라 호텔 방에 가서 내 가방을 가져와 소지품 검사까지 했다. 아무리 내가 비즈니스를 위해 시장조사차 왔다고 말해도 믿지 않고, 베트남에 온 진짜 목적을 대라며 집요하게 추궁했다.

하루 이틀, 구류 기간이 길어질수록 마음이 답답했다.
동시에 감사했다. 한국 대사관도 없어 억울한 일을 당해도 하소연할 데도 없는 이곳에 나 혼자 있다는 게 그렇게 감사할 수가 없었다. 만약 아내와 아이들을 데리고 왔다면, 생각만 해도 아찔했다.

"이에 예수께서 제자들에게 이르시되 누구든지 나를 따라오려거든 자기를 부인하고 자기 십자가를 지고 나를 따를 것이니라"(마태복음 16:24).

아내는 내가 베트남으로 파송 받아 선교를 하러 간다고 했을 때 기겁하며 반대했다.
"베트남이라니요. 수교도 안 된 나라에 어떻게 가요? 애들 학교는 어떻게 하고요? 선교사로 갈 수 있는 나라가 베트남만 있는 게 아니잖아요. 미국도 있고 캐나다도 있는데 왜 하필 베트남이에요?"
아내의 말은 구구절절 옳았다. 하지만 베트남 행은 내가 결정한 게 아니었다. 하나님의 사명이었기 때문에 나는 무조건 순종해야 했다. 그 사명을 이루기 위해 내게 생명을 허락하셨으니 베트남의 형편이 어떠하든 나는 떠나야 했다.

하지만 가족들은 달랐다. 그때 큰아들 훈이는 15살, 둘째 아들 지훈이는 14살이었다. 한창 배우고 공부해야 할 시기였다. 또한 아버지의 손길이 필요한 나이였다. 그런 아이들을 아내에게 맡기고 떠나려니 차마 발길이 떨어지지 않았다.

"주님, 10개월 동안 식물인간으로 있으면서 모든 것을 다 잃었습니다. 아이들과 아내에게 주고 갈 돈도 없습니다. 어찌해야 합니까? 그동안 아버지 노릇, 남편 노릇 못 한 것도 미안한데 아무런 대책도 없이 제가 베트남에 가 버리면 우리 가족은 어떻게 합니까? 주님…"

그때 주님이 마음 속 깊은 울림으로 '너의 가족은 내게 맡기고 너는 서원을 갚으라'라고 말씀하셨다. 사람들은 내가 가족을 버렸다고 하지만 나는 가족을 하나님께 맡기고 온 것이다. 나보다 더 우리 가족을 사랑하시는 아버지께서 아내와 아들을 돌봐주실 거라는 확신을 갖고 베트남 땅에 왔다. 나는 언제든 사라질 수 있는 사람이지만 하나님은 영원하시고 능력이 한이 없는 분이시다. 그분이 가족을 책임지시겠다고 하셨는데 무슨 걱정이 있겠는가.

"예수께서 이르시되 내가 진실로 너희에게 이르노니 나와 복음을 위하여 집이나 형제나 자매나 어머니나 아버지나 자식이나 전토를 버린 자는 현세에 있어 집과 형제와 자매와 어머니와 자식과 전토를 백 배나 받되 박해를 겸하여 받고 내세에 영생을 받지 못할 자가 없느니라"(마가복음 10:29~30).

하나님은 약속을 지키시는 분이다. 내가 베트남으로 가고 얼마 후에 우리 집에서 장모님을 모시게 되었다. 치매 증세가 있는 장모님을 맏딸인 아내가 돌봐드리게 된 것이다.

덕분에 아내의 형제들인 7가정에서 생활비를 보내와 그것으로 집안의 생계를 꾸릴 수 있게 되었다. 하나님께서는 그렇게 나의 빈자리를 채워주시고 가정을 지켜 주셨다.

'하나님 감사' 외치는 시클로

공산주의 국가의 벽은 생각보다 훨씬 높고 견고했다.

베트남에 도착한 지 사흘 만에 정치범수용소 같은 감옥에 붙잡혀 갔고, 2천 불이나 벌금을 내고도 출국 명령을 받고 태국으로 나왔다. 그것도 접촉허가서 없이 현지인과 접촉했다는 다소 얼토당토않은 이유 때문에 20일 만에 베트남에서 쫓겨나게 되자 억울하기도 하고 실망스럽기도 했다.

동시에 공산주의 국가의 현실을 그제야 실감했다. 허가 없이는 한 발짝도 움직일 수 없는 통제 사회이자 폐쇄 사회가 바로 베트남이었다. 현지인에게 말 붙이기도 어려운 그곳에서 과연 복음을 전할 수 있을까, 방콕으로 가는 내내 이런 의문이 내 마음을 어지럽혔다.

그때 내 눈앞으로 불쑥 손이 보였다. 뼈만 앙상하게 남아있는 가냘픈 손, 호텔 앞에서 내게 구걸하던 거지의 손이었다. 움켜쥔 그 손에는 1달러짜리 지폐가 있었다. 돈을 보는 순간 마음이 놓였다. '1달러'라고 외친 아이들에게 돈을 주고 왔으니 다행이라는 생각이 들었다.

순간 프로펠러 비행기가 덜컥하면서 흔들렸다. 그러면서 내 마음도 덜컥했다. 과연 거지에게 돈을 준 게 잘한 일인가? 나는 가난한 자를 구제하기 위해 베트남에 간 게 아니었다. 예수를 모르는 자들에게 복음을 전하기 위해 간 것인데 베트남에서 처음 만난 생명을 구하지 못한 게 아닌가.

왜 그때 "하이 띠엔 득주 예수(예수 믿으세요)"라는 말을 하지 않았을까? 후회가 물밀 듯 밀려왔다. 아니 후회보다 더 큰 죄책감이 몰려왔다. 그 아이는 나로 인해 구원받을 수 있는 기회를 잃었다. 하나님이 그 생명의 피 값을 내게 물으신다면 나는 무엇이라 답할 수 있을까? 나 때문에 지옥에 갈지도 모를 아이의 영혼을 생각하니 입이 바짝 말랐다. 목이 메며 눈물이 났다.

"그러나 칼이 임함을 파수꾼이 보고도 나팔을 불지 아니하여 백성에게 경고하지 아니하므로 그중의 한 사람이 그 임하는 칼에 제거당하면 그는 자기 죄악으로 말미암아 제거되려니와 그 죄는 내가 파수꾼의 손에서 찾으리라"(에스겔 33:6).

베트남 선교의 사명을 받은 이상 나는 그들과 무관하다 말할 수 없다. 그들의 생명의 피 값은 내가 감당할 사명이었다. 그것을 깨닫는 순간, 내가 베트남에 다시 가야 할 이유가 분명해졌다. 어떤 상황에서도 가장 먼저 복음을 전해야 한다는 생각이 확고해졌다.

그래서 방콕에 도착하자마자 베트남 비자를 다시 신청했다. 두 번째 비자는 발급받는데 더 오랜 시일이 걸렸다. 한 번 출국당했기 때문에 조건과 절차가 더 복잡하고 까다로워졌다. 하지만 사명을 주셨으니 반드시 비자가 나올 거란 확신을 갖고 베트남에 대한 정보를 입수하며 기도로 베트남 선교를 준비했다.

그러다 비자가 나오면 바로 하노이로 향했다.
그렇게 어렵게 비자를 받아 하노이에 가도 체류 기간이 한 달을 못 넘겼다. 겨우 한 달을 지내다 방콕으로 나와야 했다.

3개월을 기다려서 비자를 받고 또다시 하노이에 들어갔다 출국당하는 생활을 1년 동안 반복했다.

두 번째 하노이에 도착했을 때 나를 괴롭혔던 것은 날씨였다. 매일 40도가 웃도는 습한 날씨에 숨이 턱턱 막힐 지경이었다. 첫 방문 때의 경험을 살려 외출에 필요한 서류를 제때 신청하여 비교적 자유롭게 거리를 활보할 수 있었지만 자동차도 없이 뙤약볕 아래를 걷는 게 고역이었다. 그래도 걸음을 멈출 수가 없었다. 언제 어디서 전도의 문이 열릴지 몰라 나는 종일 '주님, 어떻게 하면 이 나라 사람들을 전도할 수 있습니까?'라고 물으면서 길을 따라 걷고, 또 땅을 밟으며 '이 산지를 내게 주소서'라는 찬양을 불렀다.

그러다 만난 사람이 당민탕이었다. 그는 한국말을 할 줄 아는 베트남 사람이었다. 군인이었을 때 북한의 김일성종합대학에서 공부를 했기 때문에 북한말을 꽤 잘했다. 그래서 그에게 일당을 주고 베트남 말도 배우고, 통역으로 함께 다니면서 현지 상황을 탐사하는 사역에 들어갔다.

그와 제일 먼저 간 곳이 탁아소였다.

그때만 해도 베트남은 협동농장 체제를 유지하고 있었기 때문에 부모들이 일하는 동안 어린아이들은 탁아소에서 맡아서 돌봐줬다. 그런데 나라가 가난하다 보니 탁아소가 제대로 운영되지 않았다. 시설도 열악했고 음식도 형편없었다. 원장은 내게 재정이 부족해 아이들에게 점심을 주는 것도 힘들다며 좀 도와달라고 부탁했다.

나는 탁아소를 도우면 아이들이나 보모들을 전도할 수 있을 거란 생각에 흔쾌히 도왔다. 하지만 감시가 심해서 접근이 쉽지 않았다. 알고 보니 탁아소는 군대와 연결돼 있었다. 아이들을 맡긴 부모가 대부분 군인이었기 때문에 어설프게 전도를 했다가는 출국당하기 십상이었다. 그래서 탁아소를 도우면서 공산주의 국가의 시스템을 배워나갔다.

그리고 그 시스템에 익숙해질 때쯤 탁아소 하나를 인수하여 아가페 탁아소로 이름을 바꾸고 다양한 계층의 아이들을 돌보았다. 그러면서 베트남 사회의 보다 깊숙한 곳을 보게 되었다. 하루는 아이들이 사는 곳을 가게 됐는데 도저히 사람 사는 곳이라 말할 수 없는 곳이었다. 넝마주이들이 사는 동네인지 아이들마다 어깨에 긴 깡통을 메고 배배 말라비틀어진 손으로 쓰레기를 주웠고, 아장아장 걷고 기는 아이들은 쓰레기 더미에 앉아 퀭한 눈으로 나를 보며 천진하게 웃었다.

집에 가보니 상황은 더 나빴다. 나뭇가지와 잎으로 얼기설기 엮어놓은 집에는 노인들만 있었는데 겨우 숨만 붙어 있었다. 먹을 거라곤 하나도 없는 집안에는 파리만 들끓었고, 군데군데 웅덩이진 흙바닥에선 악취가 풍겼다. 그야말로 총체적

난국이었다. 한두 끼 먹을 것을 가져다주는 것으로는 부족했다. 장기적으로 돈을 벌 수 있는 방법을 강구해야 했다.

그러던 중에 하노이 시내에서 변고를 당할 뻔했다. 방콕을 오가며 들락거리긴 했지만 하노이에서 지낸 지 두어 달이 넘으면서 그곳 지리는 손바닥 보듯 환해졌다. 그러면서 시클로를 이용하는 횟수가 늘어났다. 3개 노선으로 다니는 버스 같은 전동차가 가끔 다녔지만 시간을 맞추기가 어려웠고, 택시와 승용차는 전무했다.

그런데 일이 많아지다 보니 기동성이 중요해져서 저렴하고 편리한 시클로를 이용했다. 시클로는 자전거의 앞바퀴가 있던 자리에 두 바퀴와 의자를 설치하고 뒤에서 페달을 밟아 움직이는 삼륜 자전거로 좁은 길도 쉽게 빠져나가기 때문에 골목이 많은 하노이에서는 이동하기에 좋았다.

그날도 탁아소 일로 바쁘게 오가던 중 호텔에 가려고 시클로를 잡아탔는데 뭔가 예감이 좋지 않았다. 자리에 앉으면서 얼핏 운전석 옆에 쇠뭉치가 있는 걸 봤기 때문이다. 시클로는 손님이 앞에 타기 때문에 뒤에서 쇠뭉치를 내리치면 찍소리 못하고 당할 수밖에 없었다. 앞에서 뭘 하는지 뒤에서 환히 볼 수 있기 때문에 당장 내리고 싶었지만 그것도 여의치 않았다. 시클로는 좌석이 높은 데다 위로 들려있기 때문에 운전사가 시클로를 세우고 내려주지 않으면 발이 땅에 닿지 않는다. 일단 타면 운전사가 내려주지 않는 이상 목적지까지 가야 하는 게 시클로였다.

하는 수 없이 가방을 움켜쥐고 여차하면 뛰어내리겠다는 심정으로 가고 있는데 설상가상으로 운전사가 이상한 길로 가는 게 아닌가. 돌담으로 이어진 으슥한 골목이었는데 분위기가 영 수상쩍었다. 다급한 마음에 두 손을 번쩍 들고 '스톱'을 외쳤지만 운전사는 내 말에는 아랑곳없이 골목 깊숙한 곳까지 갔다.

골목 끝에는 시클로들이 줄지어 서 있었다. 그 옆에는 남자들이 웅크리고 앉아 있었는데 내가 탄 시클로가 도착하자 한두 명씩 일어나서 나를 향해 슬금슬금 다가왔다. 아무래도 내 가방이 표적이 된 것 같았다. 가만히 앉아서 당할 수는 없겠다는 생각에 가방을 메고 시클로에서 뛰어내리자 남자들이 나를 뺑 둘러쌌다. 그들의 손에는 몽둥이도 들려있었다. '속았다'는 생각이 들었지만 도망가기엔 너무 늦었다.

나는 잠깐 눈을 감고 하나님께 기도한 후에 가장 나이 많고 약해 보이는 노인을 향해 태권도 포즈를 취했다. 그리고 '내가 태권도 9단이다'라고 큰소리쳤다.
'태권도'는 베트남 사람에게 무서운 한국의 싸움 기술로 알려져 있었다. 베트남 전쟁 당시 태권도를 가르쳤던 교관들이 맨손으로 벽돌을 격파하고 덩치 큰 사람들도 쉽게 제압하는 걸 봤기 때문에 '태권도'의 위력을 다들 어느 정도 알고 있었다.

'태권도 9단'이라는 말에 남자들이 겁을 먹고 주춤하는 걸 보면서 '기회는 이때다' 싶어 몸을 한 바퀴 돌려 노인을 향해 힘껏 발을 찼다. 노인은 뒤로 넘어졌고 운전사들은 다 도망쳤다. 나 역시 반대편으로 죽어라 뛰었다. 방향감각을 상실해 어떤 골목으로 나왔는지 몰랐지만 무작정 뛰고 달렸다. 다행히 나를 쫓아오는 남자가 없어서 더 큰 봉변을 당하지는 않았다.

그 일을 겪고 나서 나는 시클로에 대해 다시 생각하게 되었다. 관광객의 입장에서 친절하고 믿을만한 운전사가 끄는 시클로라면 타고 싶지 않겠는가? 앞으로 관광객이 점차 늘어날 걸 생각하면 몸이 고달프긴 해도 밑천 없이 돈 벌기에는 시클로만한 게 없다는 생각이 들었다. 그래서 넝마주이 동네 사람들에게 시클로를 만들어 나눠주기로 결심하고 당민탕과 함께 다니면서 비용과 방법을 알아보았다.

시클로 제작은 1년 만에 성사되었다.

베트남에 파송된 지 1년 만에 한국에 들어가 선교 보고를 했는데 선교회 회원분들이 한마음으로 헌금을 해주신 덕분이었다. 나를 베트남으로 파송해 주신 초교파 선교단체인 사랑의 병원 선교회에서 베트남 선교를 위해 따로 헌금을 해주셔서 그것으로 시클로 30대를 만들었다.

시클로 뒤에는 헌금한 분들의 이름을 적은 명함을 붙였다. 그리고 시클로 운전사들에게 그분들의 이름을 가르쳐주었다. 그리고 또 하나 가르쳐 준 것이 있다. 바로 "하나님 감사합니다"였다. 나는 운전사들에게 시클로를 운전할 때 "하나님 감사합니다"를 말하면서 다니라고 일러주었다. 운전사 중에 한국말을 알거나 하나님이 누구신지 아는 이가 아무도 없었기 때문에 경찰에게 의심받을 일도 없었다. 다들 무사 안전을 비는 좋은 말이라 생각하고 신나게 '하나님 감사합니다'를 외쳤다.

공산주의 국가였던 월맹의 수도 하노이의 오래된 골목에서 "하나님 감사합니다"를 외치면서 달리는 시클로를 볼 때마다 나 역시 '하나님 감사합니다'라고 외쳤다. 복음의 불모지인 베트남에서 '하나님'을 외칠 수 있게 해 주신 주님께 두 손 높여 감사했다.

무너진 성전들

내가 두 번째 감옥에 간 것은 성경책을 갖고 있는 걸 들켜서였다. 종교의 자유가 없는 베트남에서는 성경책을 갖고 있어도 붙잡혀 간다. 입국할 때 공항에서 압수하는 목록 중에 성경책이 있기 때문에 소지하고 있는 것 자체가 불법이다. 감사하게도 나는 두 번째 베트남에 들어올 때도 성경책을 들키지 않고 갖고 올 수 있었다. 그래서 숙소에 숨겨두고 몰래 보았는데 그걸 들킨 것이다.

  그런데 호텔 방에 경찰이 들이닥친 건 성경책 때문은 아니었다. 호텔 방에 혼자 있다 보면 아무래도 무장해제 되기 마련이라 나도 모르게 큰 소리로 찬송을 부른 것이 경찰의 귀에 들렸던 모양이다.
  '내 영혼이 은총 입어'를 목청껏 부르고 있는데 갑자기 문 두드리는 소리가 들리면서 방문을 열라고 했다. 그리고 들어오자마자 내게 지금 부른 노래가 무슨 노래냐고 물었다. 내가 좋아하는 한국 노래라고 했지만 경찰은 믿는 눈치가 아니었다.

  내게 물어봐도 소용없을 것 같았는지 내 옆에 서 있던 통역에게 방금 내가 부른 노래가 혹시 남조선에서 부르는 찬송가가 아니냐고 물었다. 베트남 사람들은 경찰을 굉장히 무서워하기 때문에 여간해서는 거짓말을 하지 않는다. 그런데 고맙게도 통역이 나를 위해 거짓말을 해주었다. 베트남 사람이 아니라고 하자 분위기가 약간 누그러지면서 반전의 기미가 보였다.

거기에 힘입어서 내가 방금 부른 노래는 내가 가장 좋아하는 노래라고 너스레를 떨면서 그 당시 유행했던 대중가요인 '나는 가야지'를 불렀다. 눈을 찡긋하며 '사랑을 위해 사랑을 버린 쓰라린 마음'을 멋들어지게 부르자 경찰은 방금 부른 노래와 다르다며 고개를 갸웃거렸다. 그 말에 당황하지 않고 사실은 내가 한국에서 가수였다고 느물거리자 경찰이 박수를 치며 내 노래를 들어주었다.

그렇게 분위기가 반전되어 잘 넘어가나 싶었는데 경찰은 역시 경찰이었다. 분위기 좋게 노래가 끝나자 바로 내 가방을 뒤져 소지품을 검사했다. 그리고 성경책과 베트남어로 만든 전단지 그리고 베트남어 성경 복사본 등을 찾아냈다. 나는 그 자리에서 붙잡혀 갔다.

조사는 보통 열흘 남짓 받게 되는데 그 기간 동안 같은 질문을 수없이 받는다.

'베트남에 왜 왔는가?'

경찰은 내가 베트남을 방문한 진짜 목적을 캐묻기 위해 질문하는 거지만 나는 그것을 하나님의 음성으로 들었다.

'나는 베트남에 왜 왔는가?'

하나님께 사명을 받고 왔다. 사명을 주신 분이 반드시 사명을 이루실 것이다.

굳게 닫혀 있는 베트남 선교의 문이 열릴 것이라는 확신은 감옥에 있을 때 들었다. 한국과 수교가 안 되었을 때라 외부와 연락도 되지 않았고, 그곳 감옥에서 만나는 자에게 복음을 전할 수 있어 되레 좋았다.

감옥에서는 달리 할 일이 없기 때문에 온전히 기도와 찬양으로 시간을 채워 나갔다. 주님이 나와 함께 있자 부르신 것이니 금식하며 기도했다. 성경은 없지만 내겐 살아계신 하나님이 계시니 매일의 말씀도 공급받았다.

감림산 기도원에서부터 시작된 새벽 3시 기도 시간에 주님은 항상 말씀을 주셨다. 자동차 번호판처럼 숫자로 말씀을 보여주셨다. 예를 들어 마태복음 3장 14절에서 18절의 말씀이면 '마3 1418'이 도장 찍힌 것처럼 보였다. 식물인간에서 일어났을 때부터 매일 공급해주시는 만나처럼 날마다 주시는 생명의 말씀을 먹었다. 감옥에 있을 때는 성경책이 없으니 말씀과 함께 성경 구절도 생각나게 해주셨다. 그래서 그 말씀을 묵상하며 하루를 살아냈다.

그 시간을 잘 견디면 반드시 선물이 있었다. 두 번째 감옥에 다녀온 후에 나는 부이 황 트 목사님을 만났다. 다낭에서 태어나 다낭 신학교를 졸업하신 목사님은 아이러니하게도 골수 공산주의자이기도 했다. 어쩌다 다낭에서 신학까지 공부한 목사가 월맹의 수도 하노이에서 공산주의자로 살게 된 것일까? 그것은 호지명의 열렬한 지지자였던 부이 황 트 목사님의 아버지 때문이었다.

베트남 전쟁이 일어나기 전에 다낭에서 꽤 유력한 자산가였던 목사님의 아버지는 물심양면으로 호지명을 도우셨다고 한다. 중요한 자금줄 역할을 담당하신 것이다.

그 공로를 잊지 않은 호지명은 '조력자 명단'에 부이 황 트 목사님 아버지의 이름을 올렸고, 호지명이 죽은 후 그의 참모들은 호지명의 유언에 따라 조력자 명단에 있는 사람들을 찾아가 공로에 따른 보상을 했다. 베트남이 공산주의 국가로 통일되었을 때 부이 황 트 목사님의 아버지는 이미 세상을 떠나신 후였고, 장남인 목사님이 대신 그 선물을 받게 되었다.

그런데 원하는 것을 모두 들어주겠다는 공산당원에게 부이 황 트 목사님은 얼토당토않은 소원을 말했다. 바로 '교회를 하나 세우자'는 것이었다. 월북한 이래로 목사가 아닌 공산주의자로 살았기 때문에 교회 건립이나 목회에 대한 갈망이 없었는데 왜 그런 말을 했는지, 그것도 공산당에게 그 말을 하고 본인도 깜짝 놀랐다고 한다.

더 놀라운 건 공산당이 그 말을 들어주었다는 것이다. 그렇게 해서 황자교회가 건립되었다.

그때가 1988년, 베트남의 개방이 본격화될 때였다. 베트남 정부는 경제개방과 함께 '종교 활동에 대한 법령'을 발표하면서 베트남 교회가 다시 정상적인 활동을 할 수 있도록 해주었다. 하지만 외국인은 예외였다. 종교법 31조에 '외국인은 종교 활동을 할 수 없다'라고 명시해 놓았으며 51조에 '외국인은 종교 행사나 종교 시설을 방문할 수도 없다'라고 못 박았다. 그러나 미국과의 수료를 위해 황자교회를 세워 베트남에도 종교의 자유가 있다는 것을 보여주기 위한 전시 효과를 노린 측면도 있다.

어쨌든 공산주의의 심장인 하노이에 교회가 세워진 것은 기적이었다. 교회가 생기자 원근각처에서 예수 믿는 사람들이 하노이로 모여들었다. 이에 힘입어 부이 황 트 목사님은 성경학교 건립도 추진해 정부의 승인을 받아냈다. 89년도에 건립된 성경학교는 4년 동안 한시적으로 승인을 받아 제1회 졸업식에서 15명의 신학생을 배출했지만 1회만 허가하고 바로 폐쇄되었다.

내가 부이 황 트 목사님을 만났을 때는 성경학교가 운영될 때였다. 목사님으로부터 '하노이 성경학교' 얘기를 듣는 순간 나도 모르게 탄성이 흘러나왔다. 하노이 성경학교라면 내가 한국에 있을 때부터 알고 있었다. 88년에 베트남 전쟁에 참전했던 채명신 장로님 외 군 장성들과 함께 조직한 베트남 선교회에서 하노이 성경학교 학생들에게 장학금을 지원했기 때문이다.

제3기 입학식
베트남 비라카미 신학교
일시:2002년 9월 27일 장소:비라카미 신학교

VILACAMY

PHAO.LÔ

25 - 09 - 2000

Hãy dâng thân thể mìn
làm của lễ Sống và Thán
đẹp lòng Đức Chúa Trời

베트남
㉓ 비라카미 선교 신학대학 개원예배 ㉗

비라카미 신학대학교
VILACAMY UNIVERSITY

VILACAMY
PHAO LÔ
Tôi ưa Thích luật lệ Chúa
khô... nu... lời của Chúa

입 ㉗ 학
제2기 베트남 비라카미 신학대학교

베트남 선교에 대한 사명을 받은 이후 내 머릿속은 베트남으로 가득 찼다. 자다가도 베트남 소리만 들리면 벌떡 일어나 뛰어다닐 정도였다. 하지만 내 마음과 달리 베트남에 관련된 정보를 얻기가 하늘에 별따기였다. 그래서 베트남을 경험한 분들을 중심으로 선교회를 조직하고 매월 둘째 주 월요일에 모여 베트남을 위한 조찬 기도회를 가졌다.

그때 주월 사령관이었던 채명신 장로님(여의도 침례교회)이 총재를 맡아주셨고, 백마부대 부사단장이셨던 조주태 장로님(서현교회)이 회장님, 십자성 부대 근무 참모 대령이셨던 김정복 안수집사님(침례교회)이 사무총장으로 섬겨주셨다. 나는 기획위원장으로 조직을 구성했다. 처음에는 일식집에서 조찬기도회를 했던 모임은 점차 커져서 여전도회관 5층에 사무실을 얻어 그곳에서 기도하고 베트남 선교를 준비했다.

그때 외국어대 베트남어과 조재현 교수님이 선교회 교육위원장으로 계시면서 베트남을 오가며 관련 정보를 많이 제공해주셨다. 비록 두 나라 간에 수교는 맺지 않았지만 학자 간의 교류는 허용됐기 때문에 조재현 교수님은 하노이 대학과 자주 왕래했다. 그러면서 자연스럽게 현지 상황을 알려주었고, 하노이에 성경학교가 있다는 걸 알게 된 베트남 선교회는 신입생 30명에게 장학금을 지원했다. 그 하노이 성경학교 원장인 부이 황 트 목사님을 두 번째 감옥에 다녀오고 나서야 만나게 된 것이다.

부이 황 트 목사님은 키가 크고 귀도 늘어져 귀티가 났다. 항상 슬리퍼를 신고 다니는데도 긴 다리로 성큼성큼 걸어서 행동이 민첩해 보였다. 부이 황 트 목사님과 내가 즐겨갔던 곳은 하이퐁이라는 베트남 북부에 있는 항구도시였다. 거기에서 왕새우를 3달러에 팔았는데 목사님께 그걸 대접하면 세상을 다 얻은 것처럼 좋아했다. 인민위원회에서도 일했던 간부급 공산당이었지만 왕새우 한 접시를 맘대로 못 사 먹을 만큼 형편이 좋지 않았던 것이다.

그렇다고 왕새우를 먹기 위해 하이퐁까지 간 건 아니었다. 베트남 전쟁이 나기 전에 월북했던 부이 황 트 목사님은 적화되기 전 북부 베트남의 교회 상황에서부터 현재에 이르기까지의 교회가 어떻게 핍박받았는지 잘 알고 있었다. 그분은 무엇보다 내게 교회의 흔적들을 보여주고 싶어 했다. 수많은 교회가 무너졌지만 다시 그 제단을 세우는 것이 부이 황 트 목사님의 소원이었다.

하지만 감시가 심해서 맘대로 교회가 있던 곳들을 둘러볼 수가 없었다. 그때는 하노이시에서 변두리로 나가는 길목마다 초소가 있었다. 동서남북 4방위에 하나씩 있었는데 이동수단이 무엇이든 거기를 통과해야 다른 지역으로 이동할 수 있었다. 초소에 여행 증명서를 제출하고 이동 목적과 시간 등을 명확하게 제시해야 이동 승인이 났다.

버스로 이동해도 마찬가지였다.

모든 버스 운전사들은 차량일지를 썼고 그것은 경찰에게 보고되었다. 대부분의 운전사들이 경찰의 끄나풀이었기 때문에 협상 같은 건 꿈도 못 꾸었다.

그래서 부이 황 트 목사님과 나는 왕새우를 먹으러 간다는 명목으로 하이퐁에 갔다. 하이퐁에 가다 보면 남하성, 남딘, 하이롱성을 지날 때 폭탄 맞아 지붕만 남아있는 흉물스러운 건물들이 도처에 있었다. 부이 황 트 목사님은 그게 전부 교회라고 했다. 처음에는 믿기지 않았다. 교회라고 하기엔 터가 좁아 가정집 같았다. 아무리 건물이 부서졌다고 해도 교회 같다는 느낌이 전혀 들지 않았다. 하지만 분명 그곳은 교회였고 전쟁 전에는 예배를 드렸던 곳이라고 했다.

베트남 북부에 있던 많은 교회는 전쟁 중에 미군에 의해 대부분 폭격을 맞아 무너졌다. 미군이 진격해 오면서 공격할 때 교회로 피신하면 안전할 거라 생각해서 사람들이 다들 교회로 피신했는데 미군이 그걸 알고 교회를 집중 공략한 것이다.

폭격 맞지 않은 교회는 공산당에 의해 폐쇄되거나 불탔다. 기독교를 민중의 아편이라 여겼던 공산당은 제일 먼저 교회

영 혼 육 구 원 - 한국기독봉사 선교회

베트남 중부 고산지대 영혼 치유 사역

일시 : 2011년 12월 5일 ~ 10일   장소 : 베트남 중부성 께산군

를 핍박했다. 많은 성도와 목사들이 죽임을 당했고, 살아남은 자들은 '정신교육'이라는 공산주의 정책적 탄압으로 죽음과 같은 고통을 당했다. 그나마 남아있던 교회와 신학교는 공산주의 정권이 시작되면서 문을 닫게 되었다.

다행스럽게도 폐쇄된 교회 중에는 건물이 온전한 곳도 꽤 여럿 된다고 했다. 오랫동안 사용하지 않아서 낡았지만 지붕과 벽이 멀쩡하여 언제든 사용할 수 있는 교회들, 그 교회들을 다시 일으켜 예배를 드리는 게 부이 황 트 목사님의 소원이었다. 성경학교 1회 졸업생 배출을 앞두고 목사님은 하노이와 그 주변 도시에서 하나님을 찬양하는 소리가 울려 퍼지길 간절히 기도하고 있었다.

선교의 베이스캠프

나는 사랑의 병원 선교회를 통해 베트남에 선교사로 파송됐다. 꼭 교회가 아니더라도 베트남 선교회를 통해서 파송될 수도 있었는데 왜 사랑의 병원 선교회에서 선교사로 파송되었을까? 내가 사랑의 병원 선교회 파송 선교사의 조건을 다 갖추지도 못했는데 말이다. 사랑의 병원 선교회는 초교파로 모인 의료선교 단체로 의료혜택이 필요한 곳이나 직접 선교가 어려운 곳에 병원을 세워주고 의료 사역을 통해 간접선교를 하는 선교회다. 그래서 선교사로 파송되는 부부 중 한 사람이 반드시 의사나 간호사 등 전문적인 의료행위를 할 수 있어야 한다.

그런데 혼자 몸으로 온 데다 어떤 의료자격증도 없는 나를 하나님은 왜 사랑의 병원 선교회를 통해 베트남에 오게 하셨을까? 두 번째 감옥에 들어갔을 때 이 질문이 머릿속에서 떠나질 않았다. 그러다 기도 중에 하나님께서 깨달음을 주셨다.

하노이를 두 번째 방문하여 목격한 수많은 병자들의 모습이 사형선고를 받고 죽음 직전까지 갔던 내 모습과 겹쳐졌다. 멀쩡했던 내가 불치의 병으로 쓰러졌을 때 우리나라 최고 병원의 손꼽히는 명의들도 나를 포기했지만 하나님은 나를 살리셨다. 의사가 고치지 못한 것을 하나님은 고치셨다. 그렇다면 베트남 사람들도 마찬가지가 아닐까? 예수님의 피가 이들에게 역사하면 베트남의 수많은 병자들도 고침을 받을 것이다.

과부가 과부 심정을 안다고 베트남의 수많은 병자들을 볼 때마다 나는 애끓는 심정이 되었다. 고칠 수 없는 병을 안고 방치된 채, 죽을 날만 기다리며 살아가는 아픔과 고통을 경험한 나로서는 빈민가의 병자들이 남 같지가 않았다. 이러한 마음을 주시려고 생사의 갈림길에 이르도록 나를 연단하신 게 아닐까? 그렇다면 그들을 위한 간절한 중보, 나를 살려주신 하나님이 그들 역시 살려주실 거라는 믿음을 갖고 손을 얹어 기도해 보자고 결심했다.

그래서 감옥에서 나와 병자들을 찾아가 빵을 주고 그들의 머리에 손을 얹고 기도했다. 놀랍게도 병이 나았다. 하나님께서 내 손을 통해 역사하신 것이다. 할렐루야, 감사합니다. 내게 신유의 은사를 주셨으니 이제 병원을 세워 환자들을 치료해주면서 기도해 주면 되겠다 싶었다.

1990년대 초반기 베트남에는 의료시설이 턱없이 부족했다. 집집마다 병자들은 차고 넘치는데 마땅히 치료해 줄 곳이 없었다. 그래서 병원을 세우기로 결심했다. 공산국가나 선교 제한국가로서 직접 종교 활동이 금지되어 있는 곳에선 간접적인 선교를 해야 한다. 그래서 전문인 선교를 하는 경우가 많은데 그중에서도 병원 사역과 의료 사역이 가장 효과적이다. 워낙 병자가 많다 보니 국가에서도 막지 않고 환영하기 때문이다. 바로 이것 때문에 내가 초교파 의료선교단체인 사랑의 병원 선교회로부터 파송된 게 아니겠는가. 당시 베트남은 방글라데시와 함께 세계 두 번째 빈국이었다.

문제는 돈이었다. 가진 게 없는데 무엇으로 병원을 짓는단 말인가. 현실적인 고민이 시작됐다. 그 고민 사이로 '이게 내 병원인가? 하나님의 일이니 하나님이 지으신다'는 확신이 끼어들며 마음이 편안해졌다. '믿는 자에게 능치 못할 일이 없으리라'고 말씀하신 주님을 믿고 병원을 세우기로 결심했다.

"예수께서 이르시되 할 수 있거든 이 무슨 말이냐 믿는 자에게는 능히 하지 못할 일이 없느니라 하시니"(마가복음 9:23).

그와 맞물려 공산당 서기장이 남딩성에 아동병원을 세워 달라는 요청을 했다. 땅은 베트남 정부에서 제공하고 병원 건축은 우리가 담당하는 프로젝트였다. 이를 위해 사랑의 병원 선교회와 베트남 선교회가 자매 결연을 맺고 함께 추진했다.

그러다 내가 세 번째 감옥에 붙잡혀 가는 일이 생겼다.
거리에서 병든 자들을 위해 안수기도를 해주다가 접촉허가서 없이 현지인을 만났다는 이유로 연행됐다. 하노이라는 도시가 좁은 데다 시클로 사업과 탁아소 운영을 하면서 내 신분이 많이 노출되다 보니 조금만 다른 행동을 해도 금세 눈에 띄어 제재를 당했다. 그런 상황에서 더 이상 일을 할 수가 없었다.
그래서 세 번째 감옥에서 나온 후에 나는 호치민으로 내려왔다. 함께 일하던 부이 황 트 목사님도 사고로 세상을 떠났고, 남딩성 아동병원을 짓는 과정에서 사랑의 병원 선교회와 베트남 선교회가 마찰을 빚어 갈등이 일어났다. 결국 그 일을 새문안교회에 맡기고 나는 아동병원 건립 프로젝트에서 빠졌다. 그리고 남쪽 호치민으로 92년 10월에 왔다.

호치민은 하노이와 분위기가 사뭇 달랐다.

75년 공산화 이전에 자본주의를 경험했던 호치민은 사람들의 옷차림이나 표정이 하노이와 달리 유연하고 활기차 보였다. 개방의 속도가 빨라 94년도 이후에 미국과 수교가 되자 거리에는 호텔이나 카드식 공중전화와 시내버스도 눈에 띄었으며 외국회사와의 합작 택시도 드문드문 보였다. 하노이보다 비교적 자유로워 보이는 호치민을 보니 마음이 놓였다. 간접선교를 하기엔 하노이보다 호치민이 더 나을 것 같았다.

호치민으로 올 때 나는 세계친선협회(PACCOM)로부터 메콩강 빈농성에 병원을 세워 달라는 요청을 받았다. 빠콤이라 불리는 세계친선협회는 베트남 외교부 산하에 있는 기관으로 외국인들을 관리·감독한다. 대외 개방 정책을 실시하면서 폐쇄적이고 경직된 분위기를 쇄신시키기 위해 베트남 정부는 빠콤이라는 기관을 신설하여 과거 국가안전기획부가 담당했던 역할을 부여했다. 즉 외국인의 의료사업, 교육사업, 구제, 봉사 활동 등의 NGO 활동을 지원하고 동시에 사상을 변질시키는 행위를 하는지 감시하도록 했다.

빠콤으로부터 NGO 단체로 인정받으면 여러 가지 혜택이 있다. 그중 가장 큰 혜택은 3년 비자가 주어진다. 베트남에서 병원이나 학교 등을 세우면 빠콤이 NGO 비자를 발급해주는데, 그 비자가 있으면 최대 3년 동안 체류할 수 있다. 또한 비자 만기일이 되기 전에 학교나 병원 등을 세우면 3년씩 연장할 수도 있다.

또 하나의 장점은 활동허가서를 받을 수 있다는 것이다. NGO 비자가 있는 사람에게는 접촉허가서 없이 현지인과 만날 수 있는 활동허가서를 발급해준다. 접촉 없이는 의료행위가 불가능하기 때문에 병원 의료진에게는 필수적으로 발급된다. 병원을 치료기관이자 선교를 위한 베이스캠프로 삼는다면 복음 전파를 위해 이보다 더 좋을 수는 없었다.

당시만 해도 베트남 병원 의사 월급이 35불, 우리나라 돈으로 2만 5천 원 정도였다. 우리나라와는 정반대였다. 베트남은 공산국가이기 때문에 공산당, 경찰, 군인이 돈을 제일 많이 벌고 선생님이나 의사의 월급이 하급이었다.

그렇다고 실력이 부족하지도 않았다. 베트남 의사들은 대부분 프랑스나 러시아 등으로 유학을 갔다 온 엘리트들이었다. 그런데 국비 유학생들이라 공부를 마치면 국가관리 병원에서 4, 5년간 의무적으로 근무를 하게 돼 있었다. 그래서 국가에서 허가 난 선교병원에서 근무를 하게 되는 것이다. 또한 4시 30분까지 근무를 하고 5시 이후에는 어디서든 각자 자유롭게 의료행위를 할 수 있었기 때문에 의사만 동의한다면 심방할 때 동행할 수도 있었다.

모든 조건이 무르익었으니 이제는 행동에 옮길 때였다. 나는 호치민에 있는 한국 식당에 내 짐 가방 2개를 맡겨놓고 메콩강 하류 빈롱성으로 내려갔다. 그때는 한 푼이 새로울 때라 숙소를 빌리는 돈도 아까웠다. 당시 게스트하우스에서 하루 묵는 비용이 10불이었는데 그걸 모아 병원 건축비에 보태고, 거처도 없이 빈롱성과 호치민을 오가며 사역을 감당했다.

주일에 빈롱성에 내려가 일주일 동안 병원 짓는 일을 돕고 호치민에는 주말에 올라왔는데 그때부터 하룻밤 묵을 곳을 찾기 위해 호치민 일대를 한없이 돌아다녔다. 포장도 제대로 안 된 길을 한참 걷다 보면 가방 무게에 바퀴가 이지러져 바닥이 땅에 쓸렸다. 그러다 가방 밑이 찢어져 책이며 옷가지를 땅에 흘리며 다닌 적도 부지기수였다. 길 가던 사람이 책을 주워주기도 하고, 옷가지가 바퀴에 걸려 그걸 빼느라 애를 먹기도 했다.

초라한 입성에 행색도 남루하여 남들 보기에 나는 영락없는 거지꼴이었지만 그때만큼 행복했던 때도 없다. 베트남에 온 지 2년 반 만에 선교의 문이 열렸으니 얼마나 기뻤겠는가. 병원의 기초가 세워지고 건물이 올라가는 걸 보면 힘든지도 몰랐다. 그렇게 첫 선교병원이 메콩강 유역 빈롱성에 세워졌다.

1993년 빈롱성에 농푸 사랑의 병원을 짓고 무료로 치료해 주는 NGO 자격을 취득했다. 그리고 사랑의 병원 선교회 이름을 아가페(AGAPE)라고 짓고 빠콤에 정식 NGO 단체로 법인 등록했다. 그때부터 내게 NGO 단체인 아가페의 대표이자 사랑의 병원 원장이라는 직함으로 활동허가서가 나왔다. 그 활동허가서로 나는 베트남에서 본격적인 복음 사역을 시작했다.

선교병원의 기적

첫 선교병원이 세워진 빈롱성에서는 날마다 기적이 일어났다. 그 중 첫 번째는 그곳에 병원이 세워졌다는 것이었다. 그것도 무료로 치료받을 수 있는 병원이 생겼으니 가난한 병자들에게 그보다 더 큰 기적은 없을 것이다. 그 기적을 체험하기 위해 병원 문을 열기도 전에 환자들이 몰려왔다. 중풍 병자, 언청이, 다리 저는 자, 각종 병 가진 자들로 병원은 문전성시를 이루었다. 얼마나 많이 왔던지 개원할 때 16명의 현지 의사들과 함께 사역을 시작했는데도 손이 모자랄 지경이었다.

그중에는 의사가 고칠 수 없는 병도 많았다. 의학으로 고칠 수 있는 병은 아무리 줄이 길어도 의사들이 얼마든지 고쳐주었지만 의사가 손댈 수 없는 병은 어떻게 하나? 그건 하나님의 기적 아니고서는 치료할 방법이 없었다. 그래서 그런 환자들은 내가 의사 가운을 입고 나가서 기도해 주었다. 내가 병원 원장인 데다 외국인이니 환자들은 특별한 기대와 갈급함을 가지고 나를 기다렸다.

하지만 그곳은 베트남이었다. 접촉허가서 없이는 아무에게나 기도해 줄 수 없었다. 그때 두 번째 기적이 일어났다. 나를 감시하러 온 경찰로 하여금 나를 돕게 하셨다. 빠콤은 병원을 짓고 운영할 수 있도록 돕기도 하지만 치료 이외의 다른 활동을 하는 건 아닌지 철저히 감시하기도 했다. 치료를 통해 환자들에게 복음을 전하는지, 혹시 의사나 사람들이 예수를 믿을까 봐 계속 따라다니며 감시했다.

그런데 그 경찰에게 환자들을 치료해 줘야 하는데 접촉허가를 해 달라고 하면 그 자리에서 허가를 해줬다. 경찰이 오히려 내게 돕는 손길이 된 것이다. 접촉허가를 받고 난 다음 나는 경찰에게 한 가지 더 허락을 받았다. 병이 나으려면 치료하기 전에 하나님께 기도를 해야 한다고 말하고 경찰의 동의를 구했다. 작은 행동 하나도 절차와 동의를 구해야만 뒤탈이 없기 때문에 미리 말하는 게 중요했다. 기도해야 병을 고칠 수 있다니 경찰도 반대하지는 않았다. 경찰이 동의하고 나서야 나는 청진기를 가슴에 폼으로 대고 환자의 머리에 손을 얹고 기도했다.

"하나님 감사합니다. 오늘 바로 이 시간을 위해서 이때를 위해서 나를 식물인간으로 만드셨군요. 나의 불치병을 치료해 주신 하나님 바로 이 시간에 동일한 사건이 일어날 것을 믿고 제가 감히 손을 얹었습니다. 하나님, 오늘 주님의 살아계신 역사가 이들을 감동케 하시고 하나님께 영광 돌리게 하시고 살아계신 하나님을 증거케 하시고… 전능하신 예수님의 이름으로 기도합니다. 아멘 "

이때 또 기적이 일어났다. 하나님의 응답이 이루어진 것이다. 한국말로 기도를 하니까 내용을 알 길 없는 베트남 경찰은 나를 저지하지 않았고, 지금 치료의 역사가 일어나지 않으면 죽는다는 각오로 기도하니 손 마른 자가 손을 펴고, 중풍 병자가 일어나고, 피부병 환자가 깨끗해졌다. 100% 하나님을 의지하니 하나님께서 고쳐 주셨다.

"내게 금과 은은 없으니 내게 있는 걸 너에게 주노라 나사렛 예수의 이름으로 명하노니 일어나 걸으라"(사도행전 3:6).

이 말씀을 붙잡고 일사각오로 기도할 때 기적이 일어났다.
의사들이 못 고치는 병을 안수기도로 치료하니 사람들은 내가 대단한 사람인 줄 알고 달걀이나 과일 같은 걸 가져와서 나의 옷자락을 붙들고 쫓아다녔다. 선망의 눈으로 나를 보며 부러워하고, 안수기도하는 걸 배우고 싶어 했다. 그때가 그들에게 하나님을 전할 때였다. 그들에게 나는 내 손은 아무것도 아

축
베트남 인막 사랑의 병원 신축기공예배

남 나 사랑 병원 준공

새문안 의료선교 봉사단
KOREA SAEMOONAN MEDICAL SERVICE TEAM
(VIETNAM AGAPE HOSPITAL)

의료봉사단
KOREA LAYMEN'S ASSOCIATION

니라고 말했다. 나도 식물인간이었으며 한국에 있을 때 사형 선고를 받은 사람이었다는 걸 말해주었다. 세상에서 잘 나가고 돈도 명예도 있었지만 죽음 앞에서는 아무 소용이 없었던 것도 간증했다.

이 세상이 끝이 아니며 천국과 지옥이 기다리고 있다는 것과 그것을 내가 보지 않았다면 이렇게 일하지 않았을 거라는 것도, 우리는 하나님이 만드셨기 때문에 의사들이 못 고치는 병을 하나님이 고쳐 주신다는 것도 이야기했다.

그리고 바로 그 하나님이 나를 살리셨고, 만져주셔서 이 자리에 있는 거라고 말하며 하나님이 치료의 빛을 발하셔서 내가 살아난 것처럼 그 하나님이 지금 내 안에 오셔서 당신들을 고쳐 주신 거라고 증거했다. 그리고 마지막으로 '예수 그리스도를 믿으라'고 간곡히 부탁했다.

그때 진짜 기적이 일어났다. 그들의 마음속에 복음의 씨가 뿌려진 것이다. 병 고침을 받은 자도, 그것을 목격한 자도 하나님을 믿기 시작했다. 그때부터 나는 안수기도를 할 때 환자들에게 예수 그리스도를 전하기 시작했다.

"이르되 주 예수를 믿으라 그리하면 너와 네 집이 구원을 받으리라 하고"(사도행전 16:31).

사람이 아무리 돈이 있고 권력이 있어도 아프면 살고 싶은 게 인지상정이요, 살 수만 있다면 극약이라도 먹으려 드는 게 사람이다. 그런 절박한 상황에서 내가 의사 가운을 입고 청진기를 대면 모두 예수님을 믿었다. 그분이 생명의 구주이심을 몸으로 체험하며 예수님을 영접했다.

예수님께서도 건강한 사람에게는 의원이 필요 없다고 말씀하시지 않았는가. 복음을 전할 때도 가난하고 병든 사람에게 접근하기가 쉬웠다. 그래서 '농푸 사랑의 병원'을 시작으로 호치민 슬럼가에 '떤빈 사랑의 병원', 한센병 환자촌 지역에 '쑤엔목 사랑의 병원' 등 16개의 병원을 차례로 설립하게 됐고 205명의 현지 의료인이 나의 사역에 동참하게 됐다.

"예수께서 들으시고 이르시되 건강한 자에게는 의사가 쓸데없고 병든 자에게라야 쓸 데 있느니라"(마태복음 9:12).

오지에 의료혜택을 받지 못하는 사람들을 위해 병원을 짓고, 현지 의사들에게 급료와 약품을 대주면서 접근을 하니 오지 사람들도 안심하고 우리를 좋은 사람이라고 인식했다. 주님께서 병원을 통해 선교의 문을 열어주신 것이다. 할렐루야!

헌신의 열매

선교병원은 의료혜택이 닿지 않는 오지에 지었다. 그래서인지 한국에서 단기선교팀이나 의료선교팀이 베트남 오지에 있는 선교병원에 가면 어떻게 이런 곳을 알고 병원을 지었느냐며 놀라워한다. 그럴 때마다 내 대답은 하나다. 모두 하나님의 인도하심에 따라 지어진 것이다.

솔직히 내가 베트남 전역을 답사하며 다니지 않는 이상 깊은 산속 오지의 사정까지 다 알 수는 없는 노릇이다. 그래서 정보기관이자 관리·감독기관인 빠콤과 긴밀하게 협의하여 가장 의료혜택을 받지 못하는 곳을 추천받았다. 때로는 빠콤에서 특정 지역을 정하여 병원을 지어달라고 요청했다.

하지만 의료혜택이 필요한 곳이라고 해서 무조건 병원을 짓는 건 아니다. 목록을 받으면 그걸 놓고 기도했다. 요청을 받을 때도 마찬가지였다. 항상 기도가 먼저다. 기도를 통해 하나님의 응답을 받으면 그곳에 가서 사랑의 병원을 지었다.

오지에 병원을 짓고 나면 의료선교를 위해 서울의 의사들과 연계해서 순회 의료 사역을 왔다. 그럴 때는 나도 의사 가운을 입고 의료 사역에 참여했는데 처방해주는 약이라곤 아스피린이나 회충약, 영양제 따위였지만 효과 만점이었다. 병원에 오는 환자의 절반 이상이 신경통이나 관절염을 앓는 환자였기 때문에 영양제를 주고 기도해 주면 약발이 잘 들어서 90% 이상의 환자들에게 치료 효과가 있었다.

> "믿고 세례를 받는 사람은 구원을 얻을 것이요 믿지 않는 사람은 정죄를 받으리라"(마가복음 16:16).

보통 순회 의료 사역을 하면 하루에 2-300명을 치료해주었다. 그런데 그중에 보통 10%는 불치병 환자였다. 그들은 내 손을 통해 하나님이 직접 고쳐 주셨다. 식물인간, 중풍 병자, 중환자의 머리에 손을 얹고 기도하면 병이 나았다. 치유의 기적이 일어났다.

그리고 얼마 지난 후에 그 지역을 다시 찾아갔다. 경찰에게는 후유증이 없는지 확인하러 간다고 하여 방문 허락을 받고 그 지역에 가면 고침 받은 사람들이 하나님을 믿고 교회 지을 준비를 하고 있었다. 그렇게 오지에 교회를 하나씩 세워나갔다.

처음에는 가정집에서 예배를 드렸다.
처소예배를 드리다 허가를 냈다. 당연히 거절당했지만 포기하지 않고 또 신청하고 거절하기를 수십 번, 교회 건축 허가가날 때까지 계속해서 신청하여 교회를 지어 나갔다. 그 놀라운일이 90년대 초반 베트남 오지에서 벌어지고 있었다.

그렇게 사역을 이어가던 때였다.

새문안교회 의사들과 함께 메콩강 하류 쫘빈성에서 의료 사역을 했는데 그날따라 환자들이 많아 진료가 늦게 끝났다. 다 같이 식사하고 예배를 드리고 나니 밤 10시가 훌쩍 넘었다. 유난히 피곤해 숙소에 와서 옷가지만 대충 빨고 누웠는데도 12시가 넘었다. 침대에 눕자 온몸이 녹작지근한 게 손가락 하나 까닥하기 싫었다.

그런데 그때 문 두드리는 소리가 들렸다.

밤늦게 찾아올 사람이 없는데 누군가 싶어 문구멍으로 내다보니 쫘빈성의 부성장이 보였다. 부성장은 우리나라로 치면 도지사에 해당되는 사람이다. 그러니 쫘빈성에서 가장 큰 권력을 가진 사람이었다. 그런데 그 사람이 육군 대령 출신이라 그런지 선교병원을 세울 때 너무 핍박하고 감시하여 '쫘빈성 부성장'이란 말만 들어도 진절머리가 났다.

그런데 그런 사람이 한밤중에 찾아왔으니 반가울 리가 없었다. 또 나를 잡으러 왔나 싶어 문구멍으로 바깥을 살펴보니 부성장 혼자 서 있었다. 이상한 마음에 문고리를 걸고 문만 살짝 열었다. 그리고 무슨 일이냐고 물었더니 나를 만나러 왔다고 하면서 문을 열어달라고 했다. 뒤에 경찰이 없으니 위험할 건 없다고 생각해서 맘 놓고 들어오라고 했더니 부성장이 급하게 들어와 문을 잠갔다. 그리고 자기의 머리와 가슴에 손을 얹더니 '이것 좀 (기도) 해 달라'고 하는 게 아닌가.

깜짝 놀라서 어디 아프냐고 물었더니 갑상선이 아프다고 했다. 그 말을 듣자 난감했다. 가뜩이나 눈에 불을 켜고 나를 감시하던 사람인데 약 처방도 없이 기도해줬다가는 무슨 의심을 할지 몰랐다. 그래서는 숙소에 약이 없고 의사들은 모두 잠들었으니 내일 아침 일찍 병원으로 오라고 했다. 그러자 부성장이 그럴 수 없다고 하면서 나를 붙잡았다. 그리고 방문이 잠긴 걸 확인하고 오더니 내 앞에 무릎을 꿇었다.
"기도해 주세요."

그 말을 듣는 순간 온몸에 전율이 일었다.
나를 핍박하던 자가 기도해 달라니 하나님께서 또 한 건 주셨구나. 기쁨에 넘쳐 펄쩍펄쩍 뛰었다.

"원수를 갚지 말며 동포를 원망하지 말며 네 이웃 사랑하기를 네 자신과 같이 사랑하라 나는 여호와이니라"(레위기 19:18).

그리고 부성장을 꽉 끌어안았다.
"하나님 감사합니다. 아, 아버지 정말 감사합니다."
목소리가 떨리고 눈물이 났다. 간절한 마음으로 그를 위해 기도했다. 그리고 부성장에게 "아멘 하세요"라고 말했다. 그는 작지만 분명하게 '아멘'이라고 화답했다.

'아멘, 할렐루야! 우리의 기도를 들어주실 줄 믿습니다.'

부성장이 돌아가고 나서도 내 귓가에는 '아멘'이란 말이 떠나지 않았다. 한 영혼의 돌이킴이 얼마나 큰 기쁨을 가져다주는지 그날처럼 확실하게 경험한 적이 없었다. 기도 받고 돌아간 부성장이 궁금해서 잠도 오지 않았다. 과연 갑상선이 나았을까, 하나님의 표적이 보고 싶어 아침이 오기만 기다렸다.

아침이 되자마자 쫘빈성 부성장의 사무실로 찾아갔다.

출근 시간이 되기 전이라 사무실 문은 굳게 닫혀 있었다. 흥분된 마음으로 부성장을 기다리는데 마음이 진정이 되지 않았다. 일각이여삼추 같다는 말이 실감 났다. 드디어 그의 사무실 문이 열리고 부성장의 얼굴이 보였다.

'아, 하나님 감사합니다.'

부성장이 활짝 웃는 얼굴로 나를 맞이했다. 그의 갑상선이 깨끗이 나았다. 하나님께서 그를 만져주신 것이다. 사실, 나를 진저리나게 괴롭혔던 사람이 회복되었다는 것이 나를 이토록 기쁘게 할 줄은 몰랐다. 그런데 베트남에서 사역을 하면서 나는 사람을, 육체가 아닌 영혼으로 보는 눈이 생겼다. 나를 박해하는 자들도 하나님의 자녀요, 구원받아야 할 영혼들이었다. 그들이 내게 어떤 핍박을 가하든 그 영혼을 생각하면 안타까워 눈물이 났다. 영혼을 구원하고자 하는 마음, 바로 그런 마음으로 2005년에는 경찰들을 위한 병원도 세웠다.

"나는 너희에게 이르노니 너희 원수를 사랑하며 너희를 박해하는 자를 위하여 기도하라"(마태복음 5:44).

하지만 그 시작이 순조로웠던 건 아니다.

그 당시에는 선교센터에 수시로 종교경찰들이 들이닥쳤다. 베트남에 있는 탈북민들을 색출하겠다는 명분을 내세워 선교센터를 샅샅이 뒤지고, 그것도 모자라 나를 연행해 갔다. 언제나처럼 같은 질문에 같은 대답이 오갔고, 경찰들은 내게서 어떤 증거도 찾지 못했다.

지루한 조사 끝에 내게 아무런 잘못이 없다고 결론 내린 경찰은 순순히 나를 풀어주면서 뜻밖의 부탁을 했다. 경찰들을 위한 병원을 설립해 달라는 것이었다. 갑과 을이 뒤바뀌는 전화위복의 순간이었다. 나는 추호의 망설임 없이 경찰들에게 하나님께 기도하면 반드시 병원을 세워주실 거라고 자신 있게 말했다.

그때까지 지은 모든 병원도 내 힘으로 한 것이 아니었다.

하나님께서 한국교회에 특별한 감동을 주셔서 그 헌금으로 병원을 세워 나갔다. 그러니 경찰들을 위한 병원도 하나님께서 일하시면 얼마든지 설립할 수 있을 거라고 확신했다. 결론적으로 병원 설립기금 15만 달러를 1년 만에 기적적으로 마련하여 2005년에 경찰들을 위한 병원인 구찌 병원 기공 예배를 드렸다.

병원을 짓기 위한 첫 삽을 뜨는데 정말 감개무량했다.

오래 묵어 굳어버린 땅이 복음의 삽으로 기경되는 순간을 보는 것 같았다. 굳은 땅이 기경되어 씨를 받을 준비가 되면 이 땅에도 열매가 맺힐 것이다.

"현세에 있어 집과 형제와 자매와 어머니와 자식과 전토를 백 배나 받되 박해를 겸하여 받고 내세에 영생을 받지 못할 자가 없느니라"
(마가복음 10:30).

그 시간까지도 경찰들은 나를 미행하고 감시했지만, 그리고 이후에도 핍박은 계속되겠지만 그 땅을 기경하시는 하나님의 쟁기질은 멈추지 않고 계속될 것이다. 그 일을 위해 나를 쟁기로 사용하시니 얼마나 감사한가.

언청이 수술

첫 선교병원이 세워진 빈농성 메콩델타는 베트남의 67개 성 중에서 남쪽에 있다. 메콩강 하류의 삼각주 지역으로 베트남 최대의 곡창지대이자 메콩강의 아홉 지류가 모였다 흩어지는 곳이기도 하다.

메콩강은 베트남어로 꾸롱(Cuu Long)이라고 하는데 9마리의 용이라는 뜻이다. 메콩강의 큰 줄기가 9개라 9룡이라 부르는 것이다. 중국 티벳 고원에서 발원하여 라오스, 태국, 캄보디아를 거쳐 베트남으로 이어지는 메콩강은 길이가 4천 20km나 되는 강으로 동남아시아에서는 가장 큰 강이다. 그중 220km가 베트남을 휘감아 흐른다.

풍부한 물과 비옥한 땅을 가진 메콩델타는 농사짓기에 천혜의 조건을 갖추었지만 그 자연조건으로 인해 1년에 한 번씩 물난리를 겪어야 했다. 아열대 지방인 동남아시아는 건기와 우기가 뚜렷하여 5월이면 비가 오기 시작해 6개월 이상 폭우가 쏟아진다.

그때 메콩강이 범람하면서 메콩델타 지역이 물에 잠겼다. 라오스, 태국, 캄보디아를 거쳐 흘러드는 물줄기가 강우로 인해 불어나는 데다 하류에서 역류한 물이 올라오다 보니까 그 일대가 물바다가 되었다. 상·하수도 시설을 갖추지 못해 물이 제때 빠지지 못하다 보니 매년 우기 때마다 물난리를 겪었다. 거리에는 물이 무릎까지 찼고, 집에서 흘러나온 가재도구들과 닭, 돼지들이 둥둥 물에 떠다녔다.

그렇게 물난리가 날 때면 나는 호치민에 가지 않고 병원 옥상에서 지냈다. 우비를 입고 공사 중인 병원 옥상에다 나무판대기를 놓고 그 위에서 밤새 기도하며 비가 그치길 기다렸다.

죄악의 물결에 떠내려가는 수많은 영혼들을 구하기 위해선 병원 문을 닫을 수가 없었다. 복음 전파를 그칠 수가 없었다. 그래서 호치민으로 가는 길을 구하지 않고, 한 사람이라도 더 구원할 수 있도록 병원과 베트남을 지켜달라고 주님께 간구했다.

지금 생각하면 옹색하기 그지없는 생활이었다. 병원에 식당도 없고 취사도구도 없었기 때문에 식사도 제대로 할 수 없었다. 현지 의사들이 출근할 때 갖다 주는 바게트 빵을 물에 적셔 먹으면서 하루를 버텼다. 그래도 힘이 펄펄 났다. 수많은 사람들의 머리에 손을 얹어 기도해도 지치지도 않았다. 불쌍한 이들을 한 명이라도 더 살리고 구원해야겠다는 사명감에 불타올라 달음박질해도 곤비치 않았다.

한 차례 홍수가 지나가고 나면 정전이 나를 괴롭혔다. 맑은 날에도 전기 사정이 좋지 않아 툭하면 전기가 나갔는데 우기가 지나고 나면 그 정도가 더 심했다. 그런데 그 시기가 한국에서 의료팀들이 단기선교를 올 때와 겹쳐서 노심초사했다. 한국에서 의료팀들이 오기만을 학수고대 기다리는 이들이 있었기 때문이다.

30년 전에는 베트남에 언청이라 하는 구순구개열 환자들이 엄청 많았다. 먹고 살기 힘든 때라 임신 중에 영양을 제대로 섭취하지 못해 언청이를 많이 낳았다. 태아의 코와 입술이 형성되는 임신 3-4개월 때 비타민 B12가 부족하여 입술이 붙지 않아 언청이가 된 것이다. 유전이 아니라 못 먹어 생긴 병이니 얼마나 가슴이 아픈가.

어린아이 때는 철모르고 지내지만 청소년기가 되면 자신의 모습에 실망하고 괴로워하며 자학하는 사람들이 대부분이었다. 심지어 그로 인해 자살하는 이들도 있었다. 그렇기 때문에 언청이 수술을 해주면 100% 예수님을 믿었다. 수술 후 달라진 자신의 모습을 보고 예수님을 믿게 되는 것이다.

그런데 언청이 수술이 간단하지 않았다. 정도가 경미해서 입술만 찢어진 경우는 그것만 꿰매면 되지만 잇몸에서 목구멍까지 찢어진 사람들은 자기 살을 이식해서 수술해야 했다. 그런 수술을 감당하기에 선교병원은 인력이나 장비 등 여러모로 부족했다. 그래서 베트남의 많은 구순구개열 환자들은 한국에서 의료팀들이 오기만 오매불망 기다렸다.

당시 새문안교회 의사팀들과 이화여대 부속병원 의사들이 의료선교를 와서 수술을 많이 해줬는데 그때마다 나는 수술방 앞에 서서 수술 중에 전기가 나가지 않게 해 달라고 기도했다. 정전이 되면 발전기를 돌려 전기를 공급하는데 그것도 시간이 꽤 걸리기 때문에 자칫 목숨을 잃을 수도 있었다.

언청이로 태어나 남모를 눈물을 흘리며 산 것도 불쌍한데 살아보겠다고 누운 수술대 위에서 맥없이 죽는다면 그것보다 더 가슴 아픈 일은 없을 것이다. 정전되어 불 꺼진 수술실을 보면 나는 그대로 옥상으로 뛰어 올라가 두 손 높이 들고 엉엉 울면서 '전기가 들어오게 해 달라'고 기도했다. 그리고 내 기도에 응답해주셨는지 궁금해서 수술실로 뛰어 내려왔다. 여전히 수술실에 불이 꺼져 있으면 또 눈물을 뿌리며 옥상으로 오가며 부르짖어 기도했다.

그렇게 하나님께 울며 매달리며 살려낸 아이들이 빈롱성에서만 6천3백 명이 넘는다. 기도로 낳은 새 생명들이다. 대부분 예쁜 입술을 되찾고 나면 본인은 물론 가족들도 다 예수님을 믿겠다고 고백을 했다. 그러면 안수기도를 해줬다. 주님께서 이들의 영혼을 붙드시고 인도해 달라고 간절히 기도했다.

그 아이들이 지금은 각 지역의 교회에서 찬양하고 신학을 공부하며 또 다른 생명을 낳기 위해 열심을 다하고 있다. 그 중에는 우리 신학교에 다니며 성가대에서 찬양하는 아이들도 있다. 그 모습을 볼 때마다 얼마나 아름답고 감격스러운지, 하나님께 얼마나 감사한지 이루 다 말할 수 없다. 이 모든 일을 이루신 하나님께 영광과 찬미를 올려 드립니다!

오지의 찬양대

　구순구개열 수술을 할 때마다 놀라운 일이 벌어졌지만 언제나 기쁨에 넘쳤던 것은 아니다. 한국에서 의료 봉사팀이 1년에 한 번 오기 때문에 기회는 한정돼 있고 시간도 제한돼 있기 때문에 수술을 못 받는 사람이 반드시 나오게 마련이었다.

　대부분은 눈물을 흘리면서도 다음을 기약하며 뒤돌아섰는데 유독 한 자매가 끝까지 가지 않고 내 바짓가랑이를 붙들고 '수술해 달라'고 몸부림치며 울었다. 1년을 꼬박 기다렸는데 자기 앞에서 수술이 끝났다면서 '더 기다릴 수 없으니 수술해 달라'고 대성통곡하며 쫓아왔다. 어찌나 서럽게 울던지 발길이 떨어지지 않았지만 내가 어떻게 해 줄 도리가 없었다. 그래서 겨우 자매를 다독여 진정시키고 돌아왔다.

　그런데 호치민 선교센터로 그 자매가 찾아왔다.
　자매는 나를 보자마자 울면서 '제발 고쳐달라'고 매달려 울었다. 머리는 산발이고 얼굴은 너무 울어서 퉁퉁 부어 있었다. 땅바닥에 퍼질러 앉아 '저 좀 고쳐 주세요'라고 애원하는 자매를 보자 차마 돌아가라는 말을 할 수가 없었다. 그 자매는 자기와 한 동네에 사는 친구도 언청이인데 예쁘게 수술받고 시집을 갔는데 자기는 이게 무슨 꼴이냐며 수술을 안 해 주면 죽어버리겠다며 울었다. 의사들이 한국으로 돌아갔다고 했지만 수술해 줄 의사가 올 때까지 집에 가지 않겠다고 고집을 피우며 버텼다. 할 수 없이 센터에서 그 자매와 함께 지냈다.

그리고 몇 달이 흘렀을까. 한 목사님이 센터를 일주일 간 방문하셨는데, 가시기 전에 내 방에 오시더니 심각한 표정으로 할 말이 있다고 하셨다. 그리고는 센터에 사는 아이들이 몇 달 사이에 말투가 어눌해졌다면서 아마도 언청이 자매의 영향으로 발음이 부정확해진 것 같다고 하셨다.

그 말을 듣고 아이들을 눈여겨보니 정말 발음이 새는 게 아닌가. 언청이 자매와 계속 같이 지내게 하다가는 아이들의 발음을 다 망칠 것 같았다. 목사님과 나는 고민 끝에 자매를 집에 돌려보내기로 했다.

하지만 자매를 설득하기가 쉽지 않았다. 집에 가서 기다리라는 말을 듣자마자 눈물을 쏟기 시작했다. 수술받기 전에는 절대 갈 수 없다고, 자기를 보내지 말라고 울었다. 한국에서 의사들이 오면 제일 먼저 수술해주겠다고 해도 듣지 않고 통곡하며 나를 붙잡았다.

그냥 주저앉고 싶은 마음은 굴뚝같았지만 센터의 다른 아이들을 위해선 결단을 해야 했다. 그래서 며칠 뒤 보따리를 싸서 생활비를 조금 주어 집으로 돌려보냈다. 의사들이 오면 첫 번째로 수술해주겠다고 굳게 약속했지만 자매는 슬픔에 잠겨 울면서 센터를 떠났다. 그런데 하필이면 그해에 IMF로 인해 한국에서 의료팀이 오지 못해 자매와의 약속을 지키지 못했다. 그렇게 1년이 지나가고 시간이 흐르다 보니 자매에 대한 기억도 희미해져 까맣게 잊고 살았다.

그리고 2년쯤 후에 전혀 예상치 못한 곳에서 자매를 만났다. 그때는 내가 병원선교보다 오지를 돌아다니면서 복음을 전하며 교회를 세워나갈 때였다. 그날도 달랏에서 본멧톡을 지나 야라이성에 있는 소수부족 마을을 찾았다. 해발 1500미터가 넘는 고산지대 중에서도 산속 깊숙한 곳에 있는 마을이라 외부와 단절되어 문명의 이기라고는 찾아볼 수 없는 곳이었다.

움막이라고도 할 수 없게 나무때기를 엉성하게 겹쳐 놓은 곳에 눈만 새카만 아이들이 옹기종기 모여 앉아 있고, 그 옆에 어른들이 둘러앉아 나를 신기해하며 이리저리 살펴봤다. 처음에는 가까이 오지 않고 내 주위만 맴돌던 사람들이 점차 익숙해지자 내 몸을 건드리고, 옷을 만지고, 가방에서 치약을 짜서 먹어보고, 얼굴에 문대기도 했다.

낯설지만 궁금한 이방인에게 다가오는 소수부족들과 눈이 마주칠 때마다 나는 씨익 웃어주었다. 그러자 그들도 마음이 놓였는지 저녁이 되자 나를 환영하는 의미에서 노래를 불러주겠다고 했다. 그러면서 나를 더 깊숙한 산속으로 데려갔다. 한참 걷다 보니 나무가 높고 울창해 하늘이 보이지 않는 곳에 2-30명 앉을 수 있을만한 평지가 나타났다. 그리고 거기엔 소수부족 사람들이 어깨를 맞대고 앉아 있었다. 내가 도착하자 그들은 조용히 노래를 부르기 시작했다.

"우리에게 향하신 여호와의 인자하심이
크고 크도다 크시도다…"

내 귀에 은은하게 들리는 노래는 놀랍게도 우리나라 찬양이었다. 귀가 번쩍 뜨였다. 어떻게 이럴 수가 있을까? 이 깊은 산속에서 우리나라 찬양을 듣다니 정말 꿈만 같았다. 이 첩첩산중에 나보다 먼저 복음의 발자국을 남긴 한국 선교사가 있다고 생각하니 너무 감격스러웠다. 눈물이 절로 나왔다. 대체 누가 이곳에 왔을까? 찬양이 끝나고 이 노래를 누가 가르쳐줬냐고 묻자 그들은 웃으면서 또 다른 노래가 있다면서 찬양을 시작했다.

"사랑하라 내 영혼아 사랑하라 내 영혼아…"

캄캄한 밤, 초롱불 하나만 켜 놓은 산속에서 울려 퍼지는 찬양은 마치 천사의 노랫소리 같았다. 발음이 얼마나 정확하던지 베트남 사람들이 부르는 것 같지가 않았다. 들을수록 놀랍고, 감격스러웠다. 외국인이 한국 찬양을 이렇게 완벽하게 부르게 하기까지 이 산간벽지에서 선교사는 얼마나 많은 눈물을 흘렸을까, 생각하니 나도 모르게 눈물이 흘러내렸다. 두 손을 들고 함께 찬양했다.

'찬양하라 내 영혼아 내 속에 있는 것들아 다 찬양하라'

찬양이 끝나고 나서 나는 누가 이 노래를 가르쳐줬냐고 또 물어보았다. 그러자 다들 말없이 한쪽 구석을 바라보았다. 거기에 언청이 자매가 서 있었다.

그 자매를 보자 미안한 마음에 눈물이 났다.

입술이 붉어져 비뚤어진 모양이 예전 그대로였다. 죄책감과 놀라움에 말을 잇지 못하는데 자매가 나에게 다가왔다. 그리고 내 손을 잡고 빙긋 웃었다. 그 모습이 어찌나 환하고 예쁘던지 나도 모르게 같이 웃었다. 마음이 놓였다. 울며불며 수술해 달라고 했던 자매의 모습은 온데간데없고 고요한 평안함이 자매를 감싸고 있었다.

그간의 이야기를 들어보니 하나님의 인도하심이 놀라울 뿐이었다. 자매는 센터에서 나와 북쪽으로 정처 없이 걸었다고 했다. 수술을 받기 전에는 절대 안 돌아오겠다고 식구들에게 선언하고 나왔으니 집으로 갈 수도 없었고, 달리 자신을 받아줄 곳도 없으니 고향과 반대 방향인 북쪽으로 가다가 지치면 죽겠다는 심정으로 한없이 걸었다고 한다. 그러다 이 소수부족 마을까지 오게 된 것이다.

그런데 이들을 보고 자신이 얼마나 선택받은 사람인지를 깨달았다고 한다. 똑같은 사람인데 소수부족 사람들은 짐승처럼 살고 있었다. 더 불쌍한 건 자신들이 그렇게 비참하게 사는 것조차 모르고 있다는 것이었다. 자신이 얼마나 귀한 존재인지 모르고 사는 것, 그것처럼 안타까운 것은 없었다.

그것은 언청이 자매도 마찬가지였다. 그들을 보면서 그녀는 자신이 얼마나 아름답고 소중한 존재인지 모르고, 자학하며 괴로워했던 시간이 어리석고 미련했다는 걸 깨달았다고 했다. 하나님이 창조하신 생명, 예수 그리스도 피 값으로 산 생명, 그 생명이 우리를 존귀하게 만든다는 것을 깨달은 그녀는 그 복음을 소수 부족에게 전하며 살고 있었다.

그래도 나는 한 번 더 자매에게 한국에 가서 구순구개열 수술을 받자고 권했다. 하지만 자매는 단호하게 거절했다. "선교사님도 약한 부분이 있으시지만 영혼 구원을 위해 사시잖아요. 저도 이들에게 있는 나의 모습 그대로 내 안에 계시는 예수 그리스도를 전하며 이들의 생명을 구하는데 열심을 바치겠습니다. 한국에 갈 시간도 없고 수술할 필요도 없습니다."

아, 하나님은 정말 놀라운 분이셨다. 언청이 자매의 기도를 사명으로 응답하셨으니 얼마나 놀라운가. 병을 고쳐달라고 구했는데 영혼을 살리시어 생명을 낳는 자로 만드셨으니 정말 그 은혜가 놀라웠다. 베트남을 구원하시려는 하나님의 역사가 복음의 씨가 뿌려진 모든 사람들을 통해 이루어지고 있었다. 베트남의 영혼 구원을 향한 하나님의 마음이 급하고도 급하다.

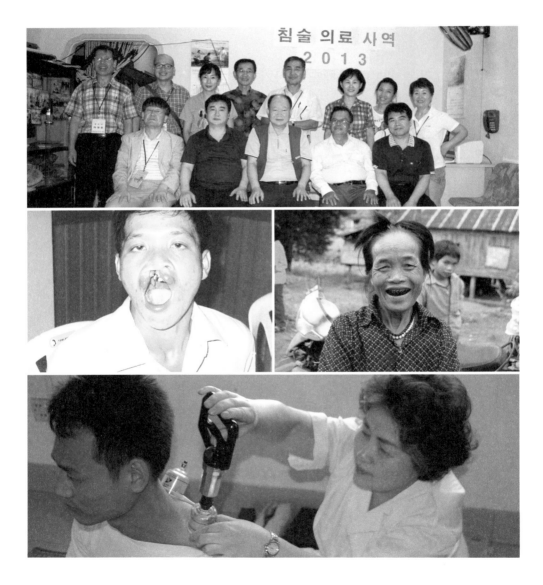

4부
연단

돌팔이 의사

의료 사역을 하면서 가장 힘들었던 건 경찰의 핍박이 아니었다. 오지의 열악한 환경도 아니었다. 타 선교사들의 질시와 안티와 훼방이었다. 그들은 내가 의사도 아닌데 의사 가운을 입고 청진기를 들고 다닌다며 베트남의 병들고 가난한 자들을 현혹시키는 '사기꾼' '돌팔이 의사'라고 했다.

그들의 말이 맞다. 나는 의사가 아니다. 나는 약으로 사람을 고치지 않고 하나님의 말씀과 능력으로 치료하기 때문에 세상이 인정하는 의사 자격증은 없다. 따라서 의사 가운이나 청진기는 내게 필요치 않다.

하지만 그것 없이는 병자들을 만날 수가 없다.

의료 사역에 나아가 안수기도를 해 주려면 현지법상 의사 가운과 청진기를 착용해야만 병자를 만날 수 있다. 그런 상황을 아는지 모르는지 나를 두고 손가락질하며 질타하는 타 선교사들을 볼 때마다 마음이 괴롭고 속상했다.

하노이에서 호치민으로 내려오면서 한 가지 기대했던 것은 한국인 선교사들과의 만남이었다. 하노이에서는 한국 사람을 보기가 참 힘들었다. 90년 당시에 하노이에 체류했던 한국인은 15명 남짓, 그나마도 다 사업차 왔기 때문에 바빠서 모임을 갖기가 어려웠다. 그런데 호치민에는 한국인이 꽤 많았고, 선교사들도 여럿 들어와 있었다.

하노이에서 혼자 외롭게 고군분투했던 나는 호치민에 와 있는 선교사들을 보니 너무 반가웠다. 그래서 선교사들의 기도모임을 추진했다. 호치민에 파송된 선교사는 모두 9명이었는데 그중 6명은 혼자 왔고, 3명은 부부 동반으로 와 있었다. 모두 합해 12명이니 잘못 움직였다가는 경찰의 표적이 되기 쉬웠다.

그래서 회장도 뽑지 말고, 회비도 걷지 말고, 정관도 만들지 말고 한 달에 한 번 쥐도 새도 모르게 모여 서로 정보를 제공하고 사역을 위해 기도하고 헤어지자고 했다. 중요한 건 서로의 정보를 나누며 각자의 사역에 도움을 주는 것이니 밥도 돌아가면서 사기로 했다.

그리고 약속한 날 정해진 장소에서 모였다.

그런데 어떤 분이 선교사님 한 분을 데리고 왔다. 새로 만난 분이라 악수를 하고 어느 교회 어느 교단이냐고 물었다. 그런데 뭔가 이상하다 싶었다. 알고 보니 이단시 되는 교단 소속이었다. 그래서 그분을 데리고 온 선교사님을 불러서 왜 저분을 데리고 왔냐고 하자 대답을 제대로 못 했다. 비행기에서 만나 통성명한 사이라 자세히 알아보지 않고 데려온 것이다. 그 선교사는 자신은 이단이 아니라고 우겼고, 다른 선교사들은 이왕 모였으니 일단 모임을 진행하자고 했다.

하지만 나는 이단이 들어온 이상 모임을 계속하는 건 의미가 없다고 봤다. 공산주의라는 큰 벽을 허물기 위한 영적 전쟁을 준비하는 모임에 이단이 낀다는 건 말이 안 된다고 생각했다. 그래서 모임을 파하겠다고 선언하고 그 자리에서 나왔다. 그리고 이후에 나는 나가지 않았지만 그 모임은 계속되고 있다.

그리고 며칠 후에 낯선 남자가 나를 찾아왔다.

누군지 모르고 문을 열어줬는데 대뜸 내게 "당신이 장 목사냐?"라고 묻더니 자신은 이단시 되는 교단의 목사라고 했다. 깜짝 놀라서 "왜 나를 찾아왔냐?"고 물었더니 기도 모임에 참석했던 선교사로부터 내 얘기를 들었다고 하면서 이단인지 아닌지 논쟁을 해 보자고 했다. 그 말에 기겁해서 곧장 뒤돌아

문을 닫고 들어가 버렸다. 하지만 그도 쉽게 포기하지 않았다. 계속해서 문을 두드렸지만 나는 절대 이단과 상종하지 않겠다고 하며 문을 잠가버렸다.

참 기가 막힌 일이었다. 사탄의 권세가 강한 베트남에서 사역을 하기 위해서는 무엇보다 영 분별이 중요하다. 그런데 분별력도 없이 한국 사람이라는 이유로 뭉친들 그들이 어떤 영향력을 발휘할 수 있겠는가. 베트남에서 필요한 건 소모적인 논쟁이 아니다. 어떻게 하면 선교의 물꼬를 틀 수 있는지 끊임없이 기도하고 그 방법을 강구하는 것이다.

"거짓 선지자들을 삼가라 양의 옷을 입고 너희에게 나아오나 속에는 노략질하는 이리라"(마태복음 7:15).

그때도 지금도 나는 선교사는 사역의 열매로 판단할 수 있다고 생각한다. 베트남에 온 이유가 복음을 전하는 것이니 그 일에 충성을 다하면 선교사로서의 사명을 다하는 거라고 생각한다. 그런데 내가 특정 단체에 소속되어 있지 않다는 이유로 정체성을 의심받을 때가 많았다. 그럴 때마다 나는 오직 베트남 영혼을 위해 모든 걸 다 버리고 하나님만을 의지해야 함을 깨달았다.

호치민의 좁은 한인 사회에서 나는 언제나 핫이슈였다.

그래도 내가 그 뒷소문의 현장을 목격하기 전에는 나에 대한 소문이 얼마나 심각한 수준인 줄 몰랐다. 하루는 영사관에 서류를 떼러 갔다가 점심시간과 맞물려 허탕을 치고 한인 식당에 점심을 먹으러 들어갔는데 거기서 나에 대해 사람들이 어떤 얘기를 하는지 듣게 되었다.

　점심시간이라 손님들로 북적이는 식당에 운전기사와 함께 앉아 음식을 기다리며 신문을 보고 있는데 옆에서 '장요나 선교사 국제 사기꾼이야'라고 말하는 소리가 들렸다. 곁눈질해서 보니 한국 사람들이었다. 내가 옆에 있다는 걸 알고 일부러 큰 소리로 말하는 건가 싶어서 옆으로 고개를 돌려 쳐다봤는데 나를 못 알아보는 것 같았다.

　그래서 신문을 보는 척하면서 무슨 얘기를 하는지 들어보았다. 대화 내용을 들어보니 그들도 선교사 같았는데 정말 기상천외한 이야기를 사실처럼 말했다.
　내가 교회를 짓는다고 헌금을 받아 그 돈으로 금을 사서 집에 쌓아뒀다고 하질 않나, 첩을 15명이나 두고 산다고 하질 않나 옆에서 듣고 있기 민망한 말도 거리낌 없이 했다.

　그러더니 내가 교회를 건축했다는 것도 다 거짓말이라고 했다. 지붕만 바꾸거나 기존에 있던 교회에 페인트만 새로 칠한 다음에 교회를 지었다고 거짓말을 하니 조심하라며 '장요나 선교사는 상종 못 할 인간'이라고 했다.

　그 말을 듣자 마음이 착잡했다. 나에 대한 소문이 좋지 않다
는 것은 알았지만 그렇게까지 입에 담기 힘든 말이 오갈 줄은
정말 몰랐다. 자신들이 침 튀며 욕하는 사람이 바로 옆에 앉아
있다는 것도 모르고 그들은 점점 더 이야기의 수위를 높였다.

　그 이야기를 듣고 있자니 오만 가지 생각이 다 들었다.
　그 사람들 앞에 가서 내가 장요나라고 말을 할까, 모른 척하
고 계속 들어볼까. 결정적인 순간에 가서 당신들이 알고 있는
건 사실이 아니라고 해명을 할까, 별의별 생각이 다 들었지만
결국 나는 음식이 나오기 전에 밥값을 계산하고 식당을 나와
버렸다.

　도저히 더 듣고 앉아 있을 수가 없었다.
　이야기를 들으면 들을수록 해명해 봤자 소용없겠다는 생각
이 들었다. 그들은 마치 직접 본 것처럼 확신에 차서 말했지만
그 말은 사실이 아니었다. 그렇다면 다른 사람에게 듣거나 지
어낸 말일 텐데 내가 누군지도 모르면서 사실 여부도 확인하
지 않고 헛소문을 퍼뜨리는 사람에게 가서 해명한들 그때뿐
일 거라는 생각이 들었다.

　뒤에서 욕하기는 쉬워도 당사자를 앞에 두고 욕하기는 어렵

다. 그래서 뒷말하다 당사자에게 걸리면 대부분 미안하다고 사과를 한다. 하지만 뒤돌아서면 말짱 도루묵인 경우가 많다. 설사 진심으로 사과한다고 한들 이미 들은 말을 귀에서 씻어낼 길은 없다.

이래도 저래도 마음이 불편한 건 매 한 가지다. 평판에 묶이기 시작하면 하나님의 일을 할 수 없다. 사람 눈에 들기 위해 사람을 기준으로 일하게 될 테니까. 그래서 해명도 불평도 하지 않기로 했다. 내 마음의 중심이 진정 하나님께 있는지 사람의 평판에 있는지 보시기 위해 온갖 억측과 뜬소문으로 영적 시험을 하시는 거라고 생각하기로 했다.

그러자 내 이야기로 귀한 시간을 다 흘려보내는 타 선교사들이 안타까웠다. 외국인의 종교 활동을 금지한 베트남에서 선교사가 할 수 있는 일은 사실 많지 않다. 아니 없다고 해도 과언이 아니다. 혹여나 외국인들이 베트남 사람들의 사상을 변질시킬까 봐 감시가 심하기 때문이다.

"세월을 아끼라 때가 악하니라"(에베소서 5:16).

외국인이 들어오면 베트남 정부는 한 달 동안 감시를 한다. 어디서 누구를 만났는지 어떤 물건을 샀는지 무슨 얘기를 했는지 뒤따라 와서 철저하게 조사하고, 전화와 팩스를 통해 중

앙센터에 보고한다. 그 내용은 다 기록되어 외국인 이름별로 분류된 파일에 저장된다. 그렇기 때문에 선교사라는 신분을 속이는 것도 '눈 가리고 아웅' 하기다. 이미 공산당은 외국인들의 신분을 알고 있는 경우가 많다. 그래서 선교사들은 특별 감시대상이다.

그러니 베트남의 법 아래 살면 복음을 전하는 것은 불가능하다. 하지만 하나님의 법 아래 있으면 얼마든지 가능하다. 예수님이 그 길을 우리에게 보여주셨다. 우리가 율법에 묶여 있을 때 예수님은 우리를 구원하러 이 땅에 오셨고, 율법이 아니라 하나님의 법에 따라 사시면서 온갖 핍박과 고난을 다 당하시며 대가를 치르시고 돌아가셨다. 그 은혜로 말미암아 우리가 구원받았고 자유인이 되었다. 그것이 선교의 모델이며 선교사가 나아갈 길이다.

어쩌면 무모할 정도로 공격적인 나의 선교방식이 법의 테두리 안에서 열심히 사역하는 다른 베트남 선교사들에게 피해를 주고 있는지도 모르겠다. 하지만 나는 죽었다 살아난 목숨이다. 식물인간에서 깨어나 사명을 받은 후로 나는 '죽으면 죽으리라'는 마음으로 사역을 감당해 왔다.

하나님의 일을 하는데 있어서는 두려움이 없다. 그래서 나는 핍박을 받고 있을 때 기쁨이 충만하다. 왜냐하면 하나님의 일을 하기 때문에 핍박이 있기 때문이다.

10개월간 식물인간으로 있으면서 나는 내 힘으로 할 수 있는 건 아무것도 없다는 걸 철저히 깨달았다. 그리고 천국과 지옥을 보면서 하나님 나라의 법과 세상 법을 동시에 따를 수 없다는 것도 알게 되었다. 천국은 하나님 나라의 법을 따르는 자들만이 소유할 수 있다. 세상 법과 하나님 법을 동시에 따르는 자들은 결국 지옥에 간다는 걸 10개월 동안 꿈으로, 환상으로 똑똑히 보았다.

"나더러 주여 주여 하는 자마다 다 천국에 들어갈 것이 아니요 다만 하늘에 계신 내 아버지의 뜻대로 행하는 자라야 들어가리라"(마태복음 7:21).

지금 생각하면 그 모든 훈련이 베트남에서의 사역을 위한 담금질이 아니었나 생각된다. 베트남에서 복음을 전하기 위해서는 공산주의 법을 어길 수밖에 없기 때문이다. 베트남 종교법에 묶여 있는 수많은 영혼을 구원하기 위해서는 내가 그 법의 제물이 되어야 한다. 공산주의 국가에 살지만 하나님 나라의 법에 따라 살아야 한다. 그래야 복음의 씨가 뿌려지고 교회가 세워진다. 그걸 두려워하지 않는 자에게는 하나님께서 감당할 수 있는 능력을 주신다.

나는 1년이면 5-6회 정도 경찰 조사를 받는다.
그럴 때마다 나는 이렇게 이야기한다.

"나는 당신 나라의 종교법을 지키러 온 것이 아니라 하나님 나라의 법을 선포하러 왔다. 이를 위해 나는 죽었다가 살아났다."

내가 베트남에서 사역을 할 수 있는 건 NGO 비자 때문이 아니다. 병원을 짓고 학교를 지어서도 아니다. 하나님께서 부어주시는 능력으로 인해 복음을 전하고 있다. 복음은 오직 하나님의 은혜로 말미암아 전파되며 배와 그물을 버리고 예수를 따르는 자에게는 주님께서 '사람 낚는 어부'가 되는 힘을 주신다.

"그들이 배들을 육지에 대고 모든 것을 버려두고 예수를 따르니라"

(누가복음 5:11).

호치민 교회 건축

하노이에서 호치민으로 내려올 때 가졌던 기대 중 하나는 남쪽에는 교회가 더 많이 남아있을 거라는 거였다. 월맹의 수도였던 하노이에도 무너진 제단이 있었는데 하물며 호치민이다. 1911년에 다낭을 시발점으로 하여 복음이 전파된 남부 베트남은 1940년대에는 10만 신자가 될 만큼 크게 부흥했다. 명목상 이름만 걸고 있는 수준이지만 총회도 남쪽 베트남에 있다. 그런 만큼 호치민에는 베트남에 남아있는 그루터기 신자가 많을 거라 생각했다. 그들을 찾는 게 급선무였다.

그 당시 베트남에서는 외국인들의 종교 활동은 엄격하게 금지시켰지만 현지인들은 형식적으로나마 종교의 자유를 허용했다. 88년 베트남 정부가 발표한 '종교 활동에 대한 법령'에서 교회의 정상화를 인정한 것이다. 대외적으로 개방의 의지를 보여주기 위한 베트남 정부의 전략이었지만 어쨌든 그로 인해 하노이에서는 황자교회가 세워졌고, 공산화 이전에 기독교인이었던 자들은 매주 예배를 드릴 수 있었다.

그렇다면 호치민에서도 그 일이 가능할 것이다.
나는 호치민에 숨어서 신앙을 지키고 있는 목사와 신자들을 찾아 교회를 재건해야겠다고 생각했다. 하지만 그들을 찾는 건 쉽지 않았다. 대외적으로는 교회를 인정한다고 했지만 기독교인에 대한 정부의 위협과 감시는 더 교묘하고 집요해졌다. 공산주의 사상을 변질시킬 수 있는 가장 큰 요인으로 기독교를 꼽기 때문이다.

베트남에 가서 가장 놀란 것은 촘촘한 감시망이었다.
낮에는 자유로워 보였지만 밤이면 공산주의 국가의 진면목이 드러났다. 현지인들은 밤마다 모여서 공산주의 사상을 학습했고, 일거수일투족을 돌아보며 비판의 시간을 가졌다. 또

한 6호 담당제를 실시하여 6가정을 묶어 서로 감시하게 했는데 자신이 감시해야 할 대상은 알지만 누구로부터 감시당하는지는 모르도록 했다. 그렇게 아무도 믿을 수 없게 만든 것이다.

그런 상황에서 지하의 성도들을 찾는 건 무리였다. 그래도 일말의 기대를 가지고 기도할 때 바울 사도가 아굴라와 브리스길라를 만나게 해주셨듯이 나도 과거 기독교인으로 나트랑 신학교를 나온 전도사를 만나게 해 주셨다. 그들에게는 공산화되기 전에 호치민에 있었던 교회들의 자료들을 가지고 있었다.

그래서 그 자료에 나온 주소지를 가지고 자전거를 타고서 호치민 시내를 중심가부터 샅샅이 뒤지기 시작했다. 하노이에서와 마찬가지로 전혀 교회가 있었던 곳이라 생각되지 않는 곳에 교회가 있을 거라 생각하고 후미지고 버려진 곳을 더 유심히 살펴보았다.

호치민의 벤찌동에 있는 빈터이 교회도 그렇게 발품을 팔다가 발견했다. 높은 빌딩 뒤에 숨겨져 잘 보이지 않았던 빈터이 교회는 오랫동안 방치된 채 잡초가 우거져 있었다. 호치민 외곽에는 그런 곳이 꽤 있지만 시내 중심가에 버려진 땅이 있다는 게 놀라웠다.

잡초 더미를 헤치고 빈터이 교회 안으로 들어가 보니 그 안에 교회 건물이 있었다. 썩고 부서져 흉물스럽게 버려진 건물에는 온전히 남아있는 게 아무것도 없었다. 입구 쪽으로 가보니 나무로 막아놓아 들어갈 수가 없었다. 그 옆에 붙어 있는 붉은 글씨의 경고문을 보니 섬뜩했다. 그간에 교회와 기독교인들이 당한 고난이 어떠했을지 짐작이 갔다.

도저히 그냥 갈 수가 없어 그 자리에 무릎을 꿇고 앉았다. 그리고 폐허가 된 교회를 다시 세워 달라고 주님께 간절히 기도했다. 이곳에서 예배드렸던 주님의 자녀들, 그 흩어진 자들을 다시 모아 달라고 기도했다.

그러다 갑자기 등골이 오싹하며 온몸에 소름이 돋았다.
뒤쪽에서 사람의 기척이 느껴졌다. 머릿속에 '빨리 도망치라'는 경고등이 켜졌지만 이미 그 사람은 내 뒤에 바짝 서 있었다. 그리고 "기도를 하셨지요?"라고 물었다. 이미 다 들켜버렸으니 도망가도 소용없었다. 그래서 체념하고 뒤돌아서는데 그 남자가 내 손을 덥석 잡았다. 그리고 뒤이어 믿기지 않는 말을 들려주었다. 자신은 공산화되기 전에 이 교회를 담임했던 람(Ram) 목사인데 홀로 남아 교회를 지키고 있다고 했다.

내가 한국에서 온 선교사라고 짐작한 람 목사는 나를 매우 반가워했지만 나는 경계심을 풀지 않았다. 폐허가 된 교회에 와서 무엇을 지킨다는 건지도 이해되지 않았고, 나를 처음 볼 때 화장실에서 나온 것도 수상했다. 거기서 동태를 살피다 나를 잡으러 온 것은 아닐까? 의심쩍은 마음에 왜 집을 놔두고 교회 화장실을 사용했는지 물었다.

그러자 람 목사가 아무 말 없이 나를 화장실로 데려갔다.
화장실 역시 낡고 부서졌으나 벽은 온전히 세워져 있어 바깥과 단절돼 있었다. 람 목사는 화장실 문을 열더니 땅을 파고 그 속에서 뭔가를 꺼냈다. 그걸 보자 가슴이 뜨거워졌다. 땅속에 깊이 묻어놓은 것은 바로 성경책이었다. 비닐에 꽁꽁 싸인 성경책은 갈피갈피 낡아서 글씨도 희미해 보였다.

람 목사는 성경책을 교회 화장실 바닥에 묻어놓고 매일 와서 꺼내 본다고 했다. 썩은 내가 진동하고 벌레가 우글거렸지만 하나님의 말씀을 볼 수 있으니 얼마나 감사한지 모른다고 그는 말했다. 어떨 때는 말씀에 갈급하여 밤에도 와서 손전등을 켜고 성경을 꺼내 본다고 했다.

그 말을 듣고 나는 목사님을 끌어안고 엉엉 울었다.
말씀에 대한 갈급함, 큰소리로 찬양할 수 없는 답답함, 성도들과 다 함께 예배할 수 없는 안타까움은 경험해 보지 않은 사람은 모른다. 베트남에 오지 않았다면 나도 그 심정을 몰랐을 것이다. 그러나 3년 넘게 베트남에 있으면서 가장 큰 고통은 자유롭게 하나님을 섬길 수 없다는 것이었다. 그런데 람 목사님은 25년 이상 그 고초를 겪었으니 얼마나 힘들고 외로우셨을까. 가슴이 미어지는 것 같았다.

그때부터 람 목사님과 나는 매일 시간을 정해놓고 교회에 와서 함께 기도했다. 잡초 더미에 가려진 교회의 무너진 벽을 붙들고 교회가 수축되기를 기도했다. 그러나 그것도 오래가지 못했다. 람 목사님이 화장실에서 성경책을 읽다가 경찰에게 붙잡혔기 때문이다. 그 뒤로 람 목사님은 5년간 수감 생활을 하셨고, 사모님은 아침마다 호텔 앞에서 노점을 하며 단칸방에서 사셨다. 그리고 두 딸은 호치민 선교센터에서 나와 함께 지냈다.

람 목사님이 감옥에 계신 5년 사이에 베트남 정부의 종교 정책도 변화를 겪었다. 미국과의 관계 정상화를 위해 경제 발전을 이루고자 꾀했던 베트남은 인권과 종교의 자유를 보장하라는 미국의 압력을 무시하지 못했다. 그래서 대외적으로 종교 탄압 정책이 완화되어 교회를 다시 세울 수 있게 되었다.

하지만 무엇으로 교회를 세운단 말인가. 목사님은 감옥에 계시고 성도들은 흩어졌으니 교회를 수축할 방법을 찾을 길이 없었다. 답답한 마음에 교회 울타리를 붙잡고 기도하고 있는데 누군가 말을 걸었다. 베트남으로 관광 온 한국인 자매였다. 길을 잃고 헤매다 나를 발견한 그들은 반색하며 시간만 괜찮다면 호치민 시내를 좀 안내해 달라고 했다.

그래서 일일 관광 가이드로 두 사람과 함께 호치민의 명소를 돌고 함께 식사를 했다. 그분들은 발전된 호치민의 모습에 감탄했다. 번화가를 중심으로만 안내했으니 놀랄 법도 했다. 그런데 나를 처음 만난 곳이 너무 황폐한 게 그분들 보기에도 이상했던 모양이다. 왜 도심 한복판에 흉물스런 공터가 있는 걸 방치하고 있냐고 물었다.

그래서 그곳이 원래 교회였다는 것과 어떻게 목사님이 교회를 지켰는지를 이야기하고 그 교회를 다시 수축하기 위해 날마다 기도하고 있다고 했다. 그러자 자매들이 선뜻 교회를 건축하겠다고 나섰다. 마음에 어려움이 있어 베트남에 여행을 왔는데 성전을 지음으로써 하늘의 위로를 받고 마음의 평화를 얻고 싶다고 했다. 할렐루야, 하나님 감사합니다.

나는 너무나 기쁜 나머지 그분들의 손을 덥석 잡고 주님께 기도했다. 그들의 마음을 감동케 하신 성령 하나님께 감사하고, 그분들의 영혼에 진정한 평안을 주시길 기도했다. 기도를 마치자 그늘져 보이던 자매의 얼굴에 환한 빛이 돌았다. 그렇게 해서 베트남 호치민에 교회가 건축되기 시작했다.

아내의 편지

베트남에서 출국당할 때마다 나는 방콕으로 가서 비자신청을 했다. 그때 아내가 몇 번 베트남에 다녀갔다. 94년 이전까지는 베트남 직항이 없었기 때문에 반드시 홍콩이나 방콕을 경유해야 했다. 그래서 내가 방콕에 있을 때 아내를 만나 함께 베트남에 들어왔다.

그런데 공항에 내리자마자 아내가 구역질을 하기 시작했다. 처음에는 프로펠러 비행기를 타고 와서 멀미를 하는 거라고 생각했는데 그게 아니었다. 속이 울렁거린다며 물도 한 모금 못 마시고 게스트하우스에 왔는데 숙소에 오자 더 힘들어했다. 베트남 현지 집에 배어있는 특유의 냄새가 메스꺼웠는지 얼굴이 노래져서는 영 기운을 차리지 못했다. 그런 상황이니 베트남 음식은 입에 대지도 못하고 빵과 우유로 연명했다.

그런 아내를 보면서 나는 마음이 급해졌다. 그때까지만 해도 아내와 함께 선교를 하고 싶었기 때문에 베트남에 온 김에 선교사 훈련을 받고 가길 원했다. 그런데 베트남 음식도 먹지 못하니 그런 사람이 어떻게 선교사로 올 수 있겠는가.

그래서 아내와 함께 호치민에 갔을 때는 좀 더 혹독하게 대했다. 베트남 음식만 봐도 구역질하는 사람에게 베트남 음식만 사주었다. 그것도 번듯한 식당이 아니라 노점에만 갔다. 사실, 먼지 많은 길거리에서 앉은뱅이 의자에 쪼그리고 앉아 아내가 국수를 먹을 거라고 기대하지 않았다. 하지만 그런 환경에 적응하지 않으면 선교사로 사역할 수 없으니 힘들어도 참고 견디라는 의미에서 데리고 간 것이다.

아내는 워낙 예민하고 위생 관념이 철저한 사람이라 한국에서도 외식을 좋아하지 않았다. 누가 영양학과 교수 아니랄까 봐 집에서도 매일 그릇 삶는 게 일이었고, 음식을 한 번 할라치면 비닐장갑을 끼고 일일이 무게를 측정하고 영양소를 계산하면서 요리를 했다. 그렇게 한나절 씨름해서 만들어주는 음식은 간이 하나도 없었다. 좋은 재료에 조리를 최소화하여 만든 건강한 요리라는데 짜고 칼칼한 음식을 좋아하는 내 입맛에는 영 안 맞았다.

그래서 집 앞에 있는 가게에 가서 젓갈이랑 깐 마늘을 사다가 먹었는데 그럴 때마다 아내는 비닐 음식은 비위생적이라며 질색을 했다. 어쩌다 외식을 할 때면 주인 몰래 물 잔에다 식구들의 숟가락과 젓가락을 헹궈주었다. 내가 별나게 굴지 말라고 퉁을 주면 아내는 여러 사람이 쓰는 거라 그냥 먹으면 안 된다고 하면서 깨끗이 닦은 후에야 밥을 먹었다.

그렇게 깐깐하게 위생을 따지는 사람을 베트남 현지 식당,

그것도 노점에 데려갔으니 못 먹는 건 당연했다. 한 번쯤은 노점 바로 앞에 있는 한인 식당에 가서 밥을 사줄 법도 한데 나는 그러고 싶지 않았다.

지금 생각하면 내가 좀 심했다는 생각이 들기도 한다.

그때 노점을 둘러싸고 한인 식당이 세 개가 있었는데 그중 한 곳은 내가 매일 가서 점심 저녁을 먹는 단골집이었다. 그때 나는 게스트하우스에서 지내면서 아침은 금식하고 점심과 저녁은 한인 식당에서 먹었다. 사장님이 내게 안수기도를 받고 건강해진 후로 공짜로 식사를 제공해 주셨기 때문에 식사 후에는 함께 기도하고, 성경공부를 하기도 했다.

그렇게 가까이 지내는 단골 식당을 앞에 두고 한 번도 아내를 데려가지 않았다. 끼니때마다 노점식당에 가서 나는 쌀국수를 시키고, 아내를 위해서는 바게트 빵을 주문했다. 그렇게 음식 두 개를 앞에 놓고 내가 큰소리로 기도를 했다.

"하나님, 훈이 엄마가 베트남에 왔습니다. 이제 이 나라 음식과 문화에 적응을 해야 하는데 어려움이 있습니다. 저는 훈이 엄마가 선교사가 됐으면 좋겠습니다. 뒤에 있는 식당에는 김치찌개도 있고 된장찌개도 있고 낙지볶음도 있습니다. 하지만 선교사가 되려면 한국 음식은 먹지 말고 베트남 음식에 익숙해져야 합니다…."

이렇게 기도를 하면 아내가 발끈했다.

'아멘'을 하자마자 참았던 말을 반사적으로 쏟아냈다. 왜 기도 중에 김치찌개, 된장찌개를 말하냐, 누구 약 올리는 거냐, 그냥 감사기도만 하면 안 되냐, 그리고 하고많은 노점식당 중에 왜 여기 와서 먹느냐, 한국 식당 옆에서 먹어야 하는 이유가 있느냐, 이왕 여기까지 온 거 한국 음식 한 그릇 사주면 안 되느냐, 선교사는 된장찌개, 김치찌개를 먹으면 안 되냐….

조용하고 정숙한 아내가 그렇게 말을 많이 하는 걸 나는 그때 처음 보았다. 말 없는 사람이 그렇게 속마음을 쏟아놓는 건 그만큼 내게 섭섭했다는 건데 그때는 하루라도 빨리 선교사로 훈련 시키고 싶다는 마음이 커서 아내의 서운한 마음은 알아차리지 못했다.

오히려 아내의 마음을 돌리려고 더 노력했다.

아내를 자전거 뒤에 태워 호치민 곳곳을 다니면서 땅 밟기를 하고, 선교 비전도 나누었다. 직접 발로 밟고 그 땅에서 이루어지는 하나님의 역사를 들으면 아내의 마음도 달라질 거라 생각했다. 하지만 아내가 별다른 관심을 보이지 않자 나도 기운이 좀 빠졌다.

그러다 급한 일이 생겨서 아내만 게스트하우스에 두고 아침 일찍 나갔다. 점심시간이 다 되어 부랴부랴 들어오니 아내는 침대에 엎드려 자고 있었다. 얼마나 곤히 잠들었는지 내가 옆에서 옷을 갈아입느라 부스럭거려도 깨지 않았다. 그 모습이 안쓰러워 물끄러미 보고 있는데 문득 침대 위에 쓰다만 편지지가 있는 게 보였다. 아내가 한국에 있는 아들들에게 쓴 편지였다.

'훈아, 지훈아 잘 있니? 엄마를 본 지 며칠이 지났구나. 밥은 잘 먹고 있니? 김치가 시어서 못 먹을 텐데 학동 외숙모한테 가서 좀 달라고 하렴. 엄마도 조금 있으면 갈 거야. 여기 오는 건 이번이 마지막인 것 같다. 이제 한국에 돌아가면 베트남에 오지 않을 거야. 와서도 안 되겠고.

훈아, 지훈아, 이제 우리는 아버지 없이 우리끼리 살아야 한다. 옛날에 아버지가 식물인간으로 계셨을 때 돌아가셨다고 생각하고 우리끼리 살자.

아버지를 살려주신 것은 하나님이 분명하고, 살려주신 이유 또한 분명한 것 같아. 베트남 사람들을 구원하라고…. 우리는 아버지가 베트남에서 사역을 잘하시도록, 아버지를 잊자. 잊고 우리끼리 살자.'

마지막 구절을 읽는데 가슴이 덜컥 내려앉았다.

이 편지를 쓰며 아내의 마음이 얼마나 아팠을까. 이것은 아들들에게 보내는 편지가 아니라 스스로 다짐하는 마음의 결단이었다. 나는 선교의 사명을 위해 한국에 가족을 두고 왔지만, 아내는 선교의 사명을 위해 베트남에 나를 두고 가는 것이었다. 그 마음을 굳히기 위해 혼자 괴로워했을 아내를 생각하니 가슴이 저려왔다.

그런 아내에게 밥 한 끼도 제대로 사주지 않았으니 얼마나 못난 남편인가. 침대 앞에 무릎을 꿇었는데 아내의 발이 침대 끝에 비죽 나와 있는 게 보였다. 그걸 보자 눈물이 났다. 가여웠다. 나는 아내의 발을 잡고 기도를 드렸다. 아내를 위해, 가족을 위해 간절한 마음으로 기도했다.

그리고 눈을 떠 보니 아내 역시 잠에서 깨어 눈물을 흘리고 있었다. 다른 남편이라면, 다른 아내라면 서로 끌어안고 위로할 수도 있었겠지만 우리는 그런 부부가 아니었다. 서로 속마음을 들킨 게 민망해서 눈도 마주치지 못하는 구식 부부였다.

우리는 오히려 아무 일이 없었던 것처럼 굴었다.
아내는 내게 언제 왔냐고 나를 처음 보는 것처럼 물었고 나는 조금 전에 들어왔다고 시침을 뗐다. 그리고 점심을 먹으러 한국 식당에 가자고 했더니 아내가 싫다고 도리질을 했다. 결국 베트남 식당에 가서 아내가 좋아하는 해산물을 먹었다. 그게 베트남에서 아내에게 사준 첫 끼이자 마지막 식사였다.

그렇게 한국으로 돌아간 아내는 그 뒤로 정말 한 번도 베트남에 오지 않았다. 가뭄에 콩나듯 전화만 했다.

그것도 부고나 가족에게 큰일이 생겨서 꼭 알려야 할 때가 아니면 전화도 하지 않았다. 그래서 한국에서 전화가 오면 무슨 일이 생긴 건 아닌지 걱정이 앞섰다.

한 번은 아내가 전화를 해서 미역국은 먹었냐고 물었다. 그 전날이 내 생일이었다면서 느닷없이 내 생일을 챙겼다. 전례 없는 일이라 의아했지만 아무렇지도 않게 내가 생일이 어딨냐며 나는 두 번 죽었다 살아났으니 모든 생일은 의미가 없다고 대답했다.

그러자 아내가 한참 아무 말 없이 있다가 "요즘 귀 안 따가워?"라고 한마디 툭 내뱉었다. 그리고 "당신 조심해야 되겠어"라고 하면서 베트남에 있는 한국 선교사들이 서울 집으로 이상한 편지를 계속 보낸다고 했다. 내가 15명의 첩과 함께 산다는 내용이었다. "그 말을 믿냐?"고 했더니 아내는 아무 말도 하지 않았다. 그러다 문득 "당신이?"라고 말했다.

아내와 함께 산 세월은 짧지만 나를 가장 잘 아는 사람이다. 내가 그렇지 않다는 걸 누구보다 잘 알고 있었다. 아내는 편지 내용을 확인하기 위해 전화를 건 게 아니라 내가 걱정돼서 연락을 한 거였다. 그렇게 무심한 척, 아무렇지도 않은 척 나를 걱정하면서 아내는 지금도 자신의 자리를 지키고 있다. 베트남 선교를 위해, 하나님의 사명을 위해, 아내 역시 남편을 버리고 하나님께 헌신하고 있다.

내 영혼이 은총 입어

복음을 전하기는 대도시가 더 좋을 것이라는 나의 예상은 보기 좋게 어긋났다. 경찰의 감시와 타 선교사들의 견제 속에서 운신의 폭은 더 좁아졌다. 하노이에 비해 자본주의의 분위기가 강한 호치민은 비교적 사람들의 살림살이가 윤택했고, 잘살아보겠다는 의지가 매우 강했기 때문에 돈을 버는 일에 관심이 쏠려 있었다. 그러다 보니 복음을 전하기가 쉽지 않았다.

그래서 점차 외곽으로 움직이다 중부 고원지방의 럼동성 바오룩에서 수인 목사님을 만나게 되었다.

수인 목사님은 나트랑 신학교 출신으로 공산주의 체제하에서도 복음 전하기를 멈추지 않은 분이었다. 덕분에 화장실 들락거리듯 감옥에 갔었다고 했다. 고난을 두려워하지 않는 목사님들 덕분에 베트남의 신앙의 뿌리가 죽지 않고 땅속 깊이 묻힌 채 살아있었다. 뿌리가 살아있으면 언제든 소생이 가능하다는 것을 나는 수인 목사님과 함께 오지의 소수부족들을 만나며 생생하게 체험했다.

호치민에서 바오록까지 가는데 꼬박 하루가 걸렸다. 자동차로 가도 5시간은 족히 걸리는데 그 당시는 오토바이를 타고 다닐 때라 시간이 배로 걸렸다. 아침에 출발해도 저녁나절이나 돼야 수인 목사님 댁에 도착했다. 목사님은 항상 내가 도착할 시간에 맞춰 식사를 준비해 놓으셨다. 식사를 빨리 마치고 다락에 숨어야 하기 때문이다.

　　내가 수인 목사님 댁에 들어가는 걸 들키면 바로 고발당했다. 그 당시는 친인척을 방문할 때도 허가서가 필요했고, 자신의 집 외에 다른 곳에서는 잠을 잘 수 없었기 때문에 거주자가 아닌 사람이 집에 들어가면 보는 즉시 경찰에 알렸다. 그래서 언제 경찰이 들이닥칠지 몰라 집 안을 비워놔야 했다. 게다가 외국인은 호텔 외에서는 잘 수 없었다. 하지만 아무리 조심한다고 해도 다른 사람 모르게 수인 목사님 댁에 드나드는 건 불가능했다.

　　나는 부랴부랴 저녁을 먹고 다락에서 한숨 자고 밤이 깊어지면 나왔다. 그리고 수인 목사님과 함께 그분의 오토바이를 타고 럼동성 고산지대에 사는 소수부족들을 만나러 다녔다. 그들을 만나러 가는 길은 험했다. 산을 넘지 못한 구름이 능선 자락에 걸려 있어 희뿌옇게 시야를 막아 천길 낭떠러지로 떨어질 뻔한 적도 있고, 느닷없이 원숭이가 공격해서 다치기도 했다. 오토바이 뒤에 실은 쌀과 가방을 노린 강도를 만나 돈을 뺏긴 적도 있었다.

그렇게 도처에 위험이 도사리고 있었지만 수인 목사님과 나는 험산준령 고갯길을 힘든지도 모르고 신나게 다녔다. 소수부족들은 베트남 사람들과 다른 언어를 사용했고, 첩첩산중 고립된 장소에서 법의 보호를 받지 못한 채 가난을 운명으로 받아들이며 살았다. 그들에게 수인 목사님은 각 부족의 언어로 복음을 전하셨다. 오랜 기간 그들과 교류하면서 소수부족 5개 부족의 언어를 습득하여 자유자재로 구사할 수 있었던 덕분이다. 차별받고 억압받는 소수부족들은 도시 사람들보다 훨씬 복음을 잘 받아들였다.

가난하고 헐벗었던 나라 베트남에서도 가장 최하위층이었던 소수부족들에게 복음은 그야말로 구원이었다. 수인 목사님과 내가 도착한다는 소문이 돌면 곳곳에서 사람들이 찾아와 갈급한 마음으로 말씀을 듣고 은혜를 받았다. 그들의 언어로 된 성경책도 찬송가도 없었고, 그들을 가르칠 사역자도 없었지만 소수부족의 믿음은 순수하고 굳건했다. 그들의 믿음을 독려하고 말씀을 전하는 것이 수인 목사님과 나의 역할이었다.

그러다 믿는 자의 수가 많아져 집에서 더 이상 수용하지 못하게 되면 그들을 도와 몰래 처소교회를 세웠다. 소수부족 마을은 시내와 동떨어진 깊은 산속에 있는 데다 베트남 정부의 고립정책으로 오랫동안 단절된 상태에서 살았기 때문에 상대적으로 경찰의 감시망이 헐거웠다. 그래서 처소교회나마 지을 수 있었다.

소수부족 중에 몇 명은 호치민의 센터로 데려와 공부를 가르치기도 했다. 그 중 커호족인 오이 자매는 나의 제자가 되어 신학을 공부해 전도사가 되었고, 자신의 부족 마을에 세운 교회에서 전도사로 사역했다. 주님을 영접하면 사람이 바뀌고 마을이 변한다. 그것을 보는 것만큼 기쁜 일은 없다. 소수부족 마을로 가는 길이 고달프고 힘들었지만 감사하고 보람찼다.

그 당시 내 꼴은 말이 아니었다. 오토바이를 타고 달리다 보면 중간중간 비를 맞기 일쑤였다. 나무 그늘도 없는 곳에서 비가 쏟아지면 온몸이 흠뻑 젖도록 비를 맞고 서 있다가 출발했다. 그런데 얼마 지나지 않아 흙먼지가 풀풀 나는 바짝 마른 땅이 나타났다. 오토바이가 일으킨 흙먼지를 온몸에 뒤집어쓰고 비지땀을 흘려 꾀죄죄한 모습으로 목적지에 도착하면 물에 빠졌다가 나온 쥐처럼 처량하기가 이를 데 없었다.

청승맞은 내 모습에 눈물이 나는데 이상하게 마음에는 감사가 넘쳤다. '주님, 이게 웬 은혜입니까?' 뭐라 설명할 수 없는 기쁨이 나를 휘감아 바닥에 털썩 주저앉아 기쁨인지 서러움인지 모를 눈물을 쏟은 적도 많았다.

어쩌다 베트남 중부 닥락성에 전도를 갈 때면 여관방에서 잤다. 그런데 시골 여관방이라는 게 시설이 참 열악했다. 바닥에는 진드기가 새카맣게 붙어 있고 침대도 매트리스가 아니라 스펀지였다. 그나마도 누가 뜯어갔는지 푹푹 꺼져 있어 자고 일어나면 온몸이 얻어맞은 것처럼 아팠다. 욕조 대신 길게 연결된 호스만 있는 욕실에는 바퀴벌레가 우글거렸다. 아무리 용무가 급해도 물로 욕실 구석구석을 씻어 내리지 않으면 바퀴벌레가 달려들어 잠시도 서 있을 수가 없었다.

그렇게 대충 욕실을 치우고 나면 옷을 빨았다.
옷이 두 벌뿐이라 어딜 가나 밤이 되면 옷을 빨기 바빴다. 그때는 예수님이 제자들을 보내실 때 '신만 신고 두 벌 옷도 입지 말라'고 하셨던 말씀대로 하고 싶어 여벌 옷 없이 두벌로 몇 달씩 버텼다. 밤마다 땀내 나고 후줄근한 옷을 좁은 욕실에 웅크리고 앉아서 빨 때면 내 모습이 그렇게 초라하고 옹색해 보일 수가 없었다.

"너희 전대에 금이나 은이나 동을 가지지 말고 여행을 위하여 배낭이나 두 벌 옷이나 신이나 지팡이를 가지지 말라 이는 일꾼이 자기의 먹을 것 받는 것이 마땅함이라"(마태복음 10:9~10).

그렇다고 우울하지 않았다. 불행하지도 않았다.
오히려 행복했다. 눈물의 감사찬양이 나왔다. 깨끗이 빤 옷을 천장에 매달린 선풍기의 날개에 걸어놓고 침대에 벌렁 누워있노라면 세상을 다 가진 것 같았다. 개운하게 씻은 맨살에 닿는 선풍기 바람은 시원했고, 선풍기와 함께 도는 바지와 셔츠는 펄럭거리며 춤을 추었다. 밤은 깊고 별은 총총했다. 마음이 부풀어 오르면서 입에서 찬양이 흘러나왔다.

"내 영혼이 은총 입어 중한 죄 짐 벗고 보니
슬픔 많은 이 세상도 천국으로 화하도다
할렐루야 찬양하세 내 모든 죄 사함받고
주예수와 동행하니 그 어디나 하늘나라~"

3절을 부르는데 눈물이 주르륵 흘렀다. 단벌 신사면 어떻고, 허리가 결리는 스펀지 위에서 자면 어떠랴. 가는 곳마다 가난과 질병 속에서 고통받는 자들이 있지만 나와 동행하시는 예수가 계시니 부족할 게 없었다.

'주 예수와 동행하니 그 어디나 하늘나라!
오, 주님 하늘나라에 이르기까지 저와 동행해 주시옵소서'

사랑을 위해

여느 날과 똑같다고 생각했다.

어스름이 해가 질 무렵 바오록에 도착했을 때도, 바오록 교회에 들어갈 때도 아무런 낌새가 없었다. 그런데 교회에 들어가 물 한 잔 마시는 사이에 경찰이 들이닥쳤다. 누군가 내가 교회에 들어가는 걸 보고 신고한 것이다.

나는 경찰이 들어오는 걸 보자마자 본능적으로 피해 화장실에 숨었다. 그 당시 교회 화장실은 지붕도 천장도 없었다. 쭈그리고 앉으면 밖에서 보이지 않을 만큼 벽돌로 쌓아놓고, 덜렁거리는 문짝 하나 달아놓은 게 전부였다. 그래서 비 오면 비를 맞고 햇볕이 내리쬐면 햇빛 속에서 볼일을 봐야 했다.

그보다 더 고역인 것은 파리 떼였다.
받침대로 만들어놓은 벽돌 두개 위에 올라앉아 볼일을 보는데 바닥은 물론이고 벽돌에도 용변이 붙어 있다 보니 파리 떼가 들끓었다. 코를 찌르는 냄새와 윙윙거리며 달려드는 파리 때문에 정신이 없어 발을 헛디딘 적도 있었다. '하필이면 이런 곳을 은신처로 삼다니' 앉지도 서지도 못한 채 엉거주춤한 자세로 3시간을 버티면서 내내 후회했다.

동시에 내가 한심하고 비겁해 보였다.
'죽으면 죽으리라'는 일사각오의 믿음으로 사역을 한다고 하면서 경찰에게 붙잡힐까 봐 두려워 화장실에 쭈그리고 앉아 있는 게 과연 옳은 것인지 의문이 들었다. 무엇보다 3시간이 지나도록 나를 잡으러 오지 않는 것도 이상했다. 분명 나를 찾기 위해 경찰들이 온 교회를 헤집고 다닐 텐데 그때까지 오지 않는다는 건 수인 목사님만 잡아갔다는 걸 의미했다.

거기까지 생각이 미치자 더이상 화장실에 있을 수가 없었다. 그래서 문을 팍 열고 나갔는데 '찰칵' 소리가 나며 내 손에 수갑이 채워졌다. 경찰들이 잠복하고 있다가 나를 잡은 것이다. 이렇게 될 줄 알았다면 똥내와 지린내를 맡으며 있지 않았을 것을, 잡히지 않으려고 끝까지 화장실에서 버티다 나온 내가 초라하고 비참했다.

그러면서도 이 모습을 아내와 아이들에게 보이지 않는 게 얼마나 다행인지 하나님께 감사하며 가슴을 쓸어내렸다. 남편의 초라한 모습, 아버지의 비참한 모습을 보면 가족들이 얼마나 슬퍼하겠는가. 고생하는 모습을 보며 상처받느니 차라리 멀리서 안 보고 안 듣는 게 백번 나았다. 그래서 '배도 놓고 그물도 버리고 부모도 버리고'라고 말씀하신 하나님께 감사했다.

감옥에서의 조사 과정은 하노이에서 잡혔을 때와 같았다. 경찰은 내게서 뭐든 캐내려고 했고, 나는 뭐든 들키지 않으려고 했다. 잘못하지 않았는데 추궁당했고, 해야 할 일을 했는데 협박당했다. 같은 질문과 대답을 지겹게 반복했다. 그렇게 닦

달을 당하고 나면 심신이 다 지쳐버렸다. 서글픈 마음에 내가 왜 이런 곳에 와서 이런 고생을 하고 있나 한탄스럽기도 했다.

그럴 때마다 내 눈앞에 십자가에 매달린 예수님이 보였다. 나를 위해 고난당하신 예수님, 그분은 나를 위해 몸이 찢기고, 피 흘리셨는데 나는 고작 이 정도로 마음이 무너지다니, 배은 망덕한 내 모습에 눈물이 흘렀다.

'사랑을 위해 사랑을 버린 쓰라린 이 마음
다시는 못 올 머나먼 길을 말 없이 나는 가야지'

예수님의 사랑이 절절하게 느껴질 때면 나는 감옥에서 이 노래를 불렀다. 예전에 술 먹고 해운대 백사장을 거닐며 부를 때는 흥에 취해 젖어 부른 유행가였지만 베트남 감옥에서 부를 때는 주님께로 내 영혼이 확정되었음을 결단하는 찬양이었다. 그러니 멈출 수가 있겠는가.

"십자가의 도가 멸망하는 자들에게는 미련한 것이요 구원을 받는 우리에게는 하나님의 능력이라"(고린도전서 1:18).

나는 교도관에게 내가 가수라서 노래를 멈출 수가 없다고 능쳤다. 그러자 교도관이 진짜 가수냐고 물으면서 정말 가수면 다시 한번 노래를 불러보라고 했다.

교도관 앞에서 다시 그 노래를 부르는데 눈물이 쏟아졌다. 그 노래는 주님을 향한 내 결단의 찬양이 아니라 우리를 위해 하늘 보좌를 버리고 이 땅에 오신 예수 그리스도의 사랑 노래였다. 그 의미를 생각하자 눈물이 났다.

내가 울면서 노래를 부르자 교도관은 '지금 쇼하냐?'고 비아냥거렸다. 그건 쇼가 아니었다. 노래의 의미를 교도관도 알아야 했다. 그래서 나는 교도관에게 노래 가사를 들려주면서 사랑을 위해 사랑을 버린다는 게 얼마나 숭고한지 설명해 주었다. 그리고 또 노래를 부르는데 예수님의 피 흘리심이 노래와 함께 내 안에 젖어 들었다. 유행가 가사가 어느새 내 기도가 되었다.

나도 가족을 사랑한다. 아내와 두 아들을 정말 사랑한다.
그런데 사랑을 위해 사랑을 버린, 그 마음은 하나님만 아신다. 그들을 사랑하는 그 사랑보다 지옥문 앞에서 나를 살리신 예수님을 향한 그 사랑이 나를 더 뜨겁게 하고, 그것을 선택할 수밖에 없는 내 마음을 주님만 아신다.

'사랑을 위해 고난을 받으신 주님, 그 사랑 때문에 세상 사랑을 버린 제 마음 아시죠? 아내와 아이들을 두고 온 제 마음을 주님은 아시죠?'

통곡하며 울고 싶을 때가 있다.

감옥에 갔다 올 때면 특히 그랬다. 몸도 마음도 지쳐서 힘든데 의지할 곳도 하소연할 데도 없어 서러운 마음에 '주님' 이름을 부르며 실컷 울고 싶었다. 그럴 때면 내 십일조로 지은 수바요나 교회에 가서 나무를 심었다. 그리고 한없이 울었다.

하지만 그것만으로는 내 마음에 응어리진 것 같은 서러움이 다 풀리지 않았다. 주님을 큰 소리로 부르고 마음껏 기도하며 찬양하고 싶은데 그랬다가는 또 감옥행이었다. 갈급함이 목구멍까지 차올라 속이 답답할 때 갑자기 '임금님 귀는 당나귀 귀'의 이발사가 생각났다. '그래, 나도 나만의 갈대숲을 찾아보자. 절대 메아리치지 않을 안전한 갈대숲을 찾아보자.'

그리고 바닷가로 갔다. 호치민에서 오토바이로 2시간 남짓 걸리는 붕타우는 부산의 다대포 같은 바닷가다. 백사장이 완만하게 100m 정도 물이 들어왔다. 한참을 물속을 걸어가서야 물이 목까지 차올랐다. 파도 소리가 귓전을 치고 물결의 움직임에 몸이 휘청거렸다. 그쯤이면 됐다 싶었다. 거기라면 목청껏 찬양해도 아무도 듣지 못할 것 같았다.

그래서 목청이 터져라 찬양을 불렀다.
'내 영혼이 은총 입어 중한 죄짐 벗고 보니~'

그때 파도가 밀려왔다. 몸이 중심을 잃어 휘청거렸지만 계속 찬양했다. 짠물을 먹어도 찬양을 멈추지 않았다. 바닷물이 코로 들어와 숨이 막혀도 찬양을 멈출 수가 없었다. 허우적거리고 발버둥 치며 속이 후련해질 때까지 목청껏 주님을 불렀다.

그리고 바닷가로 나와 백사장에 누웠는데 가슴이 뻥 뚫린 것 같았다. 속이 시원했다. 오토바이를 타고 센터에 갈 때는 마음이 가벼웠다. 그래서인지 주변이 새롭게 보이고 모든 것에 눈길이 갔다. 그런데 어디선가 음악 소리가 들렸다. 가만히 들어보니 찬송가였다. '나 같은 죄인 살리신 주 은혜 놀라워~'를 아코디언으로 연주하는 것 같았다.

찬송 소리를 따라 집 안으로 들어가 보니 전통 혼례식이 한창이었다. 붉은색 드레스를 입은 신부와 푸른색 전통 복장을 입은 신랑이 나란히 서 있고 그 옆에 아코디언 연주자가 서 있었다. 나는 사람들 틈을 헤집고 들어가 그 남자 가까이 갔다. 그리고 기독교인이냐고 물었다. 그러자 그 남자가 '당신도 기독교인입니까?'라고 말하며 한쪽에서 기다리라고 눈짓을 했다.

혼례식을 마치고 아코디언 연주자와 정식으로 인사를 했다. 그가 바로 나의 첫 제자 다오의 아버지 응웬 힌 목사님이다. 첫 만남에서 응웬 힌 목사님은 당신이 나트랑 신학교 출신이고, 60년대 후반에 나짱 교회에서 전도사로 사역했었다고 했다. 나짱 교회라면 내가 68년도 십자성 부대에서 근무할 때 매주 토요일마다 가서 봉사했던 교회였다. 너무 반가운 마음에 68년도에 나도 토요일과 주일마다 그 교회와 나트랑 신학교에 많이 갔었다고 말하며 서로 기쁨으로 교제했다.

응웬 힌 목사님은 나를 집으로 데리고 갔다.
집에는 어린 딸과 부인이 있었다. 부인 역시 나트랑 신학교 출신으로 목사님과 동기였다. 집에 들어서자마자 목사님은 어떤 방으로 가시더니 앨범을 갖고 나오셨다. 그리고 그중에 한 사진을 손으로 가리켰다. 나짱 교회였다. 낯익은 건물을 보니 그리움이 몰려왔다. 그런데 그중에 군복을 입은 한국인이 보였다. 나였다. 나짱 교회 사진 속에 내가 있었다. 깜짝 놀라 응웬 힌 목사님을 쳐다보자 목사님은 씨익 웃으며 내 옆에 서 있는 남자를 가리켰다. 내 옆의 젊디젊은 청년은 다름 아닌 응웬 힌 목사님이었다.

이게 웬 인연인가? 가슴이 벅차올랐다. 나는 사진을 찍은 기억도 없고, 응웬 힌 목사님에 대한 기억은 더더욱 없었다. 그러나 내가 기억하지 못하는 그 시절에 주님은 내가 가야 할 길을 예비하셨고, 만남을 예정하셨다. 신실하신 하나님의 약속이 68년 전 사진 속에 고스란히 담겨있었다.

"아굴라라 하는 본도에서 난 유대인 한 사람을 만나니 글라우디오가 모든 유대인을 명하여 로마에서 떠나라 한 고로 그가 그 아내 브리스길라와 함께 이달리야로부터 새로 온지라 바울이 그들에게 가매"(사도행전 18:2).

나무관 침대

베트남에 와서 처음으로 센터를 얻은 건 97년도였다. 그때까지는 이민 가방을 끌고 다니면서 그때그때 값싼 여관방이나 게스트하우스를 찾아 잠을 잤다. 지방으로 다니는 일이 많았기 때문에 고정비용으로 나가는 숙박비가 아까워서 그야말로 사서 고생을 했다. 그리고 좀 형편이 나아졌을 때는 인민위원회에서 정해준 게스트하우스에서 지냈다.

그런데 갑자기 한국에서 조카들이 베트남어를 배우러 오겠다고 해서 센터를 얻게 된 것이다. 한 명도 아니고 두 명이 온다니 게스트하우스에서 사는 것보다 집을 구하는 게 더 저렴하고 편할 것 같았다. 그래서 공항 근처 야이퐁에 집을 하나 얻었다. 가격도 적당하고 집도 깨끗한 게 마음에 들었다. 문제 하나만 해결하면 당장이라도 들어가 살 수 있었다.

그 문제도 별 건 아니었다. 베트남에서는 침대를 사용하기 때문에 방마다 침대를 갖춰놓고 있는데 내 방에만 침대가 없었다. 집주인은 바로 침대를 하나 넣어주겠다고 했지만 내키질 않았다. 그동안 여관방이나 게스트하우스에서 지낼 때 침대에서 자면서 내내 마음이 편치 않았기 때문이다.

나도 어려서 전쟁을 겪었기 때문에 가난이 어떤 것인지 알았지만 베트남에서 본 가난은 정말 처참했다. 특히 선교 초창기에 본 메콩강가 소수부족들의 삶은 비참하기가 이를 데 없었다. 거기서 나는 평생 잊을 수 없는 한 아이를 만났다.

옛 교회의 흔적을 찾기 위해 메콩강가 전역을 뒤지고 다닐 때였다. 어디선가 아기 울음소리가 들려서 가보니 커다란 야자수 잎사귀 아래 나뭇가지 몇 개를 세워놓은 곳에 고만고만한 아이들 서너 명이 뒹굴고 있었다. 얼마나 오랫동안 굶었는지 바닥에 축 늘어져 있는 아이들은 파리가 들끓는데도 꼼짝않고 누워 숨만 색색 쉬고 있었다. 팔다리는 꼬챙이처럼 가냘픈데 배만 볼록해서 움직이기도 힘든 것 같았다.
당장 뭐라도 좀 먹여야겠다는 생각에 가방에서 빵을 꺼내서 줬는데 그걸 먹는 아이들이 없었다. 팔을 들 힘도 없는지 빵한 번, 나 한 번 보고는 멍하니 앞만 쳐다보았다.
그때 잠깐 마주친 아이들의 눈빛을 잊을 수가 없다. 기껏해야 너덧 살 정도 되는 아이들의 눈빛이 아니었다. 체념과 포기, 시름이 가득한 눈동자엔 원망마저 서려 있었다.

그 눈과 마주친 순간 마음이 무너져 내렸다.

아이들이 겪고 있는 고통이 느껴지면서 '이곳이야말로 음부구나'라는 생각이 들었다. 굶주림과 질병에 묶여 꼼짝달싹 못하는 아이들의 현실이 말 그대로 지옥이었다. 이런 생지옥에서 아이들이 굶주려 고통받는 동안 나는 무엇을 했던가. 과거에 내가 술값으로 날려버린 돈과 세상 재미를 얻기 위해 버린 시간으로 인해 이 아이들이 고통받고 있다고 생각하니 견딜 수가 없었다. '주님, 저는 어떻게 하면 좋을까요.' 몸부림치며 기도했지만 과거는 이미 흘러간 시간이었다.

그 이후로 나는 침대에서 편하게 자는 게 불편했다.

지방을 오가며 여관방에서 잘 때는 그것이 내 것이 아니니까 불편한 걸 몰랐는데, 장기투숙객으로 게스트하우스에 내 방이 생기자 침대가 불편해졌다. 내 것을 쌓기 위해 살았던 과거의 시간과 함께 나를 원망스럽게 바라보던 아이의 눈빛이 떠올랐기 때문이다.

그럴 때마다 나는 선교지에 도착해서 처음 적었던 각오를 다시 한번 펼쳐 보았다.

「요나야! 잠깐!

– 이 돈을 씀에 있어서,

나는 나 자신이 이 돈의 주인인 것처럼 행동하고 있는가!

아니면 주님의 돈을 맡은 청지기처럼 관리하고 있는가?

– 이 돈을 이렇게 사용하라고 허용해 주는

성서적 근거가 무엇인지 한 번 생각해 보고 있는가!

– 지금 내가 사는 이 물건이 주님을 위한 봉헌물이나

아니면 선교의 제물로 사용되고 있는가!

– 주님께서 의의 부활 때에 내가 사는 이 돈으로 인하여

칭찬받을 수 있을 것인지!

(디모데전서 5:8, 6:8, 로마서 12:17, 13:8)

사실, 마음에 걸리는 건 침대뿐만이 아니었다.

성도들이 보내주시는 교회 건립과 선교비 그리고 사례비도 사용할 때마다 두려웠다. 그 당시 나는 틈날 때마다 국내외 부흥회를 다니며 간증을 했는데 치유를 받고 은혜를 받은 성도들이 헌금을 보내주셨다. 그 돈을 관리하는 것도 내 몫이 되면서 그 돈을 쓸 때마다 '과연 이것이 하나님의 영광을 위해 사용하는 것인지' 먼저 주님께 묻고 기도하면서 돈을 쓰지만 항상 조심스러웠다.

돈은 내가 식물인간으로 10개월 동안 있으면서 가장 마지막까지 붙잡고 있던 나의 우상이었기 때문이다. 물론, 말씀으로 새롭게 태어나면서 나에게 돈은 돌처럼 아무 의미가 없어졌지만 날마다 각성하고 말씀으로 무장하지 않으면 언제 유혹에 넘어갈지 몰랐다.

그런 의미에서 내 방에만 침대가 없는 건 하나님의 뜻이 아닌가라는 생각이 들었다. 그래서 집주인에게 침대에 대해서는 걱정하지 말라고 하고 나무를 사다가 관을 짰다. 그것이 죄인 줄도 모르고 생명 값을 술값으로 탕진한 나는 침대에서 잘 자격이 없었다. 하나님의 은혜인 줄 모르고 나를 위해서만 돈을 쌓아두고 살았지만 이제는 나를 위해 내 것을 만들지 않고 오직 하나님의 능력으로만 살고 싶은 마음에 나무관을 짰다.

베트남에 와서 집을 얻은 후부터 지금까지 나는 나무관 위에서 잔다. 아니, 나무관 위에서 매일 밤 죽는다. 내 자아를 죽이고 내 죄악을 도말해 달라고 주님을 향해 몸부림친다. 충성을 다해 사역을 한다고 해도 하나님의 영광만 드러내지 못하고 내 이름이 앞장설 때가 있다. 안수받고 병이 낫는 사람을 보면 우쭐할 때도 있다. 사람들에게 상처를 주고 아프게 할 때도 있다.

"형제들아 내가 그리스도 예수 우리 주 안에서 가진 바 너희에 대한 나의 자랑을 두고 단언하노니 나는 날마다 죽노라"(고린도전서 15:31).

'원하는 바 선은 행하지 아니하고 도리어 원치 않는 바 악을 행한다'는 사도 바울의 고백처럼 하루의 사역을 돌아보면 죄뿐일 때가 허다했다. 그 죄를 붙들고 회개하고, 주신 사명을 감당할 믿음과 힘을 달라고 간구하는 곳이 바로 나무관이다.

내게 그곳은 가장 솔직하고 가장 처절한 자리이며 죽음과 부활을 경험하는 곳이다. 매일 밤 나무관 위에서 나는 이렇게 기도한다.

'주님, 지금도 많은 사람이 죽어갑니다. 오늘도 구원 없이 죽어간 많은 생명을 기억하며 관속에 들어갑니다. 자격 없는 저를 선교사로 불러주셨습니다. 만약 하나님의 사역을 잘못하고 있다면 깨닫게 하시고 용서해 주십시오. 제가 주님의 영광을 가렸다면 오늘 저를 데려가 주십시오. 그러나 생명을 더 연장해 주신다면 죽음을 맞기 전에 진정한 예수의 사람으로 제 구실을 할 수 있도록 힘을 주십시오.'

그리고 나는 날마다 죽는다는 심정으로 관 위에 누워 하루에 수백 명씩 지옥에 가는 베트남 사람들을 위해 기도하고 있다.

"내가 그리스도와 함께 십자가에 못 박혔나니 그런즉 이제는 내가 산 것이 아니요 오직 내안에 그리스도께서 사신 것이라 이제 내가 육체 가운데 사는 것은 나를 사랑하사 나를 위하여 자기 몸을 버리신 하나님의 아들을 믿는 믿음 안에서 사는 것이라"(갈라디아서 2:20).

5부

공동체

선교센터 공동체

호치민의 집은 선교센터로 활용했다.

소수부족 아이들을 데려다가 함께 지내며 학교에 보내며 공부를 가르쳤다. 말이 통해야 전도도 할 수 있고 말씀도 전할수 있는데 베트남 현지인들 중에도 소수부족 말을 할 수 있는 사람이 거의 없었다. 그래서 소수부족 아이에게 베트남어를 가르쳐서 순회 사역을 할 때 통역을 하도록 했다. 저녁마다 함께 예배를 드렸고, 한글로 주기도문을 쓰게 하면서 한글도 가르쳤다. 학교에 다녀오면 집안일을 돕게 하고 달마다 학비와 월급도 주었다.

그렇게 시작한 공동체가 나중에는 스무 명도 넘게 모였다. 공부를 하고 싶은데 형편이 어려워 못 하는 아이, 호치민에서 대학을 가야 하는 아이, 장애인, 갈 데 없는 과부까지 센터에 사는 사람들의 면모도 다양했다. 나이와 국적, 성별이 다른 데다 문화도 판이한 사람들이 모여 사는 건 쉽지 않았다. 가지 많은 나무에 바람 잘 날 없다고, 하루도 조용히 넘어간 적이 없었다. 각기 다른 성향과 모양의 사람들을 질서 있고 화평하게 이끌기 위해서는 어느 정도 엄격한 규율이 필요했다.

그래서 각각 리더를 세우고 각자 맡은 역할에 따라 나중에 온 사람들을 이끌어 공동체 생활을 잘할 수 있도록 책임을 맡겼다. 일의 결과에 따라 리더에게 책임도 물었기 때문에 동생을 잘 건사해야 하는 형처럼 리더들은 공동체 사람들을 잘 돌보고 챙겨야 했다. 그 리더들이 지금은 지도자가 되어 목회를 하고 있지만 당시에는 그걸 힘들어하는 아이들도 꽤 있었다.

어떤 이들은 선교센터가 군대 같다고 하기도 했다.
어떤 면에선 비슷했다. 센터에 계급은 없었지만 역할에 따른 위치는 명확했고, '무조건 순종'해야 하는 것도 닮았다. 다 같이 식사할 때도 각자의 자리가 있었다. 내 옆자리에는 첫 번째 제자이자 통역을 맡았던 다오가 앉았고, 그다음부터 순서대로 쭉 앉았다. 어쩌다 다오가 함께 식사하지 못할 때도 내 옆자리를 비워 두었다. 모두에게 첫 번째 자리의 막중함을 알게 해 주기 위해서였다.

그런 면에서 첫 번째 제자인 다오가 혹독한 훈련을 받은 셈이다. 일과표를 일일이 점검하여 수업이 끝나면 바로 센터로 와서 선교사역을 돕게 했다. 소수부족 아이들을 돌보고, 문서 작업을 도울 수 있도록 한글과 컴퓨터도 공부하게 했다.

다오의 시간을 철저하게 관리한 건 다른 아이들에게 귀감이 되게 하기 위해서였다. 공동체에서는 누군가 한 사람에게 특혜를 주면 분위기가 금세 흐트러진다. 그래서 하루 일과의 기둥을 잘 세워서 예외 없이 지키도록 해야 질서가 유지된다. 그런 의미에서 센터 식구 모두가 식사 시간 전에 주방으로 가서 일을 돕고, 다 같이 식사한 후에는 예배를 드리는 것을 철칙으로 삼았다.

공동체 생활을 하면서 내가 가장 강조한 건 '무조건 순종'이었다. 하나님의 명령에는 타협이 없다. 그 명령을 따르는데 다른 일이 끼어들 여지가 없어야 한다. 평소에 '무조건 순종'하는 법을 배우지 않으면 순종해야 할 때 순종하기 어렵다. 나는 공동체 모든 사람들이 선교센터에서 '무조건 순종'하는 법을 배우길 바랐다. 베트남이 영적 전쟁터의 최전방이기 때문이다.

특히 하나님의 일을 하는데 있어서 개인 사정을 봐주지 않았다. 하나님 일이 최우선이라는 것을 못 박고 그에 따라 일을 맡겼다. 우선 나 자신이 그렇게 살았다. 낮에는 외부 사역을 하고 밤에는 문서 사역이나 프로젝트들을 기획하면서 밤낮없이 일했다. 나의 모든 힘을 하나님 일에만 쏟았다.

식물인간에서 깨어난 후 나는 모든 감각과 욕망을 잃어버렸다. 음식을 먹어도 맛을 모르기에 음식을 사료라 불렀다. 살을 꼬집어도 아프지 않았다. 심지어 추위도 더위도 타지 않게 되었다. 그런데 딱 한 가지, 간만 생생해졌다. 다시 깨어난 후 신생아 간 기능이 생겨 아무리 일해도 피곤하지도 지치지도 않았다. 보통 10개월 정도 마비 상태로 있으면 장기가 손상된다는데 내 간을 보고 세브란스 내과 과장이 훗날 연구할 수 있게 기증해 달라고 말했을 정도로 간 기능이 두드러지게 좋아졌다.

불도저 같은 성격에 신생아 간 기능이 합쳐졌으니 나와 함께 일하는 센터 식구들이 아마도 많이 버거웠을 것이다. 오죽하면 나를 '겨울 빨래'라고 불렀을까? 한겨울 빨래는 아무도 못 말린다고 센터 식구들은 '못 말리는 장요나 선교사=겨울 빨래'라고 불렀다.

그래도 혹독한 훈련을 잘 버티고 견딘 제자들은 베트남 사역을 하는데 있어 중요한 동역자가 되었다. 첫 번째 제자인 다오가 그렇다. 공부 욕심이 많았던 다오는 호치민 대학에서 영어 동시통역을 전공하여 그쪽 분야로 나가길 원했다. 동시통

역사로 사회적으로도 인정받고 선교사도 도우면서 살길 바랐다.

그런데 선교센터에서 훈련을 받으며 다오의 우선순위가 조금씩 바뀌었다. 처음에는 갈등도 많았다. 무엇이든 납득 해야만 순종했던 다오는 센터에서 내게 '도대체 왜?'라는 질문을 가장 많이 했다. 하나님의 일을 하면서 공부 손해를 보지 않으려고 밤을 새워 공부하여 학업 진도를 맞췄고, 피아노도, 학점도 평균 이상으로 유지했다.

그런데 점점 센터에서 맡은 일이 많아지면서 선택과 집중을 해야 할 시기가 되었다. 그때 다오는 하나님의 일을 선택했고, 모든 일에 앞서 그 일을 먼저 하기 시작했다. 시험 기간이라도 교회 건축 허가를 받기 위한 서류를 만들어야 하면 밤을 새서 작업했고, 건축이 필요한 교회에서 방문을 요청하면 수업을 빠지고서라도 함께 달려가 나의 입이 되어 주었다.

다오는 센터에서 생활하면서 영어 동시 동역사가 되어 하나님의 일을 하기보다 당장 주어진 사명을 감당하는 것이 더 중요하다는 걸 깨달았다고 했다. 베트남 사람들의 구원을 위해서는 교회를 세우는 일이 중요하고, 그 일을 위해 자신이 필요하다면 시간과 노력을 드려 헌신해야 한다고 결심한 것이다. 그 순종의 시작은 공동체 생활을 하면서 익힌 작은 습관들로부터 비롯됐고, 하나님의 일이라면 물불 가리지 않고 굳세게 밀어붙이는 내게서 '무조건 순종'하는 법을 배웠다고 했다.

다오 선교사는 현재 총신대에서 신학을 마치고 신학박사 학위까지 받고 한국에서 평택대 교수로 강의를 하면서 분당과 안성에서 두 개의 베트남 교회를 담임하고 있다. 처음 한국에 유학 갈 때는 학위를 마치고 베트남에 돌아와 사역을 돕겠다고 했다. 하지만 하나님은 다오 선교사가 한국에 있는 베트남 사람들을 양육하길 원하셨다.

한국에 있는 베트남 디아스포라는 현재 26만 명이 넘는다고 한다. 노동자들과 유학생 그리고 다문화 가족들을 모두 포함하는 숫자다. 그들이 베트남 복음화의 구심점이 될 수 있다. 한국에서 잘 훈련받아 베트남에 돌아가 복음의 일꾼으로 섬긴다면 베트남 복음화가 한결 앞당겨질 수 있을 것이다. 주님은 그 일을 위해 다오 선교사에게 교회 개척의 길을 여셨고, 대학 강단에서 강의할 수 있는 기회도 주셨다.

'한국에서 심고 베트남에서 거두자' 한국에 있는 베트남 디아스포라를 위한 목회의 목표다. 이것을 위해 다오 선교사는 베트남 국적도 버렸다. 다오 선교사가 교회를 개척하기 전에 나는 마지막으로 베트남에 오지 않겠냐고 물었다. 그러자 다오 선교사가 단호하게 대답했다.

"양들은 목자를 버릴 수 있지만 목자가 양을 어떻게 버릴 수 있겠습니까? 양들은 저를 떠날 수 있지만 저는 이 양들을 떠날 수 없습니다. 제 양들은 지금 한국에 있습니다."

다오 선교사의 대답을 들으며 나는 하나님께 감사드렸다. 그리고 다오 선교사를 통해 훈련받은 복음의 일꾼들이 베트남 곳곳에서 십자가를 높이 들고 하나님을 전하는 모습을 그렸다. 그렇게 흘러간 복음의 물줄기가 모든 베트남 사람들의 마음을 적셔 다 함께 하나님을 찬양하는 그 날을 꿈꾸며 주님께 감사했다.

첫 번째 제자 다오 선교사를 시작으로 펑남, 쭉번, 껌벙 등 센터에서 양육된 현지인 제자들이 복음의 일꾼이 되어 베트남의 복음화를 위해 일하고 있다. 하나님은 항상 순종하는 한 사람을 통해 일하신다. 선교센터 공동체의 제자 한 사람 한 사람이 하나님께 부름받고 선택받은 한 사람이 되길 기도하며 오늘도 그들과 함께 살아가고 있다.

담대한 믿음

거처가 정해지고 가족이 생기자 감시망은 더 촘촘해졌다. 베트남은 개방에 대해 이중적 태도를 보였는데 경제적인 부분은 확실하게 열었지만 공산주의 사상을 흔들 수 있는 종교나 인권, 민주주의 사상 등의 확산은 철저하게 막았다. 경제는 풀되 사상이나 종교에 대한 억압의 고삐는 더 조였다.

그 감시체제를 확실하게 체감한 것은 선교센터에 살게 되면서부터였다. 베트남은 이동의 자유만 없는 게 아니었다. 동네마다 여섯 가정을 하나로 묶고 그중 한 가정을 감시가정으로 정하여 수시로 여섯 가정의 동태를 경찰에 보고하도록 했다. 집주인의 경우 세입자에 대한 정보도 경찰에 제출해야 했다. 그렇게 동네를 하나의 감시 조직체로 만든 것이다.

조사 보고는 일주일에 한 번 월요일마다 우리나라 파출소와 같은 초대소에 가서 했다. 우리 센터도 매주 보고를 했다. 조사 보고는 나의 통역을 맡아 함께 사역하는 현지인 제자가 맡았다. 처음에는 다오가 했고, 그다음은 껌벙 그리고 지금은 쭉번이 하고 있다.

선교센터는 경찰들의 주요 감시대상이었기 때문에 조사 보고를 잘하는 게 매우 중요했다. 그들이 주로 묻는 건 '너의 집에 무슨 일이 있냐?'와 '옹짱은 뭐하냐?'였다. 그런데 이 간단한 질문을 이렇게 묻고 저렇게 찔러댔기 때문에 바짝 정신을 차리지 않으면 앞뒤가 안 맞는 대답을 할 수도 있었다. 그래서 초대소에 갈 때는 몇 번씩 연습을 하고 갔다. 대부분 환자를 치료하러 갔다고 하거나 병원에 갔다고 대답하여 상황을 잘 모면했지만 보고가 끝날 때까지 긴장을 늦출 수 없는 게 조사 보고였다.

경찰의 감시는 조사 보고에서 끝나지 않았다. 내가 없는 사이에 소수부족 아이들을 불러내 6시간씩 조사하고 운전사도 호출하여 조사했다. 센터와 관련된 일을 하는 사람들은 경찰에 시달릴 수밖에 없었기 때문에 외부인들과 일할 때는 극히 더 조심했다. 아흔아홉 번 좋다가도 한번 삐끗하면 관계가 틀어졌기 때문에 외부인과는 항상 관계를 잘 유지하기 위해 애써야 했다.

센터 식구들은 물론 함께 일하는 외부인들까지도 감시하고 조사를 했으니 나는 오죽했겠는가. 그때는 가는 곳마다 경찰이 내 뒤를 따라왔다. 한 번은 공원 벤치에 앉아 쉬고 있는데 경찰이 거기까지 따라왔다. 그리고 조금 거리를 두고 앉아 신문을 보는 척했다. 얼핏 보니 신문에 손가락만 한 구멍이 뚫려 있었다. 우습기도 하고 지긋지긋하기도 했다. 그래서 모른 척 경찰 쪽으로 다가가 구멍에 손가락을 쏙 집어넣고 '그만 좀 따라다니쇼'라고 말해 경찰을 놀라게 한 적도 있다.

선교 초창기에는 경찰의 감시가 하도 심해서 초인종 소리가 날 때마다 심장이 내려앉았다. 경찰이 수시로 센터로 찾아와 수색하고 나를 끌어갔기 때문이다. 언젠가도 밤에 벨이 울렸다. 벨소리를 듣는데 직감적으로 경찰인 것 같았다. 그래서 얼른 나무 관 위에 올라가 '주님의 뜻대로 하옵소서'라고 기도를 했다.

이미 센터로 들어온 경찰들은 1층을 수색하고 내 방까지 들어왔다. "장요나 여기 있나?"라고 소리치며 들어온 경찰은 나를 보더니 여권을 보여 달라고 했다. 그래서 자포자기하는 심정으로 여권을 보여줬는데 경찰이 흘낏 보더니 다시 돌려주는 게 아닌가? 그리고 "장요나 이 나쁜 놈을 어디서 찾지?"하며 밖으로 나갔다. 알고 보니 여권에는 내 이름이 본명인 '장주석'으로 되어 있기 때문에 '장요나'와 다른 사람으로 생각한 것이다. 하나님이 함께하시니 눈앞에 두고도 경찰들이 나를 알아보지 못한 것이다.

한번은 신학대학교 졸업식을 마치고 졸업사진을 정리하고 있었는데 경찰이 들이닥쳤다. 사진을 치울 새가 없어 들킬까 봐 입이 바짝바짝 말랐다. 신학교 졸업사진은 종교 활동을 했다는 명백한 증거이기 때문에 발각되면 변명의 여지가 없었다. 잡혀가는 건 시간문제였다. 그래도 마지막으로 사진을 좀 가려보려고 신문지를 들었는데 경찰이 내 움직임을 포착했는지 아무것도 건드리지 말고 나가 있으라고 했다.

기도 말고는 그 순간 아무것도 할 게 없었다. 그래서 피가 마르는 심정으로 문을 붙들고 '하나님 저들이 절대 사진을 못 보게 해 주세요'라고 간절히 기도했다. 몇 분이 지났을까, 경찰들이 나오는데 손에 아무것도 없었다. 책상 위에 펼쳐놓은 사진을 보지 못한 것이다. 할렐루야!

이제는 초인종 소리를 들어도 가슴이 내려앉지 않는다. 경찰에 대한 두려움 대신 그들이 오히려 불쌍해 보인다. 물론 우리를 대하는 경찰의 태도도 예전과는 사뭇 달라졌다. 최근에는 밤에 경찰들이 들이닥치면 오히려 내가 큰소리를 친다. '지금 몇 시인 줄 아냐'고 '조사할 게 있으면 낮에 와서 하라'고 하며 세게 나가면 경찰들이 오히려 미안해한다. 선교 초창기에는 꿈도 꾸지 못한 일들이 벌어지는 것이다.

벌금을 깎은 적도 있다. 한국에서 우리의 일을 돕기 위해 목사님이 오셨는데 밤중에 경찰이 들이닥쳤다. 낯선 인물이 왔는데 신고를 하지 않으니 경찰이 찾아 나선 것이다. 한참 센터를 수색하던 경찰은 화장실에서 그 목사님을 끌고 나왔다. 3층 방에서 사진 작업을 하던 목사님은 경찰이 급습한 것을 알고 사진들을 재빨리 정리한 후에 속옷 차림으로 침대에 누워 있었다고 한다.
그러다 화장실에서 볼일을 보는 척하면 수상하게 여기지 않을 것 같아 화장실로 갔는데 마음이 너무 급한 나머지 불을 끄고 앉아 있었던 것이다. 볼일을 본다면 당연히 불을 켜야 하는데 캄캄한 채로 앉아 있으니 경찰이 이상히 여기고 목사님을

끌고 내려온 것이다. 그때 벌금이 6백 불이 나왔는데 다행히
협의가 잘 돼서 벌금을 깎을 수 있었다.

오랫동안 경찰에게 시달림을 당하다 보니 센터 식구들의 연
기력도 자연스러워졌다. 순간의 재치로 위기를 모면하는 경
우도 많았다. 하지만 그 무엇도 담대한 믿음만큼 강하지는 않
다. 경찰에게 큰소리를 치고, 벌금 액수를 조정할 때마다 격세
지감을 느낀다.

하지만 경찰은 경찰이다. 베트남은 여전히 공산국가이며 언
제 태도를 바꿀지 모를 일이다. 담대한 믿음 없이는 일상의 긴
장을 견디기가 쉽지 않다. 하나님이 우리를 눈동자와 같이 지
켜 주신다는 그 믿음만이 공산주의 법에 맞서 복음을 전하게
한다.

영적 가족

나는 밤에 잠을 자지 않는다.

긴 세월 허랑방탕하게 보내고 뒤늦게 하나님의 부르심을 받
았기 때문에 시간이 아까워 잘 수가 없다. 그래서 내 방은 항
상 밤새도록 불이 켜져 있다. 하지만 다른 센터 식구들은 일찍
잠드는 편이다. 아침에 일찍 일어나기 때문이다. 아열대 지방

인 베트남은 하루를 일찍 시작하고, 낮에 길게 쉬며 저녁 일찍 일을 파한다. 전형적인 아침형 인간이다.

그런데 언제부턴가 3층 방에도 밤늦은 시간에 부스럭거리는 소리가 나기 시작했다. 이상해서 올라가 보니 다오와 쭉번의 방에서 나는 소리였다. 무슨 일인지 궁금해서 들여다보니 두 아이가 후다닥 뭔가를 등 뒤로 감추고 보여주지 않았다. 그때 다오는 대학생이었고 쭉번은 17살이었다. 한창 좋을 나이니 둘 사이에 뭔가 재밌는 일이 있으려니 하고 내 방으로 내려왔다.

그런데 12시가 지나자 둘이 살그머니 나가는 게 아닌가.
오토바이를 끌고 나갔다가 한참 후에 돌아왔다. 집에 돌아온 아이들을 불러서 어디에 갔다 왔냐고 물으니 주머니에서 뭔가를 꺼내 보여주었다. 손으로 적은 성경 말씀이었다. 아이들은 그 성경 구절을 바둑돌 만한 자갈에 돌돌 말아 고무줄로 꽁꽁 묶어서 담벼락 너머로 던졌다고 한다. 전도를 하고 싶은데 센터 주변은 감시가 심해서 할 수 없으니 모두 잠든 후에 먼 동네까지 나가서 성경 말씀 적은 것을 집집마다 던지고 온 것이다.

두 아이 모두 아버지가 목사님이다. 베트남에서 기독교인으로 살려면 핍박과 차별을 감수해야 한다. 아무리 실력이 뛰어

나도 공직에 나갈 수 없고, 대학에 입학하기도 힘들다.

사회복지나 수도, 전기와 같은 공공시설의 혜택도 받지 못하게 하는 경우도 있다. 심지어 신분증에 종교란을 만들어 기독교인임을 명시했다. 그러다 보니 어디를 가도 감시의 대상이 되고 차별받는 계층이 된 것이다. 그런 상황에서도 믿음을 버리지 않고 지킨 부모님으로부터 신앙교육을 받은 두 아이는 전도를 사명으로 알고 잠을 아껴 복음을 전한 것이다.

공동체로 살아가면서 가장 기쁜 일은 사람이 변화하고 성장하는 걸 보는 일이다. 하지만 모든 성장은 거저 주어지지 않았다. 베트남 아이들과 지내면서 뿌듯하고 보람찬 때도 많았지만 갈등과 위기의 순간도 많았다. 다들 엇비슷한 나이라 작은 일로 다투기도 하고, 서로 시기하며 질투하기도 했다. 잘 지낼 때는 말이 없지만 한번 갈등이 폭발하면 여기저기서 불평을 늘어놓고 묵은 감정들을 쏟아냈다.

그럴 때마다 참 속상했다.

내 마음을 몰라주는 것 같아 힘이 빠졌다. 사실 나로서는 선교센터를 운영하지 않고, 혼자 살면서 의료 사역과 교회 짓는 사역 등을 감당하는 것이 훨씬 홀가분하고 편하다. 그런데 하나님께서 공동체로 살아가길 원하시기 때문에 선교센터를 운영하는 것이다. '무조건 순종'하기 위해 나도 내 뜻을 꺾고 공동체의 일원으로 살아가는데 제자들로 훈련하는 아이들이 서로 다투고, 하나 되지 못하는 걸 볼 때마다 마음이 답답했다.

생때같은 나의 두 아들은 어떻게 생겼는지 얼굴도 희미해졌는데 이국땅에 와서 남의 자식들 때문에 속앓이나 하고 있으니 '내가 여기서 뭐 하는 건가' 싶기도 했다. 아들들이 보고 싶었다. 어릴 때 손잡고 다니면 훈이는 플라타너스 가로수를 보며 "아빠, 저기에 큰 깻잎이 있어요"라고 하고, 잠자리를 보고는 "아빠 저기 큰 모기가 있어요"라고 말하면서 신나서 깡충깡충 뛰곤 했다. 지훈이는 유치원에 다니기도 전에 내 시계를 다 해부했다가 맞춰놓고 했는데 그 아이들이 지금은 어떻게 자라고 있는지 궁금하고 보고 싶었다.

그렇게 마음이 서글플 땐 아내의 팔베개를 베고 위로를 받고 싶었다. 아내가 그리워 창가에 앉아 연애시절 함께 들었던 노래 '웨딩드레스'를 흥얼흥얼 부르고 있었다. 그때 다오가 내 방으로 들어왔다. 나와 눈이 마주치자 어색한 듯 배시시 웃었다. 그 모습을 보니 마음이 놓였다. 다오를 크게 혼내고 난 후 펑펑 우는 아이를 달래주지 못해 마음이 편치 않았었기 때문이다.

일을 하면 돌진형인데다 훈련시키는 것에 익숙한 나는 아이들의 마음을 만져주고, 다독이는 법을 잘 모른다. 내가 가르쳐주어야 할 것을 분명하게 전달해야 한다는 생각이 강하다 보니 말투는 직설적이 되고 행동은 엄격하여 아이들이 어려워하고, 때로는 상처를 받았다.

다오와도 그런 갈등을 겪었는데 어떻게 풀어야 할지 몰라 아이가 학교에 간 사이에 방을 깨끗이 정리해 주었다. 회초리 때린 다리에 약 발라주는 마음으로 지저분한 방을 청소해주었는데 그 마음이 다오에게 닿았는지 아침만 해도 눈도 마주치지 않고 쌩하던 아이가 내 방으로 온 것이다.

그리고 가만히 앉아서 내가 노래하는 걸 듣더니 무슨 노래냐고 물었다. 나는 아내와 연애할 때 자주 듣던 노래라고 했다. 그리고 다시 창밖을 쳐다보며 흥얼흥얼 노래를 부르는데 다오가 갑자기 "아빠 맛있는 거 사주세요"라고 하는 게 아닌가. 아빠, 그 말을 듣자 눈물이 핑 돌았다. 태어나서 처음 그 말을 듣는 것처럼 기뻤다.

'아, 하나님이 들으셨구나. 나의 외로움을 아시는구나. 여기 있는 이 아이들이 내 가족이라는 것을, 내게도 가족이 있다는 것을 주님이 깨닫게 하시는구나.'

센터에 있는 아이들은 남의 자식이 아니라 내 자식이었고, 하나님의 자녀였다. 집 떠나 방탕하게 살았던 나를 아들로 맞아주신 주님께서 내게 주님 안에서 또 다른 가족을 이루게 하셨다. 그리고 베트남 사람뿐 아니라 한국인들도 가족으로 맞으라는 소명을 주셨다.

그때까지는 정유미 선교사 외에는 나와 지속적으로 사역을 같이하는 한국인 동역자가 없었다. 공산주의 국가에서 선교를 한다는 이야기를 듣고 찾아오는 사람들은 많았지만 오래 버티지 못하고 떠났다. 내 친구인 대석교회 정재규 목사의 둘째 딸인 정유미 선교사만 가장 어려웠던 초창기 선교 사역부터 시작해 20년 가까이 든든한 동역자로 일했다.

정유미 선교사도 내겐 딸 같은 존재다.

처음에는 둘이 콤비를 이뤄 나는 의사, 유미는 약사로 의료 사역을 잘해나갔는데 사역이 커지면서 점점 일손이 더 필요해졌다. 할 일은 많은데 일꾼이 없었다. 유미가 1인다역을 하며 선교현장을 누볐지만 그것만으로는 부족했다.

그래서 직접 훈련시키리라 결심하고 선교사 훈련 프로그램을 만들었다. 그리고 부흥 집회나 간증을 듣고 선교사가 되겠다고 찾아온 사람들을 중심으로 15명을 뽑아 훈련시켰다. 훈련 기간은 총 3년 2개월로 한국에서 8주 동안 강의를 듣고 베트남에서 3년 동안 공동체 생활을 하며 선교현장을 경험하도록 했다. 그리고 난 후 본인의 결단이 확고하고, 공동체가 인정하면 정식으로 파송했다.

훈련을 받는다고 다 선교사가 된 것은 아니다.

절반 이상은 도태되었고, 중도에 포기했다. 공동체 생활에 적응하지 못하고 관계에 실망하여 나간 사람, 문제를 일으켜서 파송 받지 못한 사람들도 있었다. 그런 사람들 중에 몇몇은 선교센터에 대한 온갖 왜곡된 소문을 퍼뜨리고, 선교 헌금으로 드린 돈을 되돌려 달라고 해서 받아가기도 했다.

베트남 사역을 하면서 온갖 공격을 다 받았지만 신앙공동체로 함께 살았던 사람이 등을 돌릴 때 받는 상처가 제일 컸다. 실족하여 넘어진 자들이 안타까워 밤에 잠이 오지 않았다. 그 중에는 공동체 안에서 신앙의 모범으로 삼았던 분들도 꽤 여럿 있었다.

끝까지 믿음을 지키며 살기가 얼마나 어려운지 선교사 훈련 프로그램을 통해 톡톡히 깨달았다. 그와 동시에 끝까지 믿음을 지키며 살아가는 것이 하나님을 얼마나 영화롭게 하는지도 선교사들을 통해 깨닫게 하셨다.

선교사 훈련 프로그램을 통해 배출된 선교사 중에 두 분이 순교하셨다. 미얀마 선교를 준비하시던 박지선 선교사님은 교통사고로 베트남에 피를 뿌리셨고, 기도원 설립을 위해 눈물로 기도하며 초석을 닦은 박승철 선교사님은 암 투병 끝에 하늘나라에 가셨다. 그들은 지금 기도원 순교자 묘에 묻혀 있다.

끝까지 하나님을 의지하며 그 이름을 위해 충성한 이들을 위해 주님은 그들이 가장 원한 것을 선물로 주셨다. 굳게 닫혀 있던 미얀마 선교의 문을 열어주시고, 불가능해 보였던 기도원 사역을 계속할 수 있도록 길을 열어주셨다. 죽음을 불사한 충성은 복음의 열매를 맺게 한다는 걸 두 분 선교사님을 통해 알게 하셨다.

'하나님 나라에서 한 가족으로 다시 만날 그날까지 죽도록 충성하게 하옵소서.'

한쪽 눈마저

교회나 병원을 지을 때 항상 우여곡절을 겪는다.

그런데 다섯 번째 병원은 그 정도가 심했다. 허가가 났다가 취소되어 다시 허가를 받기까지 어지간히 애간장을 태웠다. 초반에 병원 건립 허가를 받는 과정에서 삐걱거리면 끝까지 힘들게 하는 경우가 많기 때문에 이것저것 세심하게 신경 쓰며 무리를 했다.

그래서인지 기공식을 앞두고 병원 건립을 후원하는 한국의 병원 관계자분들이 오셨을 때 피로로 인해 좀 예민해져 있었다. 그래서 극장 식당처럼 식사를 하면서 전통 공연을 볼 수 있는 렉스호텔에서 병원 관계자분들이 술을 마시고 있다는 다오의 전화를 받고 화가 났다. 다오가 울먹거리며 "이분들 장로님 맞냐"고 하는데 얼굴이 화끈거리며 창피하기도 했다.

급히 호텔 식당으로 가보니 비행기에서 산 양주를 마시고 계셨다. 병원장을 비롯해 모두 장로님이고, 한 분은 그 병원의 원목이었는데 참 기가 막혔다. 그래도 베트남에 병원을 건립하겠다고 오신 분들이니 대놓고 싫은 소리를 할 수 없어 꾹 참는데 속이 부글부글 끓었다. 이 꼴 저 꼴 안 보면 속이라도 편하겠다는 생각에 '하나님 이 꼴 좀 안 보게 해 주세요'라고 기도하고 뒤돌아서 나왔다.

그리고 다음 날 아침에 일어났는데 눈이 안 보였다.

몇 번을 비비고, 눈을 다시 떠도 뿌연 허공만 보일 뿐이었다. 방향감각도 상실했는지 일어나면 어지럽고 걸을 수가 없었다. 그래서 급히 병원에 갔는데 의사가 실명 판정을 내렸다. 6시간 안에 수술을 하지 않으면 영영 시력을 잃게 되니 빨리 싱가폴이나 한국으로 가라고 했다.

워낙 다급한 상황이라 의사도 그렇게 말했지만 현실적으로 한국이나 싱가폴도 못 갈 형편이었다. 비행시간이 전부 밤이라 골든타임을 놓칠 수밖에 없었다. 그렇다고 베트남에서 수술을 받을 수도 없었다. 그 당시에는 외국인들만 치료받을 수 있는 병원이 따로 있었는데 문제는 입원을 할 수 없었다. 그러니 어떻게 수술을 받겠는가.

'꼼짝없이 실명을 하겠구나'라고 생각하니 기가 막혔다.

10개월 만에 전신마비에서 깨어났지만 한쪽 눈은 찌그러진 채 시력이 되돌아오지 않았다. 그런데 나머지 시력까지 잃는다면 어떻게 살아야 하나, 망연자실해서 앉아 있는데 다오가 의사에게 울면서 매달렸다. 자기 한쪽 눈을 이식해서라도 아빠의 눈을 고쳐 달라고 애원했다. 하도 간곡하게 부탁하자 의사도 한발 물러나 입원 수속을 밟으라고 했다.

입원 수속을 마치고 병실에 앉아 있는데 만사가 귀찮고 짜증이 났다. 찬양을 틀어놔도 귀에 들어오지도 않았다. 하나님께 붙들려 하나님 일만 열심히 한다는 확신이 있었는데 하나밖에 없는 눈마저 가져가신다 생각하니 너무나 참담했다. 차라리 손이나 발을 가져가시니 왜 하필이면 눈인가, 하나님께 쓰임 받는 게 확실하다면 왜 내게 이런 시련을 주시는지 이해되지 않았다. 설교할 때 성도들에게는 한쪽 다리가 없으면 한쪽 다리가 있음을 감사하라고 했는데 막상 내 눈이 안 보이니 낙심되어 눈앞이 캄캄했다.

"하나님 차라리 날 죽여 주십시오. 그럼 하늘에 가서 제가 따지겠습니다. 내가 과거에는 탕자로 살 때는 그랬지만 선교사로 붙들림 받아서 베트남에 온 이후에는 하나님께 순종하지 않은 적이 없는데, 99% 하나님께 잘못한 일이 없는데 이게 웬일입니까? 차라리 죽여주십시오. 가뜩이나 다른 선교사들이 저를 안티하고 있는데 이 모습을 보면 하나님의 영광을 가리는 소리를 할 텐데 말입니다."

3일 동안 울면서 몸부림을 치자 의사들이 수면제를 놔주었는지 깜박 잠이 들었다. 그때 "요나야"라고 부르시는 하나님의 음성이 들렸다. 식물인간이었을 때 들었던 것과 같은 우레와 같은 음성이었다. 깜짝 놀라서 일어서자 주님은 "나보다 왜 앞서느냐"고 하셨다.

무슨 의미일까? 음성은 들었지만 무슨 말씀인지 선뜻 이해되지 않았다. 눈도 여전히 보이지 않았다. 하지만 예수님을 만난 내 마음은 평안했고 3일 후에는 눈을 뜰 거란 확신이 들었다. 그래서 의사에게 수술받지 않겠다고 말했다.

의사들은 시간이 없다며 불안해했지만 나는 확신 속에서 내 눈의 새로운 여명을 기다렸다.

한국에서 온 병원 관계자들이 다음날 위문을 왔다.

하지만 위로차 방문했다는 데도 반갑지가 않았다. 그분들이 전날 호치민 시장과 총영사를 만나 식사를 하면서 호치민 시내에 있는 건물에 병원을 열라는 시장의 말에 동의했다는 얘기를 전해 듣고 속이 많이 상해 있었기 때문이다.

그래서 그들이 병실에 들어오자마자 나는 병원장을 찾았다. 그리고 호통을 쳤다. 베트남에서 돈 벌려고 병원을 세우는 거냐고 닦아세우며 선교병원은 의료혜택을 받지 못하는 곳에 세워야 하는데 호치민에 병원을 세울 거면 짓지도 말라고 했다. 눈에 뵈는 게 없으니 마음이 담대해져서 마음속 말이 쏟아져 나왔다.

그들이 전날 호텔 식당에서 술 마신 것도 이야기했다.

내가 그 꼴을 보지 않게 해 달라고 기도했다가 이렇게 눈이 멀게 되었다고 하며 정말 여러분들이 장로님과 목사님이 맞냐고 하자 병원 관계자들이 어쩔 줄 몰라 했다. 그리고 한참 말없이 있다가 나갔다.

다음 날 아침 일찍 한국에서 오신 병원장이 병실로 찾아왔다. 그리고 내 손을 꼭 잡으며 잘못했다고 했다. 육십 평생 교회에 다녔는데 자신이 가짜라는 걸 이제야 알았다며, 그걸 깨닫게 해줘서 고맙다고 했다. 밤새 하나님께 회개하고 이제 정말 그리스도인으로 살겠다며 감사하다는 말을 거듭했다. 그리고 선교병원은 예정대로 시골, 원래 정했던 곳에 짓자고 말하면서 눈은 안 보이지만 기공식에 같이 가자고 부탁하여 다섯 번째 병원 기공식에도 참석했다.

그리고 이틀 후, 하나님

의 음성을 들은 지 나흘째 되던 날 내 눈이 떠졌다. 눈을 떠보니 희끄무레한 점들이 보이더니 이내 실루엣으로 변하면서 사람이 움직이는 게 보였다. 그리고 서서히 회색빛 실루엣 색깔이 입혀지더니 완전히 시력을 되찾아 제대로 보게 되었다.

이 일을 통해 현지인 안과의사 6명이 하나님을 영접하고 구원을 받았다. 실명 위기에서 나의 눈을 기적적으로 치료해 주신 하나님을 함께 경험했으니 믿지 않을 수가 없었을 것이다. 그들은 지금 나의 동역자가 되어 의료 사역에 함께 힘쓰고 있다.

그런데 하나님의 뜻은 거기서 멈추지 않았다. 주님은 지친 나를 회복케 하시고, 베트남 사역이 나의 '열심'이 아니라 하나님이 이끌어 가신다는 것을 보여주시길 원하셨다. 그래서 눈은 떴지만 한 달 동안 입원 치료를 받게 하셨고, 내 몸을 완전히 회복시켜 주셨다. 만약 내가 다리가 아팠다면 기어 다니며 일했을 것이다. 그런데 눈을 가리심으로써 쉬게 하시고, 일에 매몰된 나의 시선을 다시 하나님께로 향하게 하셨다. "왜 나보다 앞서느냐?"라고 말씀하신 뜻을 깨닫게 하셨다.

사랑

할렐루야!
나는 보았네.
절망 속에서 번쩍 스쳐 간
찬란하고 광명한 그 빛.
나는 보았네.
실명 상태에서 오랫동안 펼쳐진
새날들의 비전을.

나는 들었네.
낙심 속에서 주 사랑의 음성을
어둠에서 빛으로 넘어가는 시간에
절망에서 희망으로 옮겨가는 순간에
그 사이에 역동하는
너무나도 아름답고 찬란한 주 음성을.

나는 듣고 보았네.

나는 느꼈네.
실명된 삼일삼야에
모든 것이 녹아지고 흡수되는
그 뜨거운 불길을 느꼈네

그것은 주님의 뜨거운 사랑

원초의 사랑과 지상의 사랑이 화합할 날

나는 느끼고 보았네.

나는 받았네.

사랑의 뜨거운 불길을

이 불길이 지나는 곳엔

절망과 낙심이 머물 수 없고

어둠과 낙심이 머물 수 없고

어둠과 불의도 자리 잡지 못한다네

이 사랑의 뜨거운 불

시온의 영광이 내 눈앞에

서서히 다가오고 있음을 나는 보았네.

– 1999년 6월 13일 YIETNAM CHO RAY HOSPTA에서

과로로 쓰러져 1개월간 실명 상태에서

장요나 선교사

비라카미

1997년 신년 예배 중에 설교를 하다 쓰러졌다. 혼수상태에 빠져 3일 동안 깨어나지 못했는데 그때 하나님의 강한 음성을 들었다. '비라카미, 비라카미 영혼을 구원하라!' 그리고 베트남, 라오스, 캄보디아, 미얀마의 열악한 환경 속에서 고통받는 이들의 모습을 환상으로 보여주셨다. 음성과 환상으로 분명하게 보여주신 '비라카미(VILACAMY)'는 베트남(Vietnam), 라오스(Laos), 캄보디아(Cambodia), 미얀마(Myanmar) 등 인도차이나반도 4개국 이름의 첫 자를 딴 거였다.

혼수상태에서 깨어난 후 나는 바로 금식기도에 들어갔다. 비라카미 선교회를 구성할 수 있는 길을 열어주시고, 그 사명에 대한 확신을 가질 수 있도록 간구했다. 기도가 깊어질수록 비라카미 지역의 1억 6천만 영혼을 구원하시고자 하는 하나님의 열망이 느껴졌다. 그 뜨거운 사랑이 내 영혼을 감동시켜 그들에게 복음을 전하고픈 마음을 갖게 하셨다.

하나님은 내 안에 먼저 비라카미에 대한 사랑을 심어주시고, 그 일을 함께 감당할 동역자들을 만나게 하셨다. 하나님의 음성을 들은 지 4개월 만에 사랑의 병원선교회의 동역자들을 중심으로 대구 동촌교회 신창순 목사님과 노원교회 박태동 목사님이 주축이 되어 대구 노원교회에서 비라카미 선교회를 창립했다. 한 교회라도 더 세우고, 한 병원이라도 더 지으며, 한 목회자라도 더 양성하는 것을 목표로 하고 비라카미를 위해 기도하기 시작했다.

비라카미 선교회가 발족된 후 캄보디아와 라오스를 중심으로 선교를 시작했다. 75년에 사회주의화된 라오스도 경제의 낙후로 인해 89년에 개방 정책을 실시했다. 하지만 비교적 대외 투자가 활발했던 베트남과 달리 라오스는 별다른 성과를 얻지 못한 채 고립되어 있었다. 경찰의 감시는 더욱 엄격했고, 사회 분위기는 살벌했다.

라오스에 처음 교회를 짓기 시작할 때는 나 혼자 다녔는데 베트남 선교지를 다닐 때와는 다른 공포를 느꼈다. 처음으로 혼자 국경을 넘었던 날은 잊을 수가 없다. 언제 위험이 닥칠지 몰라 극도의 긴장감으로 가슴을 졸이며 국경을 넘었는데 다행히 맞은편에서 득 목사님과 성도 한 분이 나를 맞아주셨다. 득 목사님은 라오스 접경지역인 케산에서 소수 부족들에게 복음을 전하고 계셨다. 신앙을 버리지 않았다는 이유로 투옥되어 극심한 고난을 당했지만 끝까지 인내하며 믿음을 지키고 계신 분이었다. 그분을 만나자 마음이 가라앉았다.

그런데 안도의 숨을 내쉬는 것도 잠깐, 오토바이로 이동을 해야 하는데 나는 성도의 오토바이를 타고 오라는 게 아닌가.

그 성도의 인상이 험상궂어 영 내키지 않았지만 첫 만남에 거절하기가 어려워 군말 없이 뒷좌석에 올라탔다.

그런데 얼마 가지 않아 오토바이의 속도가 눈에 띄게 줄어들었다. 득 목사님의 오토바이와의 간격이 점점 멀어지자 마음이 불안했다. 그래서 큰 소리로 득 목사님을 불렀지만 아무 대답이 없었다. 그때 내가 탄 오토바이가 방향을 확 틀더니 어두운 산속으로 달려가기 시작했다.

순간 가슴이 덜컥 내려앉으면서 '당했구나' 싶었다.
어디 가는 거냐고 물었지만 묵묵부답, 뛰어내릴 수도 없고, 계속 가자니 어떤 일을 당할지 몰라 두려웠다. 그때 오토바이가 갑자기 멈췄다. 올 것이 왔구나 싶어 심호흡을 크게 하고 눈을 떴는데 그 성도가 오토바이에서 내려 움막에 들어가더니 기름통을 들고 나왔다. 오토바이에 기름을 채우러 뒷거래로 기름을 파는 움막에 들른 것이었다.

그제야 가슴에 얹혀 있던 불안이 사라졌다.
괜한 의심을 한 건 너무 미안했지만 경찰의 감시가 심할수록 누구도 믿을 수 없는 게 공산주의 국가의 슬픈 현실이었다.

라오스 곳곳에 교회가 세워지면서 함께 가는 일행이 점점 늘어났다. 랑부 소망교회 기공 예배를 드리러 갈 때는 4명이

동행했다. 소똥과 잡풀이 뒤엉켜 속도가 붙지 않는 비탈길을 오토바이를 타고 이동했는데 길도 없는 산속이라 앞 사람을 놓치면 도태되기 쉬워 신경을 바짝 곤두세웠다.

득 목사님이 익숙하게 길을 잡아 앞장서고 나는 다음 오토바이에 올라탔다. 소수부족교회 전도사님이 운전하고 내가 뒤에 탔는데 무게중심이 뒤로 쏠렸는지 오토바이가 기우뚱거리다 계속 쓰러졌다. 뒤에 오는 선교사님과 목사님이 그 모습을 보고 배꼽을 잡고 웃는 바람에 결국은 내가 운전을 했다.

초행인 데다 길이 험해 몇 번이나 가다서다를 반복했지만 그래도 무사히 소수부족 마을에 도착했다. 과연 이런 곳까지 경찰이 올 수 있을까 싶을 만큼 소수부족 마을은 산속 깊숙한 곳에 있었다. 교회부지를 둘러보고 창고 같은 곳에서 등불 하나만 켜놓고 예배를 드렸다. 설교 중에 자꾸 전기가 말썽을 부려 절반 이상 컴컴한 데서 예배를 드렸다는 것을 빼고는 모든 게 다 순조로웠다.

그렇게 은혜 가운데 예배를 마치나 했는데 축도를 앞두고 사진을 찍던 둘째 아들 지훈이가 "경찰이다"라고 소리를 질렀다. 그때 지훈이가 나를 보러 베트남에 왔다가 라오스 선교지에 함께 왔는데 경찰을 만난 것이다. 경찰이 왔다는 소리에 창고 안은 순식간에 아수라장이 됐다.

그때 깜박거리던 등불이 완전히 꺼져버렸다.

설교 시간 내내 오락가락하던 전기가 완전히 끊겨 정전이 돼 버린 것이다. 소수마을 전체가 칠흑 같은 어둠에 갇혔다. 앞뒤 분간하기도 어려운 어둠을 틈타 우리는 냅다 도망쳤다. 오토바이를 집어 타고 정신없이 달렸다. 그때도 역시 득 목사님이 앞장서고, 소수부족교회 전도사님이 나를 태우고 달렸다. 그런데 이게 웬일인가. 올라갈 때는 그렇게나 중심을 못 잡으며 헤매던 전도사님이 나를 태우고 길도 없는 산비탈을 쏜살같이 달렸다. 옆을 보니 정유미 선교사도 달리는 속도가 선수급이었다. 다들 죽기 살기로 뒤도 안 돌아보고 도망친 덕분에 일행 모두 무사히 국경을 넘을 수 있었다.

베트남도 마찬가지지만 라오스 선교지에 갈 때 방심은 금물이다. 언제나 도망칠 준비가 되어 있어야 하고, 행동도 민첩해야 한다. 하지만 어떤 경우에도 하나님이 우리를 지켜 주신다는 믿음 없이는 라오스 국경을 넘을 수 없다.

라오스 국경을 넘나들면서 하나님의 보호하심을 경험한 선교사들은 그 믿음을 갖고 사역하지만 한국에서 단기선교를 오는 분들은 공산·사회주의 국가에 대한 공포를 쉽게 떨치지 못하는 경우가 많다. 그래서 단기선교팀과 라오스 교회를 방문할 때는 더 많은 기도로 준비한다.

그런데 라오스 사끼 지구촌교회에서 헌당 예배를 드리고 돌아올 때는 여러 가지 악조건이 겹쳤다. 국경을 넘어올 때 조사를 얼마나 꼼꼼히 하던지 3시간 이상이나 국경 사무실에 붙잡혀 있었다. 그리고 나오자 이미 밤은 깊어 캄캄한데 비가 억수처럼 내렸다. 적막하고 스산한 분위기에 다들 어두운 표정이었다.

그래도 국경을 넘어 차를 타고 달리자 어느 정도 마음을 놓는 눈치였다. 그때 뒤에서 날카로운 경보음이 울리더니 곧 패트롤카 2대가 우리 차 쪽으로 바짝 붙어 섰다. 그리고 차 2대가 우리 차 앞뒤에서 가로막더니 헤드라이트를 요란하게 비쳤다.

불빛에 놀란 여집사님들은 울며불며 "하나님, 아버지"를 외치고, 살려달라고 울부짖었다. 순식간에 차 안은 아비규환이 되었고 후회와 원망으로 가득 찼다. 집사님들의 원성을 들으며 마음이 착잡했다. 이렇게 또 잡혀간다고 생각하니 막막했다.

그래도 얼른 성경책을 의자 밑에 감추고 중요한 것들을 숨기며 마음속으로 간절히 기도했다. 경찰은 운전사를 데리고 나가더니 차 트렁크를 열었다. 그리고 그 안에 있는 짐을 꺼내 조사했다. 그 안에 예배드린 물건들이 있었기 때문에 맘속에

서 간절한 기도가 절로 나왔다. '제발 아무것도 발각되지 않게 해 주세요'

조금 있다 운전사가 차에 탔다.
기색을 살피니 별일은 없었던 것 같았다. 경찰이 왜 출동했냐고 물으니 방금 마약을 소지한 차가 지나갔다는 첩보를 듣고 수색 중이라고 했다. '아, 감사합니다' 우리가 목적이 아니었던 것이다. 그 말을 듣고서야 비로소 긴장이 풀렸다.

하지만 언제 어디서 수색당하고 붙잡힐지 모르는 데가 베트남, 라오스, 캄보디아, 미얀마였다. 공산주의의 장벽에 가로막혀 30년 이상 고립되었던 그곳에는 복음이 없다. 초창기에 베트남에 와서 예수님을 믿으라고 전도하면 '예수가 삼성 거요? LG 거요?'라고 물었다. 한국의 삼성과 LG는 알아도 예수님은 몰랐던 곳이 베트남이었다. 라오스나 캄보디아, 미얀마도 마찬가지다. 예수님을 아예 모르는 곳이 너무나 많다. 하나님은 당신이 주목하시고 지명하여 부르신 그 땅을 구원하시기 위해 비라카미 선교회를 세우신 것이다

평화수고훈장의 위력

2008년 고난 주간에는 선교사님 11분과 함께 라오스로 향

했다. 라오스 소수부족 마을에 교회를 짓기 시작해 라오스 봉코목양교회 헌당 예배와 솜타본비라카미교회 기공 예배 그리고 쨍영락교회 기공 예배를 드리기 위해서였다.

베트남과 라오스는 국경을 맞대고 있지만 하룻길로 갈 수 없는 먼 나라다. 호치민에서 라오스까지 가려면 먼저 비행기를 타고 중부지방인 훼까지 간 후에 거기서 버스로 4시간 반을 달려 케산의 끝인 라오스 접경지역인 케산읍까지 갔는데 거기 도착하면 보통 밤이 됐다. 그래서 항상 국경 지역에서 하룻밤을 지내고 다음 날 아침 일찍 라오스로 출발했다.

그때도 마찬가지로 아침 8시에 라오스로 출발하여 라오스 국경 이민국에 도착했다. 그리고 라오스 입국을 위해 여권과 비자를 검사받는데 내 순서가 되자 경찰이 갑자기 잠깐 멈추라는 손짓을 했다. 그리고 비자를 유심히 보더니 "75일 불법 체류로 체포합니다"라고 하면서 내 손에 수갑을 채웠다.

갑자기 체포라니, 그것도 불법 체류 75일이라니 이해가 되지 않았다. 그래서 왜 불법체류냐고 했더니 여권에 비자가 없다는 것이었다. 문득 내가 여권을 새로 바꾸면서 비자를 옮겨 놓지 않은 게 생각났다. 불법 체류는 벌금이 하루에 50불이라 75일이면 벌금이 무려 3,750불이었다. 그 돈을 물자니 너무 아까웠다. 그래서 라오스에 가지 않겠다고 했지만 불법 체류는 일단 체포를 해야 한다며 나를 붙든 손을 놓지 않았다.

그때 갑자기 4년 전에 베트남 정부에서 '장요나 제거지시'를 내린 게 생각났다. 2004년 부활절에 단락성 본멧톡 오지의 한 교회에 무장 군인과 경찰들이 난입하여 무차별 사격으로 450여 명이 순교했다. 그 마을은 워낙 경찰의 감시와 핍박이 심해서 베트남 현지인들도 접근하기 힘든 곳이었기 때문에 그 소식을 아는 사람들이 거의 없었다.

그런데 내가 그 사실을 베트남뿐 아니라 한국교회에도 알려 중보기도를 부탁한 사실을 알고 베트남 정부에서 나를 제거하라는 지시를 내렸다. 교통사고를 위장해서 제거하려고 했지만 내가 주로 자동차로 여러 사람과 같이 이동하기 때문에 번번이 실패했고, 센터 내에 괴한이 급습하려던 계획도 나를 감시하던 경찰의 제보로 인해 불발이 됐다. 그렇게 잘 피했다고 생각했는데 결국 케산에서 붙잡혀 죽는구나 생각하니 마음이 무거웠다.

그래도 라오스 선교는 계속되어야 했다. 나는 벌벌 떨고 있는 선교사님들께 먼저 출발해서 기공 예배를 드리시라고 했다. 하지만 선교사님들은 나를 두고는 예배도 드리지 못하고, 어디에도 가지 않겠다며 꼼짝하지 않으셨다. 다들 불안과 공포에 어찌할 바를 몰랐다.

그때 정유미 선교사가 가방에서 뭔가를 꺼내 경찰들에게 보여주었다. 그러자 분위기가 급반전했다. 경찰들이 깜짝 놀라며 그 종이와 나를 번갈아 쳐다봤다. 정유미 선교사가 보여준 종이는 그로부터 1년 전에 베트남 정부로부터 받은 평화수교 훈장 복사본이었다. 최근 박항서 감독이 베트남 정부로부터 받아 화제가 된 바로 그것이다.

　2007년 구정 때 하노이에서 부산 할렐루야 치과 의료선교 팀과 사역하고 있을 때 베트남 정부로부터 갑자기 연락이 왔다. 3시까지 총리실로 오라는 것이었다. 베트남에서 정부의 호출을 받는 건 전혀 반가운 일이 아니었다. 뭔가 나를 추궁할 거리가 생겼거나 나를 잡을 건수가 생긴 게 틀림없다고 생각하고 마음의 준비를 단단히 했다.

　그리고 나갈 준비를 하고 있는데 설 연휴를 맞아 의료 사역을 오신 부산 할렐루야 치과 의사들이 내 방으로 오셨다. 도저히 나 혼자는 못 보낸다고 하면서 함께 총리실에 가시겠다고 했다. 그래서 정유미 선교사와 치과 관계자 몇 분과 함께 국무 총리실로 갔다.
　그런데 이게 웬일인가. 총리실에 도착하자 부총리가 나를 반갑게 맞이하더니 평화수교훈장을 수여했다. 평화수교훈장은 베트남에 기여한 바가 많은 외국인에게 주는 최고의 훈장으로 보통 대사나 공적 많은 유명인사가 받는데 그걸 내게 주

다니, 받으면서도 얼떨떨했다.

옆에 서 있던 정유미 선교사가 '선교사님, 이 사람들 너무 이상해요. 잡아갈 때는 언제고 왜 이런 훈장을 준대요?'라고 하는데 볼에서 눈물이 흘러내렸다. 그 모습을 보니 나도 눈물이 났다. 정말 이상한 사람들이었다. 처음 베트남에 도착해서 지금까지 얼마나 많은 고난과 핍박을 겪었는가, 천하보다 귀한 베트남 영혼들을 하나님의 백성으로 만들겠다는 열정으로 17년간 쉬지 않고 달려왔다. 그 시간들이 주마등처럼 지나갔다.

그 눈물이 헛된 것이 아니었구나, 자기네 나라의 법을 어겨서 붙잡고 처벌할 수밖에 없지만 베트남을 사랑하는 내 마음은 전달된 거구나. 이들이 보기엔 내가 이상한 사람이겠구나. 잘 사는 한국, 부유한 땅을 버리고 가난하고 척박한 베트남 땅에 와서 고생을 사서 하는 사람, 그것도 17년을 한결같이 변치 않고 자기네들을 사랑하는 사람, 그 이상한 사람에게 주는 베트남 사람들의 진심이 느껴지자 가슴 깊은 곳에서 눈물이 흘러나왔다.

하지만 거기까지였다. 나의 감사와 기쁨은 거기서 끝났다. 나는 훈장을 두고 총리실을 나왔다. 나에게 세상이 주는 훈장은 아무 의미가 없었다.

2000년에도 연세대에서 언더우드상 1기로 나를 추천하겠다고 연락이 왔을 때도 거절했다. 2기 때도 3기 때도 계속 연락이 왔지만 나는 받을 생각이 조금도 없었다.

그런데 내가 전화 받는 걸 본 정유미 선교사가 갑자기 컴퓨터에 앉아 뭔가를 열심히 만들었다. 뭘 하냐고 묻자 공적서를 만든다고 했다. 언더우드상의 상금이 당시 1천만 원이니 그걸 받아서 교회를 짓자고 하면서 상을 받으라고 했다.

정말 큰일 날 소리였다.

아직 할 일을 다 하지 못했는데 내가 무슨 공적으로 상을 받는단 말인가. 교회를 짓는 건 내가 하는 게 아니다. 하나님이 하시는 거다. 그러니 교회를 짓겠다는 명분으로 상금을 받아 내 이름을 높이는 일은 할 수가 없었다. 결국 정유미 선교사를 설득해 언더우드 상은 끝까지 받지 않고 고사했다.

평화수교훈장이라고 다를 바가 없었다.

이 일이 복음을 전하는데 도움이 된다면 그것으로 감사할 뿐 훈장은 내게 필요 없었다. 기껏 두고 온 훈장을 정유미 선교사가 챙겨 왔길래 다시 내 근방에서 흔적이 없게 했다. 훈장도 하나님이 주신 거니 그러면 안 된다고 다들 만류했지만 내 생각은 변함없었다. 모든 것은 하나님이 하신 일인데 그에 대해 사람이, 기관이 상을 준다는 건 이해할 수 없었다.

"우리가 여기서 상을 받으면 하나님께 혼난다. 사랑할 수 없는 사람을 사랑하는 게 선교사고, 영혼 구원을 하는 게 임무다. 해야 할 일을 당연히 했을 뿐인데 누구한테 상을 받는다는 거냐."

그렇게 말하고 처리한 훈장을 정유미 선교사가 챙겨서 복사본을 만들어 차에 싣고 다녔던 거다. 그리고 라오스 국경의 베트남 이민국에서 그걸 꺼내 경찰들에게 보여준 것이다. 평화수교훈장을 본 경찰들은 태도를 완전히 바꾸어 '몰라 봬서 죄송하다'고 연신 절을 했다. 그리고 어딘가에 전화를 걸고 한바탕 부산을 떨더니 우리를 접견실로 안내해서 차와 다과까지 내왔다.

평화수교훈장이 제대로 힘을 발휘한 것이다.

베트남에서 그 훈장은 살인을 해도 용서해 줄만큼 대단한 위력을 가졌다. 하나님을 그것을 통해 우리를 감시하고 통제하던 경찰들의 보호를 받게 하셨고, 베트남에서 라오스까지의 짧지만 위험천만한 국경을 프리패스로 넘게 하셨다. 위험을 무릅쓰고 하나님의 말씀을 따르면 막다른 골목이라 생각했던 곳에서 생각지 않은 길이 열린다. 라오스로 가는 길은 항상 그 은혜가 넘쳤다.

치유자 예수 그리스도

5년 전까지만 해도 나는 베트남에서 구급차를 타고 다녔다. 내가 아가페병원선교회(AHF)에 속한 16개 병원의 병원장인 덕에 경보등까지 갖춘 구급차를 이용할 수 있었다. 구급차 안에는 내 의사 가운과 청진기도 있었다.

구급차가 좋은 건 빨리 달릴 수 있다는 거다.

2000년대 초반까지만 해도 베트남의 자동차 규정 속도는 시속 40km였다. 그 속도를 지키다 보면 종일 운전해도 목적지에 닿을 수 없었을 것이다. 그런데 구급차다 보니 경찰이 멀리서 보고 차를 세웠다가도 그냥 보내주었다.

그렇다고 구급차를 이동수단으로만 이용한 건 아니다.

종종 교통사고 당한 환자를 태우기도 했다. 사고현장 가까이에 우리 차가 있을 경우 경찰이 태우는 했다. 그러면 피 흘리는 사람을 붙잡고 기도해 주고 응급실에 데려다주었다. 그리고 경찰이 우리를 찾기 전에 잽싸게 도망쳐 나오곤 했다.

하지만 구급차도 경찰의 감시대상이었다. 그 차를 타고 베트남 전역을 돌아다녔기 때문에 운전사를 잘 만나는 게 굉장히 중요했다. 운전사가 어떻게 말하느냐에 따라 지역을 통과할 수 있느냐 없느냐가 결정되기 때문이다. 지역의 경계가 바뀌는 곳마다 초대소가 있어서 그곳에 신고를 해야 하는데 그

것을 주로 운전사와 베트남 현지인이 했다. 지금도 마찬가지
지만 구급차건 자가용이건 베트남에서 차를 탈 때는 반드시
현지인 베트남 사람과 동승해야 한다.

문제는 오지를 방문할 때였다.

베트남 정부는 현지인이건 외국인이건 산속 깊이 가는 걸 허락하지 않았다. 오지에 사는 소수부족들과 외부인들이 만나는 걸 원치 않았기 때문이다. 소수부족은 베트남 사회에서 차별받는 계층이기 때문에 복음이 들어가면 빨리 예수를 영접한다. 그래서 중부 고원지대인 동나이성에는 유독 교회가 많다. 베트남 정부는 탄압을 가해도 신앙을 버리지 않는 소수부족 기독교인 1만여 명에게 국적을 부여하지 않기도 했다.

소수부족에 대한 핍박이 강했기 때문에 오지를 출입하는 게 쉽지 않았다. 게다가 베트남은 자동차 번호가 지역(城)에 따라 다르기 때문에 그 숫자만 봐도 어디에서 왔는지 금세 알 수 있었다. 그래서 자동차 번호를 보고 경찰이 불심검문을 하기도 했다.

그럴 때 운전사가 어떻게 대응하느냐에 따라 경찰의 태도가 달라진다. 우리 구급차를 운전했던 운전사는 굉장히 임기응변에 능했다. 그는 경찰이 차를 세우면 산속에 있는 정신병원에 간다고 했다. 그 말이 끝나기 무섭게 뒤에 앉아 있던 나와 일행들은 눈을 사팔눈으로 뜨고 침을 질질 흘리면서 손발을 비틀었다. 그러면 경찰은 알았다고 고개를 끄덕이고 차를 통과시켜 주었다.

그런데 한 번은 경찰이 뒤쫓아 와 다시 차를 멈춰 세웠다.

그리고 우리가 가는 방향에는 정신병원이 없는데 어디에 가는 길이냐고 추궁했다. 그때 운전사가 '아? 나도 이런 사람들을 싣고 다니다 보니 정신이 나갔나 봐요'라고 능청스럽게 연기를 하는 바람에 위기를 모면했다.

경찰의 눈을 피해 오지에 갈 수 있다면 정신 나간 연기 같은 건 얼마든지 할 수 있었다. 오지 곳곳에 선교병원을 세웠지만 치료의 사각지대는 여전히 많았고, 설사 병원이 있다고 해도 치료되지 않는 환자들이 동네마다 있었다. 그런 곳을 찾아다니면서 영양제나 아스피린 같은 걸 처방해주고 안수기도를 해주었다.

그런 나를 돌팔이라고 하는 사람들도 있지만 그건 죽을 고비를 넘겨보지 않은 사람들이 할 수 있는 말이다. 죽을 만큼 아프거나 죽기 일보 직전에는 '살 수 있다'는 희망만큼 간절한 게 없다. 그 절박한 마음으로 예수님이 낫게 해 주신다는 것을 사람들이 믿으면 그때 말씀을 선포했다.

"은과 금은 내게 없거니와 내게 있는 이것을 네게 주노니 나사렛 예수 그리스도의 이름으로 일어나 걸으라"(사도행전 3:6).

예수 그리스도, 그 이름을 믿는 믿음에 말씀이 더해지면 기적이 일어났다. 거기에 예외는 없다. 믿음 있는 자는 어떤 병

이든 나음을 입었다. 의사는 전공 분야가 있지만 하나님 앞에
서는 폐병이든 피부병이든 혈루병이든 모든 병이 다 똑같다.
우리를 만드신 분이니 우리에 대해 그분보다 더 잘 아는 사람
이 어디 있겠는가.

하나님이 만병을 고치시는 능력의 주님이신 것을 가장 잘
아는 사람은 아이러니하게도 경찰들이었다. 나를 감시하기
위해 곳곳마다 따라다니면서 기적의 현장을 봤기 때문에 경
험적으로 알게 된 것이다. 그래서 나를 감시하다가도 슬그머
니 사람들 사이에 끼어들어 내게 머리를 내밀었다. 그리고 슬
쩍 윙크를 했다. 경찰이라는 표시였다. 사복경찰들이 나를 감
시하기 때문에 그렇게 표시하지 않으면 경찰인지 모르는데
민망해서인지 경찰들은 항상 그렇게 티를 냈다.

그리고 치유를 통해 하나님을 체험한 자들은 복음의 일꾼이
되었다. 생명을 살리는 현장을 보고 직접 체험한 사람은 변화
될 수밖에 없다. 그분들은 경찰을 그만두고 감옥에 잡혀갔다
가 복음 사역을 하고 있다. 경찰의 옷을 벗고 예수 그리스도의
옷을 입은 것이다.

의료 사역 현장에서는 그런 변화가 역동적으로 이루어진다.
성령이 임재하시면 모든 막힌 담이 허물어지고 그 자리에 십
자가가 세워졌다. 이방인과 베트남 사람 사이의 담이 무너지

고, 경찰과 감시 대상자들 사이의 경계가 사라졌다. 죽음에서 생명으로 우리를 옮겨주시는 예수 그리스도의 능력으로 인해 하나님의 자녀로 하나 되는 은총을 맛볼 수 있는 곳이 바로 의료 사역 현장이다.

세상이 감당치 못하는 자

베트남에서 사역하지만 나는 담임하는 교회가 없다.

베트남 현지 목사님이 교회를 잘 돌보실 수 있도록 돕는 사역이기 때문에 교회 건축이나 지원은 하지만 직접 목양하지는 않는다. 그래서 매주 설교를 하는 건 아니다. 그래도 교회 헌당 예배나 기념 주일에는 설교할 때가 있기 때문에 강단에 설 때마다 경찰에게 붙잡힐 것을 각오했다. 베트남에서는 외국인이 종교 시설을 방문하거나 종교 활동을 할 수 없도록 법으로 금지했기 때문에 현장에서 잡히면 피할 길이 없었다.

그래서 설교를 할 때면 두 가지 기도를 드렸다. 하나는 경찰에게 잡히지 않게 해 달라는 것이고 다른 하나는 경찰에 붙잡히더라도 예배에 방해되지 않게 다 끝나고 잡히게 해 달라고 기도했다. 감사하게도 이 기도에 응답해주셔서 베트남 교회에서 설교하다 두 번 붙잡혔는데 두 번 다 내가 설교를 다 마친 후에 경찰이 수갑을 채웠다.

경찰 조사를 받을 때는 항상 나의 통역을 맡아주는 제자와 동행했다. 호치민에 와서 처음 경찰에게 붙잡혔을 때는 7명의 경찰관이 나를 둘러싸고 앉아 질문 공세를 퍼부었다. 질문의 첫 시작은 회유와 설득이었다. 첫 번째 질문은 "당신은 우리나라와 민족에게 예수를 믿게 하여 베트남을 정복하려고 하는데 그것이 가능하다고 보는가? 역사가 80여 년 된 공산주의가 2천 년 이상의 역사를 지닌 기독교보다 더 강한 영향력을 펼치고 있는데 그 이유를 당신은 알고 있나?"였다.

내가 대답을 하지 않고 잠자코 있자 옆에 있던 경찰이 "우리 공산주의자들은 전 세계에 공산주의를 확산시키기 위해 온몸과 정신을 바치고 생명까지도 내놓고 있다. 그런데 당신의 기독교는 너무 자유분방하기 때문에 오래가지 못할 것이다. 왜 그런 종교를 믿느냐"고 야유를 보냈다.

다른 질문은 모르지만 '왜 그런 종교를 믿느냐'는 말에는 언제나 대답할 준비가 되어 있었다. 그래서 나는 그 자리에서 복음을 전했다.

"당신네 민족이 아무리 잘 살고 공산주의가 좋다고 해도 그것은 끝이 있다. 이 세상에서의 삶이 끝나면 당신들은 모두 지옥에 간다. 그렇기 때문에 내가 이곳에 왔다. 당신들을 지옥에 보내지 않기 위해 한국에서부터 온 것이다."

이렇게 말하자 경찰들이 지옥이 뭐냐고 물었다. 그래서 지옥을 설명하고 예수님을 믿으면 지옥에 가지 않는다고 말하며 예수님을 전하려고 하는데 갑자기 한 경찰이 내게 얼굴을 쓱 들이밀며 '까람 남대문 교회를 얼마에 지었냐'고 물었다.

그때 통역으로 함께 간 쭉번이 내게 자기 쪽으로 가까이 오라고 눈짓을 보냈다. 그리고 한국말로 교회 건축비용을 솔직하게 말하면 절대로 안 된다고 했다. 교회 건축비용은 5만 불이었는데 그렇게 말하지 말고 5천 불을 헌금했다고 대답하라고 했다.

거짓말하는 게 마음에 걸려서 머뭇거리자 경찰이 빨리 대답하라고 다그쳤다. 그래서 5천 불을 헌금했다고 얼떨결에 대답했다. 그러자 어떤 경위로 헌금을 했냐고 물었다. 그 질문도 쭉번이 알려준 대로 달랏의 한 식당에서 현지 목사를 우연히 만났고, 그 교회가 건축한다는 얘길 듣고 나도 같은 목사라 돕고 싶은 마음에 5천 불을 헌금했다고 했다.

경찰들은 내 말을 토시 하나 빼지 않고 꼼꼼히 적었다. 3시간 반 동안 나를 조사하더니 인민 회의를 해야 한다며 모두 나갔다. 그런데 그중 여자 한 명은 나가지 않고 혼자 앉아서 전화기를 집었다 놨다 하며 장난을 치고 있었다.

한참 그러고 있다가 갑자기 일어나 내게로 왔다.

그리고 내게 전화기를 보여주며 "옹짱, 나 한국말 잘해요. 지금까지 말한 거 다 녹음됐어요"라고 말하는 게 아닌가. 베트남 경찰이 한국말을 할 줄이야. 소름이 끼쳤다. 이제 어떻게 해야 하나 망연자실하고 있는데 그 여자 경찰이 "이거 인민위원회에 보고하면 옹짱은 끝이에요"라고 쐐기를 박았다.

가만히 있어서는 안 되겠다 싶어서 '어디서 배웠길래 한국말을 잘하냐'고 말을 걸었다. 여자 경찰은 달랏대학에서 배웠다고 했다. 알고 보니 달랏 고등학교 출신이었다. 거기라면 제자 중 한 명인 칸벙이 나온 학교다. 그래서 칸벙을 아냐고 묻자 한참 선배라 그런지 모르는 것 같았다.

그래서 센터에서 함께 지내는 다른 아이의 이름을 댔더니 반색을 하며 그 아이를 어떻게 아냐고 했다. '옳다구나' 싶어 그 아이가 지금 한국에서 숙명여대에 다니고, 우리 센터에서 학비와 생활비 모두를 지원해 주고 있으며 서울에 있는 센터에서 살고 있다고 말하자 여자 경찰의 태도가 싹 바뀌었다. 센터에 있는 아이와 꽤 친한 동기생이었던 것이다.

그렇게 관계가 풀리자 그다음은 걱정할 게 없었다.

여자 경찰은 알아서 녹음한 걸 지웠고, 내가 빨리 나갈 수 있도록 도와주었다. 아무래도 거짓말 한 것이 마음에 걸려 나중에 경찰에게 헌금한 액수를 정확하게 5만 불이라고 털어놓았지만 여자 경찰 덕분에 추가 조사 없이 3시간 만에 풀려

났다.

경찰 조사를 여러 번 받으면서 나는 내 안에 십자가가 있으면 담대해진다는 걸 알게 됐다. 솔직히 나도 경찰이 손에 수갑을 채울 때는 겁이 났다. 하지만 수갑을 보지 않고 바로 십자가를 떠올리면 그 상황이 전혀 다르게 다가왔다.

'나를 위해 십자가에 못 박혀 죽으신 예수님, 그 예수님을 전하기 위해 붙잡혀 가는 거라면 얼마든지 잡혀가리라. 기꺼이 십자가의 도를 따르리라.' 내 안에 이런 마음이 들면서 경찰이 무섭지 않고 오히려 그 영혼이 불쌍해 보였다. 그리고 수갑을 보면 '얼마나 예수를 믿고 싶으면 나를 이렇게 붙잡아 가나'라는 생각이 들면서 힘이 생겼다.

조사를 받을 때도 겁나지 않았다.

경찰이 내 여권을 뺏고 이름이 뭐냐고 물으면 장요나라고 대답하고, 영자 이름도 적어서 보여줬다. 경찰은 그걸 보더니 여권에 적힌 이름과 다르다며 장주석은 누구냐고 다그쳤다. 그 사람은 옛날에 죽었다고 대답하면 경찰은 누굴 놀리냐며 이번에는 몇 살이냐고 물었다. 27살이라고 대답하면 43년생이 어떻게 27살이냐며 화를 냈다.

"십자가의 도가 멸망하는 자들에게는 미련한 것이요 구원을 받는 우리에게는 하나님의 능력이라"(고린도전서 1:18).

그러면 나는 더 큰 소리로 장주석은 옛날에 죽었는데 왜 내게 그 사람에 대해 묻냐고 따져 물었다. 국적을 물어볼 때도 나는 하늘나라에서 왔다고 했다. 그러면 경찰들은 한국이라고 쓰여 있는데 무슨 헛소리냐고 화를 냈다. 그럴수록 나는 한국에서 온 장주석은 옛날에 죽었으니 더 이상 내게 묻지 말라고 말했다. "나는 장요나다."

　더 이상 말이 통하지 않을 것 같자 경찰은 종교법을 들이대며 나를 협박했다. 왜 다른 나라 사람이 베트남에 와서 법을 어기냐고 윽박지르며 통역하는 제자에게 종이를 주면서 내게 종교법 51조를 읽어주라고 했다. 그때 내가 손으로 막으면서 이미 알고 있다고 하자 경찰은 베트남 법을 알면서도 여기에 교회를 세우고 설교를 하는 거냐고 화를 냈다.

　그때마다 나는 내가 하는 게 아니다. 내 안에 있는 예수가 한다고 대답했다. 그러면 경찰들은 예수가 누구인데 그런 일을 하냐고 하면서 지금 어디 있냐고 물었다. 내가 안경을 벗고 눈을 가리키며 '내 눈 안에 있다'고 말하면 다들 내게 바짝 다가와 진지한 표정으로 내 눈을 들여다봤다. 그 표정이 하도 우스워 윙크를 하면 경찰들이 기막혀하면서 뒤로 물러섰다.
　그리고 내가 미쳐서 더 이상 조사를 할 수가 없다고 고개를 저었다. 내가 빙글거리면서 '나는 미치지 않았다'고 말해도 내 말을 무시했다. 그리고 '만약 미치지 않았다면 예수가 어떻게 당신 눈속에 들어갔는지 한 번 설명해 보라'고 하며 나를 비웃었다.

그 한 마디가 얼마나 놀라운 말인지 경찰들은 몰랐을 것이다. 예수의 이름을 전하다 붙잡혀 갔는데 나를 조사하던 경찰이 내게 예수에 대해 설명해 보라니, 이것이 기적이 아니고 무엇이겠는가? 내 입에서 예수의 이름이 선포되자 그 이름으로 말미암아 경찰서가 복음의 현장으로 바뀐 것이다.

경찰이 먼저 요구했기 때문에 나는 자유롭게 예수에 대해 말할 수 있었다. 하지만 말하기에 앞서 그들에게 신뢰를 주어야 하기 때문에 나는 경찰들한테 모두들 눈을 감으라고 하고, 90년에 베트남에 처음 왔을 때 보았던 풍경들을 말해주었다. 길가에 거지 떼들이 몰려다녔던 모습, 아침, 저녁 때마다 배급을 타가라고 사이렌이 울렸던 얘기를 하니 경찰들이 고개를 끄덕이면서 어떻게 그걸 다 아냐는 표정을 지었다.

그렇게 공감을 얻은 후에 나는 내가 한국에서 아주 잘 나갔던 사람이었는데 하나님께 불순종하여 식물인간이 되었다는 것과 죽음 직전에 하나님이 나를 살리셨다는 걸 간증했다. 그리고 그 하나님이 내 안에 계셔서 그분 뜻에 따라 처자식도 버리고 베트남에 와서 가난하고 병든 사람들을 위해 병원을 지었는데 대체 뭐가 잘못이냐고 책상을 '탁' 치면서 열변을 토했다. 그러면 경찰들이 화내지 말라고 하면서 고분고분하게 내 얘기를 끝까지 들었다.

경찰의 말대로 나는 미친 사람이었다. 미치지 않고서야 어떻게 경찰서에서 경찰들에게 복음을 전할 수 있겠는가. 베트남 경찰은 우리나라와는 비교할 수 없을 만큼 두려운 존재다. 베트남 경찰은 몇천 명의 사람을 한 마디로 제압할 수 있을 만큼 강력한 존재다. 그런데 그런 경찰 앞에서 예수에 대해 말한다는 건 불구덩이에 들어가는 것만큼 무모한 일이었다.

"두려워하지 말라 내가 너와 함께 함이라 놀라지 말라 나는 네 하나님이 됨이라 내가 너를 굳세게 하리라 참으로 너를 도와주리라 참으로 나의 의로운 오른손으로 너를 붙들리라 보라 네게 노하던 자들이 수치와 욕을 당할 것이요 너와 다투는 자들이 아무것도 아닌 것 같이 될 것이며 멸망할 것이라 네가 찾아도 너와 싸우던 자들을 만나지 못할 것이요 너를 치는 자들은 아무것도 아닌 것 같고 허무한 것 같이 되리니 이는 나 여호와 너의 하나님이 네 오른손을 붙들고 네게 이르기를 두려워하지 말라 내가 너를 도우리라 할 것임이니라"
(이사야 41:10~13).

하지만 예수에 미치니 베트남 경찰도 두렵지 않았다.
내 안에 십자가가 있다는 걸 깨달으니 세상의 권력이 무섭지 않았다. 조롱과 채찍질을 당하고 결박과 옥에 갇히면 갇힐

수록 내 안의 십자가가 더욱 강력한 힘을 발휘하여 세상이 감당치 못하는 사람이 되었다.

아그립바 왕 앞에서 복음을 전한 바울처럼, 감옥 안에서도 찬양한 바울처럼 나도 성령에 매인 바 되어 누구에게든 예수님을 증거하고 감옥 안에서도 평안 가운데 찬양하는 사람이 되었다. 나를 구원하신 예수 그리스도의 십자가의 능력으로!

이판사판 믿음

1년에 봄·가을에 미주집회가 있고 한국에서는 수시로 집회가 있다. 그때마다 한국에 가면 환자들을 많이 만났다. 집회 때에도 안수기도를 해주었지만 따로 찾아오시는 분들도 많기 때문에 일과의 대부분을 그분들을 위해 기도하는 시간으로 채웠다.

하루는 유방암 말기로 고생하시는 한 권사님이 나를 찾아오셨다. 베트남에도 몇 번 오셨던 분인데 휠체어를 타고 이동하셨기 때문에 센터의 위층은 올라가 보지도 못했다. 그때만 해도 회복될 기미가 보였는데 몇 달 사이에 암세포가 퍼져 걷잡을 수 없게 되었다. 가슴에서 고름이 줄줄 나오고, 겉은 나무껍데기처럼 딱딱해졌다.

그런 모습을 보자 마음이 너무 아팠다. 얼마나 살고 싶으실까, 얼마나 낫고 싶으실까. 나도 혈기왕성하게 움직일 때는 죽고 싶다는 생각을 해 봤지만 식물 인간으로 지내다 막상 죽게 되니까 살고 싶다는 생각만 들었다. 권사님도 마찬가지였다. 살고 싶다고, 기도를 부탁하셨다.

"권사님, 하나님은 꺼져 가는 등불도 끄지 않고 상한 갈대도 꺾지 않으시는 분입니다. 그걸 믿으십니까?"

'아멘'이라고 권사님은 대답하셨다. 그래서 내가 기도하고 떠오르는 대로 처방하면 그대로 따르시겠냐고 권사님께 다시 한번 묻자 그렇게 하겠다고 했다. 나는 권사님을 위해 간절히 기도한 후에 권사님이 다니는 교회에서 후원하고 있는 선교지가 어디냐고 물었다. 그러자 필리핀, 아프가니스탄 그리고 중국 등 여러 나라를 후원하고 있다고 하셨다.

그래서 그중에 가장 가까운 필리핀에 비행기를 타고 갈 수 있겠냐고 하자 권사님은 한숨을 내쉬며 지금 몸 상태로는 갈 수 없다고 하셨다. 숨쉬기도 버거워하시는 분이 비행기를 타는 건 누가 봐도 무리였다. 하지만 나는 한번 시도해 보라고 강권했다. 비행기를 타고 가다가 잘 못 되더라도 선교지에 가시라고 강하게 말씀드렸다. 그러자 권사님은 알겠다고 하며 돌아가셨다. 그 뒷모습이 너무 안타까워 혼자 무릎 꿇고 앉아 또 기도했다.

한국에 집회를 마치고 베트남에 돌아갔는데 그 권사님이 베트남으로 오셨다. 그리고 센터에서 함께 지냈다. 그런데 며칠 후에 정유미 선교사가 내 방에 오더니 어쩌자고 다 죽어가는 분을 모시고 왔냐고, 곧 초상을 치르게 생겼으니 어떻게 하시겠냐며 빨리 3층에 올라가 보라고 성화를 부렸다.

그래서 3층 권사님이 묵는 방에 가보니 침대 위에 놓인 베개가 새카맸다. 자세히 보니 개미떼였다. 무슨 냄새를 맡고 왔는지 베개 위에 개미가 버글버글했다. 화장실에서는 권사님의 신음 소리가 들렸다. 금방이라도 숨이 끊어질 것 같은 소리에 애간장이 녹았다. 항암제를 안 먹고 고통을 참자니 견딜 수가 없어 변기를 붙들고 몸부림을 치는 것 같았다.

다음날 나는 권사님을 구급차에 태우고 6시간을 달려 해발 1500m에 있는 바오록으로 갔다. 바오록에는 록탕대구 교회가 있는데 그 근처에 커피밭이 넓게 펼쳐져 있었다. 거기에 돗자리를 깔고 권사님을 앉혀드렸다. 그리고 초코파이 3박스를 옆에 놓고, 커피밭에 아이들이 오면 초코파이를 나눠주며 복음을 전하라고 했다.

"권사님, 아이들이 오면 이렇게 말씀하세요. 얘들아, 나는 이제 곧 죽게 될 거야. 그런데 내 안에는 예수님이 계셔. 내 안에 계신 예수님을 너희에게 줄게. 너희도 예수님을 믿어라.'

이 말을 아이들에게 하고 초코파이를 하나씩 나눠주라고 했다. 한국말로 해도 괜찮았다고 했다. 우리는 전하는 자이고, 마음을 감동시키는 분은 성령님이시니 아이들이 예수님을 영접하길 간절히 바라는 마음으로 말하면 분명히 하나님께서 역사하실 거라고 믿고 말씀하시라고 했다.

그리고 나는 오지 깊숙이 들어가 소수민족 교회의 건축 현장을 돌아보며 내가 맡은 사역을 충실히 하고, 돌아가는 길에 권사님을 차에 태워 바오록 숙소로 돌아왔다. 다음 날도 똑같은 일을 반복했다. 같은 장소에 돗자리를 깔고 초코파이 3박스를 드린 후 나는 사역지로 출발했다. 그리고 저녁에 권사님과 함께 숙소로 돌아와 예배드리고 안수기도를 했다.

그런데 그 밤에 권사님 방에서 '할렐루야'라는 외침이 들렸다. 방으로 돌아오고 얼마 후에 고름이 멈추고 통증이 잦아든 것이다. 암 발병 후 처음으로 권사님은 그날 밤에 숙면을 취하셨다. 그다음부터는 눈에 띄게 증상이 호전됐다. 새살이 돋았고, 통증이 사라졌다. 그리고 암에서 자유로워졌다. 할렐루야!

생명을 살리는 일에 목숨을 걸면 주님은 반드시 우리의 시간을 연장시켜 주신다. 우리에게 주신 가장 큰 사명은 영혼 구원이다. 그 거룩한 목적에 우리의 시간과 생명을 바치면 십자가의 능력으로 우리를 살리신다. 나는 이것을 확실히 믿는다.

내가 그 살아있는 증거이기 때문이다.

그래서 나는 간절히 살고 싶어 하는 분들에게 '전도'를 권한다. 약이나 의사에게 의존하지 말고 오직 하나님의 능력을 구하며 생명 살리는 일에 목숨을 걸라고 한다. 그럴 때마다 심한 반발과 반대에 부딪힌다. 내가 너무 극단적이라며 시험에 드는 분도 있다.

그런 분들을 볼 때마다 너무 안타깝다.

병원에서 포기하는 순간 환자의 나머지 시간은 죽음을 기다리는 것 외에 아무것도 할 수 있는 것이 없다. 살기 위해 발버둥치지만 어디서도 도움을 받을 수 없다. 그 외로운 싸움을 해본 사람은 그것이 얼마나 고통스러운지 안다.

그럴 때 어차피 죽을 목숨이라면 못 할 게 무엇이겠냐는 이 판사판의 심정으로 하나님께 매달려 보면 알게 될 것이다. 약이라도 움켜쥐고 있어야 살 것 같았지만 그 자리에 하나님이 계셔야 산다는 것을, 식물인간으로 10개월 동안 지내며 내가 뼈저리게 느낀 것이 바로 그것이다.

의사들은 나를 강직성척추염을 가진 장애자로 본다. 점점 더 굳어져서 못 걸을 수 있기에 시한폭탄이라고도 한다. 나는 병원도 가지 않고, 약도 한 톨도 안 먹지만 아무렇지도 않고 건강하다. 나는 세상 의술과 약에 의지하지 않고 오직 하나님의 말씀만 취한다. 하나님의 증인이기에.

가장 극단적인 사랑은 예수 그리스도의 사랑이다. 그분은 우리를 위해 목숨을 바치셨다. 그런데 그 결과가 무엇인가? 우리의 구원과 영원한 생명으로의 부활이다. 나를 통과하여 일어난 하나님의 기적을 경험하고, 말씀 속에서 내 몸 전체가 증인이 되면 영원한 생명과 부활을 소유할 수 있다. 그것만큼 큰 축복이 어디 있겠는가.

신학교를 세워라

주님을 영접한 후로 나는 죽었다. 끊임없이 되살아나는 자아가 나를 곤고하게 만들지만 과거의 '나'는 성령에 사로잡혀 사는 지금의 '나'를 이기지 못한다. 하나님이 나를 붙들고 계시기 때문이다. 그 성령의 매임을 날마다 경험하기 위해서는 끊임없는 자기 부인이 필요하다.

그래서 나는 내가 모든 것이 주님의 것임을 인정하고 자각하기 위해 인생의 10%를 하나님께 드린다. 시간이든 물질이든 내게 있는 모든 것의 십일조를 드리는 것이 내가 거듭난 뒤의 결단이다. 그래서 1년의 십일조로 40일을 금식하고 하루의 십일조로 3시간은 하나님과 함께 거한다. 새해를 금식기도로 시작하는 이유도 거기서 비롯됐다. 지나온 날들을 책임져주신 하나님께서 앞으로 시작될 시간도 인도해주시길 기도하며 새날을 맞는 것이다.

새천년이 시작되는 2000년 새해는 더 깊은 간구와 기도로 하나님의 비전을 구했다. 그런데 새해가 시작되고 사흘 후에 경찰에 붙잡혀 갔다. 베트남 교회에서 설교를 하고 내려오는데 경찰이 수갑을 채웠다.

그때 내 죄목은 모두 4가지였다.
1. 종교법을 어기면서 종교 활동을 했다는 것
2. 베트남 말로 설교하면서 공산당과 베트남의 사상을 비판하고 반대한다는 것
3. 의사도 아니면서 의사 가운을 입고 구급차를 타고 다니면서 의사 행세를 한다는 것
4. 내가 한국에서 가정을 망치고 베트남에 와서 15명의 첩과 함께 산다는 것

경찰은 보름 동안 나를 가두고 조사하더니 15일째 되던 날 재판정에 나를 세웠다. 나를 앞에 두고 재판장과 변호사는 4가지 죄목에 대해 하나하나 질문하고 검토했다.

첫 번째, 종교법 위반에 대해서는 조사 결과 내가 법을 어긴

일이 없다는 것을 인정했다. 그때 나는 70여 개의 교회를 세 웠는데 전부 허가를 받아 건축했다. 그 전에 가정에서 처소예 배를 드릴 때는 교회라는 말을 쓰지 않고 집회 형식으로 예배 를 드렸기 때문에 법에 걸리지 않았다.

물론 90년대는 집회 허가를 받았다.

20여 명이 모일 때는 이스라엘 역사를 배운다는 명목으로 집회 허가를 받아 예배를 드리다가 100명이 넘게 모였을 때 건축허가를 받아서 응접실이 큰 가정집을 세워 그곳에서 예 배를 드렸다. 그 이후에 교회 건축을 할 때는 허가를 내줄 때 까지 끈질기게 신청을 해서 결국 합법적으로 교회를 건축 했다.

두 번째, 내가 베트남 말로 설교하면서 공산당 사상과 그 이 념을 비방했다는 죄목에 대해 나는 그런 일이 없다고 딱 잘라 말했다. 하나님의 말씀만 전하기에도 설교 시간이 부족한데 공산주의를 비판할 새가 어디 있겠냐고, 나는 교회에서 공산 당 얘기를 한 적이 있는지 의심스러우면 직접 조사해 보라고 했다. 그리고 나는 공산당인 당신들을 너무나 사랑하고 있다 는 말도 덧붙였다.

그리고 세 번째 죄목에 대해서도 내가 6개 병원의 병원장인 데 의사 가운을 입을 수 있지 않냐고 반문했다.

'내가 혼자 다니는 것도 아니고, 현지인 의사들과 반드시 동행하는 데다 그들이 고치지 못하는 병만을 내 손을 통해 하나님이 고치시는 것인데 그것도 돌팔이라 할 수 있겠느냐, 게다가 나는 내 입으로 의사라고 말한 적이 없다. 만민의 의사는 내가 아니라 하나님이시다'라고 말하자 재판장이 내 말에 고개를 끄덕였다.

마지막으로 내가 한국에서 가정을 파탄시키고 베트남으로 도망 와서 15명의 첩과 함께 사는 것은 어떻게 해명하겠냐고 했다. 그래서 누가 첩이냐고 했더니 센터에서 함께 사는 제자들을 첩이라고 하는 게 아닌가. 그 말을 듣자 가슴이 덜컥 내려앉으면서 눈물이 났다. 어떻게 그 아이들을 첩이라고 말할 수 있나, 아이들이 들을까 겁이 났다.

그 자리에서 나는 휴대폰을 가진 변호사에게 아내의 번호를 눌러보라고 했다. 그리고 재판장에게 전화기를 주며 통화버튼을 누르라고 했다. 만약 아내가 살아있으면 전화를 받을 것이고, 받지 않으면 아내가 죽었을 거라고 말했다. 그러자 재판장이 그게 무슨 말이냐고 찬찬히 설명해 보라고 했다.

말 그대로 아내는 99년 말에 3개월 사형선고를 받았다.

12월 초에 한국에 집회하러 갔는데 여동생에게 전화가 왔다. 아내가 다 죽어간다고 빨리 병원에 가보라고 했다. 대체 무슨 병인지 궁금했지만 집회 일정을 미룰 수는 없었다. 그때 충무와 전주 집회를 마치고 경주와 포항으로 가게 되어 있었다. 그래서 모여 있는 사람들과 함께 기도하고 "자, 갑시다. 내 시간표에는 내 아내가 간암 걸려 위험하다는 일정이 잡혀 있지 않습니다"라고 말하고 포항으로 갔다.

그렇게 집회를 마치고 서울 집에 가니 아내가 삼성의료원에서 퇴원하여 집에 와 있었다. 누렇게 뜬 얼굴로 고무풍선처럼 부른 배를 안고 누워있는 걸 보니 기가 막혔다. 아내가 죽어간다는 여동생의 말은 과장이 아니었다. 옆에 있는 둘째 아들에게 병원에서 뭐라고 했냐고 묻자 간암 말기 판정을 받았다고 했다.

3개월 시한부 선고를 받았다고 하는데 앞이 캄캄했다. 주님, 이 불쌍한 사람을 어떻게 해야 합니까, 마음에서 통곡이 터져 나왔다. 부잣집 딸이 나에게 시집와서 젊을 때는 세상에 남편을 뺏기고, 나중에는 하나님께 보낸 바 되었으니 혼자 아이들을 키우면서 얼마나 마음고생이 심했을까, 생각하니 가슴이 미어졌다.

죽음을 앞둔 아내와 공익요원으로 복무 중인 둘째 아들을 보니 마음이 흔들렸다. 큰아들은 영화감독으로 영화를 제작하느라 바빠 아내를 병간호하기 어렵고 둘째 아들은 복무 중이니 나마저 가버리면 외로운 투병 생활을 아내 혼자 해야 했다. 아내와 함께 있어야 하나 아니면 하나님 일을 하러 가야

되나, 마음이 복잡했다.

고민과 갈등 속에서 기도하는데 하나님께서 마음에 강한 응답을 주셨다.

"베트남에 가면 경찰에게 잡혀 고문을 받고 핍박을 당할 것이다. 그러나 가야만 한다. 고난이 있고 죽임을 당하더라고 가야만 한다."

주님의 응답에 나는 '아멘'으로 결단했다. 자기를 부인하고 자기 십자가를 지고 따르라고 하신 예수님의 말씀에 순종하기로 했다. 베트남에는 예수를 알지 못하는 자가 하루에도 470여 명씩 죽어서 지옥에 가는데 아내는 예수님을 믿으니 병든 아내를 주님께 맡기고 죽음이 기다리는 곳으로 가기로 했다. 그것이 선교사요, 사명자가 응당 해야 할 일이었다.

다음 날 아침 아무도 없는 병실에서 아내의 잠든 얼굴을 물끄러미 바라보았다. 아내도 나의 시선을 느꼈는지 눈물을 주르륵 흘렸다. 나는 아내에게 하나님이 기도에 어떻게 응답하셨는지를 말해주었다. 아내는 아무 말도 하지 않았다. 그 모습을 보자 가슴이 아렸다.

'어쩌면 오늘이 아내를 마지막으로 볼 수도 있겠구나. 이제 천국에서 보겠구나' 생각하니 마음이 급해졌다. 그래서 "훈이

엄마, 예수님 믿지? 자신 있어?"라고 묻자 아내는 고개를 저었다. "하나님 앞에 갈 자신 있어?"라고 재차 물으니 또 고개를 저었다.

정말 큰일 났다 싶었다. 그래서 아내의 손을 잡고 기도했다. "훈이 엄마, 삼성의료원 의사들이 포기했으면 다른 병원에 가도 이 병은 못 고쳐. 내가 당신 남편이지만 당신을 살릴 수 없어. 그런데 내가 옆에 있으면 아마 당신은 하나님이 아니라 나를 의지할 거야. 그러면 안 돼. 나는 이제 베트남으로 가야 돼. 그곳에서 죽어가는 영혼을 살리는 것이 나의 사명이야. 나는 당신의 생명줄을 붙잡는 마음으로 베트남의 영혼 구원을 위해 일할게. 당신은 나를 욕하고 저주해. 그 대신 하나님만 의지해요."

이렇게 울면서 기도하고 병실을 나오는데 발걸음이 떨어지질 않았다. 내가 병실에서 나오는 걸 보고 여동생은 노발대발했다. 다 죽어가는 아내를 두고 선교하러 가는 게 맞냐며, 그런 사람이 목사냐고 핏대를 올렸다. 베트남에서 같이 온 현지인 목사님들도 어떻게 병든 아내를 두고 가냐며 아내를 사랑한다면 한국에 남아 병간호를 하라고 나를 말렸다.

하지만 그럴 수 없었다.
진정한 죽음은 베트남에 있었다. 아내는 예수님을 믿기 때문에 하나님께 갈 것이다. 하지만 구원받지 못한 베트남의 영혼들은 어떻게 되겠는가? 그 사명을 위해 나를 살려주셨는데 한국에 주저앉아 아내의 얼굴만 보며 슬퍼할 수는 없었다. 예수를 모르고 죽어가는 자들을 위해 베트남에 가야만 했다. 그곳에 가자마자 붙들려 고난을 당한다 해도 가야만 한다.

"오직 성령이 각 성에서 내게 증언하여 결박과 환난이 나를 기다린다 하시나 내가 달려갈 길과 주 예수께 받은 사명 곧 하나님의 은혜의 복음을 증언하는 일을 마치려 함에는 나의 생명조차도 조금도 귀한 것으로 여기지 아니하노라"(사도행전 20:23~24).

그렇게 단호하게 결심하고 뒤돌아섰지만 베트남에 오는 내내 눈물이 멈추지 않았다. 그래서 베트남에 돌아와서는 예전보다 더 사역에 몰두했다. 아내를 생각하지 않기 위해, 또 아픈 아내를 위해 할 수 있는 일이 그것 뿐이기에 더욱 일에 매진했다. 그래도 마음 한쪽은 한국에 가 있어서 전화가 올 때마다 가슴이 철렁했다. 그때마다 '하나님, 지켜주세요' 간절히 기도했다.

그런 마음으로 하루하루 살아가고 있는데 첩들과 살고 있다는 중상모략까지 당하니 억울하고 가슴이 답답했다.

"내가 사랑하는 아내는 하나님을 믿으니까 죽으면 하나님 앞에 갈 것이다. 하지만 당신들은 예수님을 모른다. 그것 때문에 내가 여기 온 것이다. 내가 가정을 파탄 낸 것이 아니라 가난해서 공부할 수 없는 아이들을 데려다가 함께 살며 대학에 보내고 있는데 그 아이들을 첩이라고 하는 건가?"

변호사에게 화를 내며 빨리 전화해서 확인해 보라고 하자 그가 버튼을 누르지 않고 휴대폰을 내 앞에 놓았다. 재판장도 고개를 뒤로 젖히더니 말없이 눈물을 흘렸다. 그리고 내게 미안하다고 사과하며 서류를 내밀었다. 고발이 들어왔기 때문에 조사를 할 수밖에 없었다고 하면서 고발한 사람들을 아느냐고 물었다.

서류에 적힌 고발자 6명은 한국 선교사들이었다.

그래서 다 아는 사람들이라고 하니까 아는 사이끼리 왜 고발을 하냐고 물었다. 그러면서 6명의 고발자들과 연락이 되지 않는다며 전화번호도 가짜라고 했다. 그래서 재판장에게 그들도 베트남에 좋은 일을 하러 왔는데 아마 시기가 나서 그런 것 같다고 하면서 그들을 용서해 주라고 했다.

그러자 재판장이 최종적으로 판결을 내렸다.

내가 고발당한 4가지 사항을 전부 무죄판결을 선고했다. 그리고 덧붙여 내게 한마디 귀띔을 했다. 앞으로 교회를 세우려면 현지 목사를 만나 돈을 주어 직접 세우지 말고 종교성을 통해 건축을 하라고 했다. 쉽게 말하면 종교성에 돈을 주면 자기네가 교회를 지어주겠다는 거였다.

속이 뻔히 들여다보이는 말이었다. 그래서 내가 웃으면서 한국 속담에 '고양이에게 생선을 맡긴다'는 말이 있는데 그 뜻을 아느냐고 물었다. 재판장은 진지한 얼굴로 모른다고 하면서 무슨 뜻이냐고 물었다. 나는 휴대폰을 고양이라고 하고 서류를 생선이라고 하면서 고양이에게 생선을 맡기면 다 먹어 치울 게 뻔하듯이 내가 당신네에게 돈을 주면 절반 이상 떼먹을 게 아니냐고 하자 그들도 웃었다. 나는 교회를 짓는 돈이 남아도는 여윳돈이 아니라 한국에서 안 먹고 안 입고 콩나물 장사하면서 베트남을 위해 사용해 달라고 보낸 피땀 어린 돈이기 때문에 절대로 허투루 쓸 수 없다고 울면서 말했다.

그때 이상한 일이 벌어졌다.

갑자기 바짓가랑이 사이로 구슬 같은 물방울들이 보글보글 올라오면서 다리를 간질였다. 그리고 사도행전 2장에 나오는 것처럼 강하고 급한 바람 같은 소리가 나고, 불의 혀처럼 갈라지는 것들이 강하게 느껴졌다. 땅이 흔들리는 것 같고 강력한 힘이 나를 사로잡는 것 같았다. 몸이 사시나무 떨듯 떨렸다.

그때 내게 '신학교를 세워라. 때가 됐다'라는 음성이 들렸다. 재판장이 내게 종교성을 통해 교회를 세우라고 제안했을 때 '교회를 세우면 뭐하나, 목사는 다 죽고 신학교도 없는데…'라는 마음이 들었는데 그때 주님이 신학교를 세우라는 응답을 주신 것이다.

교회를 세웠다고 붙잡혀 간 자리에서 신학교 건립을 응답받다니, 그것도 공산주의 국가에서 신학교를 세우라니 정말 어불성설이었다. 하지만 나는 하나님이 주신 응답이니 분명히 이뤄주실 거라 믿었다.

비라카미 신학교

6번째 감옥에서 나왔을 때 사탄이 강하게 역사했다.

걷잡을 수 없는 불안에 센터에 앉아 있을 수가 없었다. 초인종 소리만 들려도 경찰이 온 것 같아 숨기 바빴다. 재판에서 무죄판결을 받았지만 자꾸 결과가 뒤집힐 것만 같아 무섭고 초조했다. 일단 몸을 피해야겠다는 생각에 한국행 비행기를 탔는데 출국 심사를 마칠 때까지도 마음을 놓지 못했다.

그렇게 헐레벌떡 한국에 왔는데 막상 갈 곳이 없었다.

비행기가 도착하자마자 가족과 지인을 만나 흩어지는 사람들을 보면서 혼자 공항에 덩그러니 앉아 있는데 '대구에 있는 신창수 목사님에게 가라'는 음성이 들렸다.

그래서 곧장 비행기를 타고 대구로 날아갔다.

공항에 마중 나온 신창수 목사님은 나를 보고 뛸 듯이 반가워하시며 감옥 갔다오느라 고생했다고 두부를 입에 넣어주셨다. 내가 베트남에서 투옥됐다는 소식을 듣고 집에도 가지 않고 기도하신 분이었다. 나 때문에 노심초사하고 계셨는데 갑자기 한국에 나타나자 '할렐루야'를 외치며 환대해 주셨다.

그 길로 나는 동천제일 교회에 가서 간증 집회를 가졌다.

거기서 나는 신학교에 대한 하나님의 비전을 선포했다. 교회도 세울 수 없는 곳에 신학교를 세우겠다니, 자칫 무모해 보일 수도 있지만 그 자리에 모인 모든 분들은 하나님의 말씀을 순종으로 받아들였다. 그날 그 모임을 우리는 신학교 준비모임으로 정하고 그때부터 신학교 설립을 위한 계획을 세워나가기 시작했다.

그리고 2달 반 만에 비라카미 신학교가 설립됐다.

베트남이 공산화된 이후 최초의 신학교였다. 공산화 이후 베트남의 모든 신학교들은 폐쇄되었고 목사들은 죽임을 당했다. 전도사들은 정신재교육이란 명목 아래 핍박을 가하거나 투옥시켰는데 그중에서도 신앙을 지키며 살아온 자들이 그루터기처럼 베트남 곳곳에 남아있었다.

베트남 초기 사역 당시 하나님은 그들을 만나 현지 교회를 세우는 일을 감당하게 하셨다. 그때 다오 아버지와 쭉번 아버지를 비롯해 현지인 전도사 80여 명을 만나 동역자로 일했다. 그런데 베트남에 복음이 들불처럼 번져나가면서 목회자가 턱없이 부족했다. 교회를 세울 수 있는 여건이 되어도 목회자가 없어 어려움을 겪는 경우가 생길 무렵 하나님께서 신학교 설립에 대한 비전을 주신 것이다.

비라카미 신학교는 3년 학제로 신학과, 성서학과, 종교음악과가 있다. 신학과는 3학년 졸업 후 소속 노회의 목사 고시를 치르고 목사 안수를 받은 후에 교회에서 봉사할 수 있다. 성서학과는 졸업 후에 교회와 선교 기관에서 전도사로 봉사할 수 있으며 신학과로 편입도 가능하도록 했다.

현재 비라카미 신학교에서 해마다 40여 명의 사역자가 배출되고 있다. 한 해 60명 정도 신입생을 받아 절반이 넘는 인원을 사역자로 세우는 것이다. 신학교 설립 자체가 금지된 베트남에서 매년 하나님의 종들이 세워지는 걸 볼 때마다 특별한 감동과 은혜를 경험한다.

신학교에서 가운을 입고 졸업식을 한다는 것은 위험을 자처하는 일이다. 경찰에게 걸리면 현행범으로 잡혀가기 때문이다. 경찰에 대한 공포와 체포당할지 모른다는 두려움이 얼마나 컸던지 졸업식 예배에 설교를 해 주시기 위해 한국에서 오신 목사님은 강단에서 바지에 실례를 하기도 했다. 그만큼 아슬아슬한 현장이 졸업식이다.

하지만 하나님이 세우신 신학교이기 때문에 경찰이 건드리

지 못했다. 지금까지 경찰이 한 번도 오지 않았다. 졸업식은 보통 3시간 정도 걸리는데 긴장과 감격 속에서 진행된다. 공산주의 국가에서 처음 거행된 1회 졸업식은 그야말로 눈물바다였다. 꿈도 꾸지 못했던 일이 일어나니 졸업생도 울고 나도 울고 참석한 모든 이들이 다 울었다. 그렇게 신학교를 졸업한 학생들이 교회를 개척하면서 베트남에 교회가 기하급수적으로 늘었다.

그중에 가장 기억에 남는 졸업생은 비라카미 신학교 1기 졸업생이 흐뚜 전도사다. 그는 아시아의 최빈국인 캄보디아에서도 가장 가난한 빈민들이 사는 톱렙샵 호수에서 사역했다. 동양에서 가장 크다는 톱렙샵 호수에서 선상생활을 하는 인구 중 90%가 베트남의 보트 피플이다. 그들을 향한 흐뚜 전도사의 헌신적인 목회로 그 지역에 복음이 받아들여져 비라카미 선교회에서 선상 교회가 세워졌다.

톱렙샵 호수의 선상 교회는 40여 년 동안 흔들리는 낡은 배 위에서 생활해 온 가난한 영혼들에게 큰 기쁨이 되었다. 그뿐 아니라 베트남에서 시작된 비라카미 선교의 불길이 인도차이나 곳곳으로 번져갈 것을 보여주는 시금석이기도 하다.

고난의 선물로 받은 비라카미 신학교를 바라보며 나는 졸업생 한 사람이 교회 5개를 세워 비라카미 전역에 3천 개의 교회가 세워질 날을 꿈꾸며 기도하고 있다. 그러기 위해서는 내가 그들 앞에서 몸이 찢겨지고 베트남 땅에 피를 흘려야 한다. 스데반을 보고 바울이 변화되었듯이 우리 졸업생들도 나를 통해 선교의 도전받아 비라카미 곳곳에 교회를 세워나갈 수 있게 되기를 기도하고 있다.

　나는 신학대 학생들에게 다른 것을 가르치지 않는다.
　나의 각오를 말할 뿐이다.

"내가 여기 왜 온 줄 아십니까. 한국말 중에는 물귀신 작전이란 말이 있습니다. 나는 여기에 여러분과 함께 죽으려고 왔습니다. 내가 이 땅에서 피 흘리고 죽어야 이 나라가 복음화가 됩니다. 여러분도 저와 함께 예수님의 이름을 위해 죽읍시다. 이제 나가서 외치십시오. '주 예수를 믿으라 그리하면 너와 네 집이 구원을 얻으리라' 이 한 마디를 전하는데 우리의 목숨을 바칩시다."

6부
다시 살아남과
새 사역

또 한 번의 사형선고

2002년 새해가 밝았을 때 나는 또 한 번 인생의 큰 파고를 맞았다. 연말부터 시작한 금식기도가 새해로 이어져 3주 정도 곡기를 끊은 상태였는데 몸에 이상이 왔다. 책상에 앉아 책을 읽고 있는데 갑자기 천장이 돌더니 내 몸이 거꾸로 돌았다. 바닥이 뒤집어지고 천장이 뚝 떨어질 것 같아서 땅바닥을 붙들고 앉아서 정유미 선교사를 불렀다.

내가 바닥에 붙어서 몸이 거꾸로 돈다고, 나를 좀 잡아달라고 하니까 바닥은 멀쩡한데 왜 그러시냐며 나를 붙들었다. 그런데 이번엔 몸이 굳기 시작했다. 깜짝 놀라 달려온 센터 식구들이 마사지를 한다고 온몸을 주물렀지만 마비는 점점 심해져서 마네킹처럼 되었다. 작대기처럼 몸이 뻣뻣해져서 팔과 다리를 전혀 쓸 수 없게 되었다.

그때 마침 한국에서 집회 일정이 있어서 정유미 선교사, 쭉번 선교사와 함께 한국에 왔다. 두 사람의 부축을 받고 겨우 한국에 도착했는데 상태가 말이 아니었다. 몸은 마비되었는데 통증은 살아있어 견딜 수가 없었다. 날카로운 뼈들이 어긋나게 부딪히는 것처럼 쿡쿡 쑤셔서 정신을 차릴 수가 없었다. 진통제를 먹어도 소용없었다.

그렇다고 누워있을 수는 없었다.

병원에서 정밀 검사를 받고 곧장 대전으로 내려갔다. 주일 오후 예배 때 설교를 하기로 했기 때문에 승용차 뒷좌석에 누워 대전까지 이동했다. 그때 설교를 했던 대전유일성결교회가 새 성전을 신축할 때라서 공사장 옆에 비닐하우스를 세우고 거기서 예배를 드렸다. 그런데 비닐하우스 안이 얼마나 뜨겁던지 그 열과 통증으로 온몸이 땀 범벅이 되었다. 그런 상태로 2시간 동안 설교와 선교 보고까지 하고 나니 완전히 탈진되어 쓰러져 버렸다. 그 상태로 나는 대구로 향했다.

다음날 비라카미 선교회 대구지회 모임에 참석하기 위해 사무실로 가니 이성상 장로님과 최칠석 장로님이 나를 보고 깜짝 놀라 바로 병원으로 데리고 가셨다.

최칠석 장로님의 아드님이 운영하는 정형외과에 나를 데리고 가신 것이다. 거기서 진통제를 맞으려고 하는데 서울의 병원에서 전화가 왔다. 정밀 검사 결과가 나왔다는 것이었다. 병명은 강직성척추염이라는 희귀병이었다. 그냥 두었다가는 큰일 나니 빨리 입원해야 한다고 의사는 말했다.

강직성척추염은 척추에 염증이 생겨 척추뼈들이 서로 같이 굳거나 일체가 되어 대나무처럼 붙어버려 움직이기 어려운 병이라고 했다. 의사의 설명을 들었지만 무슨 병인지 이해되지 않았다. 그래서 지금 대구에 있는 병원에 진통제를 맞으러 왔다고 했더니 의사는 거기서 치료를 꼭 받으라고 했다.

내가 통화하는 내용을 들은 최칠석 장로님은 나를 입원시키고 정밀검사를 받게 하셨다. 결과는 마찬가지, 강직성척추염이었다. 그때부터 한 달 반 동안 입원 치료를 받았다. 하지만 상태는 점점 나빠졌다. 진통제를 맞아도 소용없고 몸은 완전히 굳어서 침대에 일자로 누워있어야만 했다.

병원 약이 소용없자 정유미 선교사는 민간요법을 뒤져 강직성척추염에 좋다는 것을 다 해줬다. 심지어 논에서 3일 굶은 거머리가 피를 빨아먹으면 좋다고 그걸 구해다 내 척추에 올려놔 주기도 했다. 하지만 그렇게 정성을 들여도 아무 효과가 없었다.

그렇게 치료에 진전이 없어 정유미 선교사 혼자 베트남으로 돌아갔다. 쭉번 선교사는 한국에 남아 이성상, 최칠석 장로님과 함께 나를 돌봐주었다. 그때 두 분 장로님이 얼마나 지성으로 나를 간병해 주셨는지 모른다. 내 손과 발이 되어 먹이시고 씻겨주셨고 용변처리까지 마다하지 않고 다 해주셨다.

그리고 밤마다 내 발목을 붙잡고 기도하며 우셨다. 어떻게 저렇게 마음으로 기도를 해 주시나, 내 발목을 적시는 눈물 어린 기도를 들을 때마다 가슴이 뭉클하고 감사했다. 그런데 그 눈물에는 여러 가지 의미가 있었다. 그때 두 장로님은 베트남 사역을 이어나갈 후계자를 찾고 계셨다고 한다. 병원 원장인 최칠석 장로님 아드님이 두 분 장로님께는 내 상태를 정확하게 말씀드렸기 때문이다. 병원 원장인 최요한 안수집사는 두 분께 내 병은 현대의학으로 고칠 수 없는 데다 상태로 봐서는 오래가지 못할 것 같다고 했다고 한다.

아무도 내게 그런 상황을 알려주지 않았기 때문에 내가 또 사형선고를 받았으리라고는 상상도 못 했다. 그때 나는 침대에 누워 베트남에서 사역하던 일만 생각하고 있었다. 베트남 땅에 피를 뿌리는 게 내 소원이었는데 병실에서 초라하게 죽어갈 수는 없었다. 어차피 죽을 거라면 베트남에서 하나님의 일을 하다가 죽고 싶었다.

하지만 두 분 장로님은 건강이 우선이라고 하시며 몸이 회복되기 전에는 절대 베트남에 갈 수 없다고 붙잡으셨다. 그래서 나는 밤낮으로 '하나님, 한 번만 치료해주세요. 베트남으로 가게 해주세요'라고 몸부림치며 기도했다.

그러다 어느 밤, 비가 주룩주룩 내려서인지 뼈마디가 더 아팠다. 정말 이러다 죽는 게 아닐까 싶을 정도로 통증이 심했다. 마음이 급했다. 그래서 하나님께 매달리며 결단의 기도를 했다.

"하나님, 저 한 번만 걸을 수 있게 해 주세요. 제발 베트남에 갈 수 있게 해 주세요. 베트남에서 지금도 하루에 430명씩 죽어서 지옥에 가는데 내가 이렇게 누워있을 수는 없습니다."

그렇게 한참 울면서 기도하다가 까무룩 잠이 들었는데 갑자기 "요나야"라고 부르는 소리가 들렸다. 식물인간으로 죽어있던 나를 깨웠던 소리, 하나님의 음성이었다. 그 음성이 들리자마자 내 몸이 붕 떴다. 그리고 발끝에서부터 뜨거운 기운이 확 지나가는 것 같더니 바닥에 뚝 떨어졌다. 마치 심폐소생술 할 때 몸이 튀어 오르는 것처럼 30cm 정도 몸이 솟구쳤다.

그리고 그때부터 몸이 움직이기 시작했다.

일자로 누워 꼼짝도 못 했는데 몸을 일으켜 보니 일어나 지고, 뻗정다리이긴 했지만 아장아장 걸을 수도 있었다. 다시 살아난 것이다. '아, 하나님 감사합니다. 이게 웬일입니까, 이게 웬 은혜입니까? 저를 다시 살려주셨군요.'

그때부터는 아프지도 않았다. 한시라도 빨리 베트남에 가고 싶은 마음에 아침이 오기만을 기다렸다. 날이 밝자 쭉번 선교사가 왔다. 그런데 평소와 달리 혼자 왔다. 쭉번 선교사가 이성상 장로님 댁에서 지냈기 때문에 항상 같이 왔는데 그날따라 다른 볼 일이 있어서 쭉번 선교사 혼자 온 것이다. 장로님이 퇴원을 반대하실까 봐 걱정했는데 일이 척척 진행되었다.

그 길로 택시를 잡아타고 대구 비라카미 사무실로 갔다.

내가 문을 열고 들어가자 장로님들이 기겁하며 놀라셨다. 불과 몇 시간 전만 해도 침대에서 손 하나 까닥 못하던 사람이 자기 발로 걸어왔으니 놀랄 만도 했다. '이게 꿈이냐 생시냐' 하시며 나를 멍하니 보고 있는 장로님들께 나는 이제 회복되었으니 베트남으로 가겠다고 했다.

그리고 남서울비전교회 최요한 목사님께 전화를 드려 베트남에 갈 수 있게 도와달라고 했다. 목사님은 교회 집사님께 부탁해 나를 봉고차에 태워 서울까지 데리고 와 주셨다. 봉고차 뒷칸을 침대처럼 개조해서 거기에 나를 꽁꽁 묶어 움직이지 못하도록 고정시켜서 왔는데 장시간 차를 타고 와서인지 서울에 도착하자 다시 몸이 아프기 시작했다. 그래서 한의원을 하시는 신명철 장로님 댁에서 일주일 정도 쉬면서 통증이 조금 가라앉자마자 베트남으로 돌아왔다.

베트남에 돌아오자 밀린 일이 산더미였다.

하지만 통증이 다시 시작됐다. 몸은 머리부터 발끝까지 나무판으로 고정시켜 놓은 것 같았다. 연골이 없어져서 손이 무릎 위까지 안 올라가고 다리가 안 굽혀지고 목뼈와 척추의 등뼈가 일자로 붙었다. 하지만 베트남에 누워있으려고 온 게 아니었다. 나는 그런 몸 상태로 쉬지 않고 일했다.

그렇게 1년을 보내고 2003년 새해를 맞았다.

성탄절을 앞두고 금식을 시작하려는데 센터 식구들이 모두 말렸다. 통증에 시달려 몸이 많이 축났는데 그런 몸으로 어떻게 금식을 하겠냐는 거였다. 하지만 내가 누군가. '겨울 빨래'가 아닌가. 아무도 못 말리는 고집에 다들 고개를 내저으면서도 '저렇게 뼈만 남은 걸 보면 아무래도 선교사님이 못 사실 것 같다'고 하면서 나를 볼 때마다 안타까워했다.

그렇게 금식기도를 하면서 새해를 맞았는데 2003년 첫날 밤 기도 중에 우레와 같은 음성이 들렸다.

"요나야, 일어나라. 너의 서원을 갚아라!"

귀를 먹먹하게 할 정도로 큰 소리가 내 온 몸을 지나가면서 장작불같이 시뻘건 불길이 내 몸을 감싸는 것 같았다. 갑작스런 불길에 놀라 벌떡 일어났는데 세상에 몸이 움직여지는 게 아닌가. 마치 팽팽하게 묶어놨던 줄이 풀린 것처럼 뻣뻣하던 팔, 다리가 움직이고 주먹도 쥐어졌다. 또 한 번 기적을 체험한 것이다.

센터 식구들은 내가 걷는 걸 보더니 놀라서 울고, 감사해서 울고, 기뻐서 울었다. 정유미 선교사는 너무 놀라 말을 못 하더니 나를 붙들고 "선교사님 지금까지 꾀병 부렸죠?"하며 엉엉 울었다.

그때 갑자기 1년 전 일이 생각났다.

2002년 새해에 하나님께 장애아동을 데려다 센터에서 돌보겠다고 서원했었는데 그때까지 까맣게 잊고 있었다. 1년 전 새해에 선교센터에 지체장애인들이 찾아왔다. 나는 그들과 예배를 드리고 인근 고아원을 방문했다.

나라가 어려우면 사회적 약자들이 고통받는데 그중 가장 연약한 자가 고아다. 오죽하면 예수님도 '고아와 과부를 불쌍히 여기라'고 하셨을까. 어린 것들의 눈망울에 서려 있는 빈곤의 흔적이 가여워 손을 얹고 기도해 주는데 눈물이 났다.

그때 하나님의 음성이 들렸다.

"네가 교회도 건축하고 병원도 세우고 있지만 지극히 소외되고 아픈 사람들을 위해서는 무엇을 했느냐. 내 앞에 올 때 뭐라고 말하겠느냐?"

마치 급소를 맞은 것 같았다. 생각지도 못했던 말씀이었다.

그동안 충성을 다해 일해 왔는데 내가 이 불쌍한 아이들을 위해서는 무엇을 했나, 생각해 보니 센터에서 함께 사는 아이들은 전부 잘생기고 똑똑한 아이들이었다. 이제라도 센터에 장애아동을 데리고 와야겠다는 생각이 들었다.

그래서 고아원에 장애아동을 돌봐주고 싶다는 뜻을 밝히자 단칼에 거절했다. 구정이라 실무자도 없고, 외국인이 왜 아픈 아이를 데리고 가려고 하냐며 아이들을 추천해 주지 않았다. 그래서 센터로 돌아와 정유미 선교사와 다오 부모님께 센터에서 돌봐줄 수 있는 장애아동이 있는지 알아봐달라고 했지만 좀처럼 찾을 수가 없었다.

그러다 본멧뚝에 있는 푹암 교회에서 연락이 왔다.
오지에 장애아동이 한 명 있는데 센터에서 찾는 아이인 것 같다고 한번 만나보라고 했다. 해가 바뀌고 얼마 되지 않았던 때라 일이 밀려서 차일피일 미루다 강직성척추염에 걸렸고 그 후엔 장애아동에 대해서 완전히 잊어버렸다.

그런데 갑자기 그 아이가 생각난 것이다. 그래서 당장 푹암 교회에 연락해서 1년 전에 추천했던 장애아동을 데리고 왔다. 그러고서야 완전히 나음을 받았다.

요나공법

　강직성척추염으로 몸을 움직일 수 없었을 때만큼 센터 식구들의 사랑을 깊게 경험한 적이 없다. 그들은 내 몸의 지체로서 내 팔이 되고 내 다리가 되고 눈이 되어 주었다. 정유미 선교사는 나 대신 센터 아이들을 돌보고 공식적인 일정을 관리하는 한편 내가 불편하지 않도록 식사며, 옷, 앉은 자리까지 꼼꼼하게 챙겼다. 겉으로 내색하진 않았지만 정말 고마웠다. 감사와 축복의 기도가 나왔다. "하나님, 이런 사랑을 제가 받습니다. 주님께서 갚아 주세요."

　정유미 선교사뿐만이 아니었다. 다리를 구부리지 못하니 화장실 가는 게 고역이었다. 발을 하나 들기도 힘들어 화장실 문지방을 넘을 때도 용을 썼는데 변기에 앉는 건 어림도 없었다. 뻗정다리를 하고 서서 대변을 보고 나면 신동표 형제가 와서 뒤처리를 해주었다. 싫은 기색 하나 없이 화장실 청소까지 말끔히 해주는 걸 볼 때마다 참 감사했다.

　비록 먹는 거 입는 거 볼일 보는 것까지도 센터 식구들의 도움을 받아야 했지만 그런 내 모습이 부끄럽지 않았다. 아파 보면 안다. 당연하게 생각했던 모든 것이 내 능력이 아니라 하나님의 은혜로 누렸던 것임을. 다리도 내 것이 아니고, 팔도 내 것이 아니었다. 내 모든 것이 하나님의 것이었다. 그것을 깨닫자 회개가 터져 나왔다.

고난이 없었다면 '내가 하나님의 일을 하는 것이 아니라 하나님이 나를 사역에 쓰임 받게 하셨다는 것'을 그토록 철저하게 깨닫지는 못했을 것이다. 하나님은 고난을 통해 나를 보게 하시고 모든 일을 하나님이 하신다는 것을 확실히 알게 하셨다. 그리고 아무것도 아닌 나를 사랑하셔서 비참하게 두지 않으시고 사랑의 지체를 만나게 하셔서 하나님의 사랑을 경험하게 하셨으니 그 은혜가 나의 초라함보다 더 크고 감사했다.

그렇게 내 마음과 시선이 하나님을 향하자 말씀이 새롭게 다가왔다. 갑자기 '할 수 있거든이 무슨 말이냐 믿는 자에게는 능히 하지 못할 일이 없느니라'(막 14:23) 구절이 떠올랐다. 그 구절은 내가 베트남에 처음 와서 교회를 세울 때마다 주님이 주셨던 말씀이다.

처음 베트남에 와서 2000년이 될 때까지는 경찰의 눈을 피해 몰래 처소교회만 세웠다. 그러다 보니 10년 동안 70여 개의 교회를 세웠다. 그런데 2000년대에 들어 베트남의 정세가 급변했다. 미국 빌 클린턴 대통령이 베트남을 방문해 과거사를 극복하고 미래지향적 협력관계를 구축하기로 약속했다. 그때 베트남 공산당 서기장과 18도선 아래 지역은 종교의 자유를 허용한다는 각서에 서명했다.

각서의 내용을 알게 된 후부터 교회 건축을 할 때 당국에 인가 신청을 했다. 물론, 달걀로 바위 치기였다. 신청하는 족족 거절당했고, 종교법을 들이대며 절대로 허가해 줄 수 없다고 강경한 태도를 보였다. 그때 주신 말씀이 '할 수 있거든이 무슨 말이냐 믿는 자에게는 능히 하지 못할 일이 없느니라'(막 14:23)이었다. 이 말씀에 의지하여 관공서에서 원하는 서류를 보강하고 수정하여 끈기 있게 계속해서 신청을 했다. 그리고 결국 교회 건축 허가를 받아냈다.

그 일련의 과정을 겪으면서 나는 교회 건축 허가는 공산당이나 관공서가 해 주는 게 아니라 그들을 통치하시는 하나님이 하시는 일이라는 것을 깨달았다. 그렇게 거듭난 선교사로 변화되면서부터 교회를 적극적으로 세우기 시작했다.

그런데 왜 또 그 말씀이 떠오르게 하셨을까?

기도하며 말씀을 묵상하는데 갑자기 내가 그동안 베트남의 종교법에만 묶여 있었던 게 아니라 준공법에도 매여 있었다는 생각이 들었다. 교회를 지을 때 교회로 허가를 받는 게 아니라 가정집으로 허가를 받기 때문에 가로 5m×세로 13m의 규격을 지켜야 했다.

그런데 그 규격대로 교회를 지으면 최대 1백여 명밖에 수용할 수 없기 때문에 금세 예배당이 좁아져 어려움을 겪었다. 이번에는 교회 규모도 세상 법에 제한받지 않고 십자가의 도에 따라 지어보자고 결심했다. 그리고 설계도면에 있는 수치에 3 을 곱하여 3배 크기로 만들고, 수정한 설계도 위에 마가복음 14장 23절 말씀을 크게 적었다.

말씀 적힌 설계도를 보며 나는 혼자 중얼거렸다.
'할 수 있거든이 무슨 말이냐 믿는 자에게는 능히 하지 못할 일이 없다고 말씀하셨으니 이것이 이루어지지 않는다면 하나님 말씀은 가짜다' 그리고 3일 동안 금식하며 기도했다.

그러고 나니 이판사판의 믿음이 생겼다.
'어차피 죽을 거라면 교회를 제대로 짓다가 죽자. 교회 시멘트 바닥에 같이 들어가자' 이런 각오로 낡은 봉고차를 타고 교회 공사장을 다니면서 공사를 진두지휘했다.

그때 내가 타고 다니던 차는 12인승 도요타로 폐차 직전의 낡은 차였다. 10분 정도 달리면 매연 때문에 코가 새카매지고 비가 오면 시동이 꺼져서 삽으로 흙을 퍼내 바퀴를 꺼내야 달릴 수 있는 차였지만 그마저도 렌트해서 타고 다녔다. 차를 살 돈이 있으면 교회를 짓는데 다 쏟아부었다. 차는 굴러가기만 하면 된다고 생각했기에 그 차도 기쁜 마음으로 탔다.

문제는 내가 앉을 수가 없다는 거였다.

그래서 뒷좌석에 매트리스를 깔고 비스듬히 길이로 누워서 이동했다. 차에 태우고 내리는 것만도 큰일이었다. 그래서 항상 3명이 함께 움직였다. 그때 쭉번 선교사가 내 눈과 발 역할을 해 주었다. 고개를 돌릴 수가 없어 공사 현장을 제대로 못 보면 3개의 큰 거울을 가지고 잠망경처럼 멀리 떨어져서 비춰 주었고, 현지 목사님과 이야기를 해야 될 때는 얼른 달려가 모셔왔다. 바뀐 설계도면을 보고 당황하는 현지 목사님들을 설득하고 이해시킨 것도 쭉번 선교사였다.

일단 일을 시작하면 돌아보지 않고 추진하는 내 성격 때문에 쭉번 선교사를 비롯해 함께 일한 센터 식구들과 동역자들이 아마 힘들었을 것이다. 내 머릿속의 그림대로 빨리 전달이 안 돼서 신경질도 부리고, 현지법에 위배되는 설계도면을 보고 뒤로 물러서는 현지 목사님과 갈등을 빚기도 했다. 그래도 감사한 것은 내가 한 말이 내 말이 아니라 하나님의 말씀이라는 것을 믿고 그 말씀에 모두 순종하고 따랐다는 것이다.

그렇게 교회 공사를 끝내고 준공 검사를 받게 되었을 때 현지 목사님은 안절부절 못 하셨지만 나는 오히려 경찰의 반응이 기대됐다. 경찰은 교회를 보더니 경악을 금치 못했다. 너무 놀라 말문이 막혔는지 화도 내지 못하고 '아니 이게 뭐야'라고 하면서 멍하니 교회만 쳐다봤다.

나는 "뭐긴 뭐야. 이왕이면 크게 지어야지. 내가 당신 커피
값 조금 줄 테니 사인 좀 해 줘"라고 하면 그제야 내 얼굴을 보
면서 건물 안쪽으로 가자는 눈짓을 했다. 그러면 만사 오케이,
준공인가를 내주겠다는 뜻이었다.

그렇게 해서 2002년부터 교회의 규모가 커졌다.
90년대에 세운 교회는 조금 키웠지만 2002년부터는 층수
를 높여 5층으로 세우고 길이도 3배로 늘렸다. 그러면서 교회
건축도 불붙듯 일어나 지금까지 300개의 교회가 건축되었다.

하나님은 그 프로젝트를 이루시기 위해 다시 한번 고난을
주시고, 나를 변화시키셨다. 고난을 통해 거듭나면서 나는 순
종을 배웠고, 고난의 열매가 내 것이 아니라 온전히 하나님의
것임을 알게 되었다. 그리고 우리 신학교 신학생들과 나의 제
자들에게 그 모습을 보여주어 그들에게 산교육이 되도록 샘
플이 되게 하신 것이다.

고난의 열매

1년 만에 강직성척추염에서 회복되어 비행기도 탈 수 있게
되었다. 마침 다오 선교사의 총신대 졸업식과 방송 출연 일정
이 있어서 겸사겸사 한국에 들어왔다.

또 대구 집회도 잡혀 있어서 그전에 치료를 받았던 최칠석 장로님 아드님 병원에 일주일 정도 숙박을 정했다. 한국 호텔의 환경이 좋지 않아 병원이 나을 것 같았다.

내가 입원했다는 소식을 듣고 병원 원장인 최요한 안수집사가 인사하러 병실에 들렀다. 그런데 나를 보고 깜짝 놀라는 눈치였다. 정말 몸이 괜찮냐고 거듭 물어봐서 나는 이제 멀쩡해졌다고 하며 팔과 다리를 움직여 보여주었다. 1년 전에 그 침대에 누워있을 때와는 비교할 수 없을 정도로 회복됐다.

다음 날 최요한 안수집사가 점심 식사를 대접하고 싶다고 해서 최칠석, 이성상 장로님과 함께 네 명이 식사를 했다. 식전 기도를 하고 음식을 먹으려는데 옆에 앉아 있던 최요한 안수집사가 푹 고개를 숙인 채 눈물을 흘리고 있었다. 무슨 일인가 싶어 '왜 그러세요, 원장님, 식사하시죠'라고 말하자 내 무릎을 만지며 눈물을 뚝뚝 흘렸다.

그러더니 느닷없이 잘못했다고 사과를 했다.
영문을 몰라 왜 그러냐고 묻자 최요한 안수집사님은 "목사님 잘못했어요. 제가 하나님이 쓰시는 종에게 제 의학적 지식과 판단으로 사형선고를 내렸습니다. 용서해 주세요. 하나님을 믿지 못하고 제 의술로 판단했으니, 제가 안수집사라는 것이 부끄럽습니다. 제가 오늘 살아계신 하나님을 만났습니다.

이렇게 하나님의 종을 살리신 것을 보면서…"라고 울먹거리며 눈물을 흘렸다.

그렇게 한참 울고 나더니 식사도 하지 않고 아버지인 최칠석 장로님과 따로 나가 식당 구석에서 뭔가를 의논했다. 그리고 자리로 돌아와 서로 눈짓을 하며 이야기를 하라고 양보하며 말을 꺼내지 못하다가 결국 최칠석 장로님이 말씀하셨다. "오늘 최 원장이 살아계신 하나님을 만나 자신의 믿음이 다시 회복된 것에 감사하며 5만 불을 선교사님께 드린다고 결단했습니다."

'감사합니다. 하나님!'
그 돈을 받고 하나님께 깊은 감사를 드리며 어떻게 사용하길 원하시는지 기도했다. 그리고 그 응답대로 탄화성에 최칠석 장로님, 최요한 안수집사님의 이름으로 응웬빈 사랑의 병원을 지었다. 베트남에 7번째 지은 사랑의 병원이었다. 탄화성은 베트남에서 가장 큰 성이자 가장 가난한 성이다. 그런 곳에 병원이 세워졌으니 얼마나 감사한 일인가.

고난의 값진 열매는 거기서 끝나지 않았다.
최칠석 장로님과 최요한 안수집사님 부자의 결단이 부러우셨는지 최칠석 장로님과 동서간인 이성상 장로님이 점심 식사 후에 바로 아드님께 전화를 하셨단다. 그때 이성상 장로님의 장남인 이병구 회장님이 벤처기업으로 승승장구하고 있을 때라 연락을 하신 것이다.

아버지의 전화를 받은 이병구 회장님은 "아버지, 이모부와 요한이가 병원 짓게 된 게 그렇게 부러우세요? 그럼 우리도 지읍시다. 아버지의 기도와 하나님 은혜로 회사도 잘되고 있으니 저도 병원 건립헌금을 하겠습니다"라고 결단했다.

그래서 이성상 장로님, 이병구 회장님의 헌금으로 8번째 병원인 화이동 사랑의 병원이 건립됐다. 화이동 사랑의 병원은 특히 주민들의 열렬한 환영을 받았다. 논밖에 없는 곳에 병원을 짓겠다고 하자 마을 주민들이 손수 길을 냈다. 병원이 생기고 난 후 주변에 집이 생기고 가게가 들어서면서 마을이 활기를 띠기 시작했다. 병원 준공식 때는 각 학교에서 학생들이 나와서 손뼉 치며 행진했다. 온 마을이 기뻐하는 모습을 보며 얼마나 감동을 했던지 잊을 수 없는 병원 중 하나다. 지금은 그 병원 안에 교회도 세워졌고 그 동네에 유치원도 건립됐다.

주님은 고난 후에 반드시 값진 선물을 주신다.

강직성척추염으로 고통받았지만 그로 인해 병원이 2개나 세워졌다. 오지에 세워진 병원은 교회로 가는 길을 닦는 것과 마찬가지다. 육체의 병을 치료하면서 복음을 전하면 곧 그곳에 교회가 생겨난다. 나의 육체의 고통은 잠시지만 더 큰 하나님의 나라가 완성되는 걸 보면 감사밖에 나오지 않는다. 감사하고 감사합니다.

달랏 언덕 위의 기도원

한국 밀양에 있는 기도원에서 집회를 할 때였다.

집회를 마칠 무렵 한 할아버지가 찾아왔다. 자신도 베트남 전쟁 당시 미군 부대에서 통역관으로 근무했었다며 나를 보니 옛 생각이 난다고 울먹였다. 70세가 넘는 할아버지는 아내와 사별한 후 기도원에서 생활하고 계셨는데 나를 보자 까마득히 잊고 있던 과거가 생각났던 모양이다. 베트남에 한 번 오고 싶다고 하셔서 내 명함을 드리고 꼭 오시라고 권유했다. 그리고 나는 집회 일정 때문에 급히 이동했고, 이후에 할아버지는 연락이 없었다.

그런데 집회를 마치고 베트남으로 돌아가니 센터에 할아버지가 와 계시는 게 아닌가? 내가 집회를 하는 사이에 한국 생활을 정리하고 아예 베트남으로 오신 것이다. 70세가 넘은 고령의 노인이 오자 센터 식구들은 난감해했다. 특히 정유미 선교사는 건강하지도 못한 노인이 어떻게 일을 하겠냐며 볼멘소리를 했다.

하지만 그분이 예수님이라면 어쩌겠는가. 예수님은 어떤 모습으로 오실지 몰랐다. 그러니 모든 분을 환대하고 사랑하는 것이 우리가 할 일이었다. 다행히 할아버지는 베트남에 오셔서 기력을 회복하셨다. 기운이 펄펄 나서 6-7시간 넘게 차를 타고 다녀야 하는 선교지에도 거뜬히 다니셨다.

한국에 계실 때 종교가 다른 자녀분과 갈등을 겪으면서 핍박을 당하시다가 베트남 선교현장에 오니 새 힘이 생긴 것이다. 어디를 가나 할아버지는 복음을 전할 기회를 엿보았다. 그러다 크게 봉변을 당할 뻔한 적도 있다.

하루는 내게 전화하여 다급한 목소리로 "살려달라"고 하는 게 아닌가. 대체 무슨 일인가 물어보니 그동안 그 할아버지가 한국인이 운영하는 작업장에 다니며 전도를 하셨다고 한다. 섣불리 접근했다가는 경찰에게 잡혀갈 수도 있어서 기회만 엿보다가 거기서 일하는 분의 따님을 공략했다. 고등학생이라 영어도 잘해서 자연스럽게 이야기를 주고받으면서 복음을 전했는데 그게 그의 아버지에게 발각되어 사달이 벌어진 것이다.

딸이 교회에 다니는 걸 알게 된 아버지는 노발대발하며 '너의 사상을 변질시킨 사람이 누구냐'고 캐물었고 결국 할아버지를 찾아온 것이다. 도끼까지 들고 와서 '내 딸에게 무슨 짓을 했냐'고 휘두르는 통에 혼이 나간 할아버지가 내게 전화를 한 것이다.

그래서 내가 전화로 그 아버지를 잘 달랜 후에 며칠 후에 만났다. 잔뜩 주눅 든 딸과 아내를 대동한 남자의 표정은 한 마디로 살기등등했다. 알고 보니 그는 베트남 전쟁 전에 월남의 공군이었고, 그의 아내는 고등학교 선생님이었는데 공산화가 되면서 모든 자격을 상실하고 감옥에서 사상 재교육을 받는 등 많은 어려움을 겪었다고 한다. 가뜩이나 누가 사상을 의심할까 봐 촉각을 곤두세우고 있는 상황에서 딸이 교회에 다니는 걸 알았으니 도끼를 들고 달려올만 했다.

나를 만난 날도 여차하면 '너 죽고 나 죽자'는 심정으로 온 것 같았다. 할아버지는 중간에서 어쩔 줄 몰라 하면서도 '우리 보스가 당신 딸을 호치민 대학도 보내고 원하면 유학도 보내 줄 것이다. 이미 많은 아이들이 호치민 센터에서 먹고 자면서 대학에 다니고, 유학도 다녀왔다'고 말하며 그 아버지를 설득하려고 노력했다.

처음에는 그 말을 의심하며 믿으려 하지 않다가 내가 책임지고 그 딸을 공부시킬 테니 호치민으로 딸을 보내라고 말하자 서서히 마음의 빗장을 풀기 시작했다. 아버지는 아버지였다. 딸을 공부시키고 싶은 마음에 그는 도끼도, 칼도 내려놓고 나와 함께 기도를 하며 예수 그리스도를 영접하게 됐다. 그렇게 우여곡절 끝에 만난 아이가 껌벙이다. 껌벙은 센터에서 호치민대 경영학과를 다녔고, 한국으로 유학도 갔다. 그러면서 껌벙의 부모님도 예수님을 믿기 시작했다.

그렇게 시작된 껌벙 부모님과의 만남을 통해 하나님은 놀라운 계획을 세우고 계셨다. 껌벙 아버지가 달랏의 한 커피밭의 관리인으로 가게 되었는데 우연히 근처를 지나다 들르게 되었다. 껌벙 아버지가 제대로 숙소도 없이 비만 가려주는 낡아빠진 창고에서 지내면서 커피밭을 관리하고 있던 터라 엉덩이를 붙이고 얘기할 곳도 없었다.

그래서 커피밭에 서서 얘기를 나누고 잠깐 기도를 하는데 나도 모르게 '하나님 여기를 둘러보니 참 좋네요. 여기가 기도원이 됐으면 좋겠습니다. 허락해 주십시오'라고 기도를 했다. 생각지도 않은 기도였다. 그 당시 교회가 파죽지세로 늘고 있어서 양적 증가와 함께 질적 성숙을 도모할 수 있는 공간이 필요하다는 생각을 했었다. 목회자들을 집중적으로 훈련시키고, 직분자들을 교육할 수 있는 곳이 있으면 좋겠다고 했지만 구체적으로 어디에 어떻게 기도원을 짓겠다는 생각은 하지 않았다. 그런데 나도 모르게 그런 기도가 나온 것이다.

그리고 일에 파묻혀 그 기도를 잊어버리고 있었는데 1년쯤 지나서 껌벙에게 전화가 왔다. 주인이 커피밭을 팔려고 내놨다면서 혹시 살 생각이 있냐고 물었다. 껌벙 아버지를 고용했던 주인은 죽고 그 자식들이 팔겠다고 내놓은 것이다. 얼마냐고 물었더니 10만 불이라고 했다. 적은 돈이 아니었다. 그때까지 나는 교회를 세우는 데만 전념했지 땅이나 건물을 산 적이 없었기 때문에 농장을 살 엄두를 못 내고 껌벙의 말을 흘려넘겼다.

그런데 '기도원을 하고 싶다'는 마음 때문인지 커피밭 생각이 머릿속에서 떠나질 않았다. 그래서 집회를 하러 한국의 대석교회에 갔을 때 그 얘기를 했더니 그 교회에서 5만 불을 기도원 건립헌금으로 주셨다. 그리고 수목원 교회의 한 권사님도 2만 불을 헌금으로 주셨다. 거기에 미국집회 때 안수기도를 통해 불치병을 치유 받으신 장로님이 주신 사례비를 보태 10만 불을 주고 커피밭을 샀다.

베트남에서도 가장 기후가 좋아 휴양지로 유명한 해발 1500m 산상의 언덕에 기도원이 생긴 것이다. 물론 농장으로 허가가 났고, 다른 사람들에게는 기도원이라 말할 수 없지만 그곳에서 베트남의 모든 성도와 목회자들이 모여 큰 소리로 기도하고 찬양할 날을 꿈꾸며 매입한 그 날부터 커피밭을 기도원으로 바꿔가기 시작했다.

사실 그곳은 말이 커피밭이지 방치된 땅이나 다름없었다. 제멋대로 자란 풀이 집 주위에 무성했고, 커피밭 한쪽은 쓰레기가 쌓여 산을 이루고 있었다. 주인이 묵었던 집에는 방 2개에 거실이 있었는데 그 한 가운데 귀신을 모시는 사당 같은 게 있었다. 얼마나 귀신이 많은지 모아 보니 30개가 넘었다. 온갖 종류의 베트남 귀신부터 중국 장신, 심지어 예수상도 있었다. 그 귀신 조각상을 싹 쓸어다 불태우고 땅에 묻은 뒤 밤낮 거실에서 예배를 드리며 귀신과 싸웠다.

잘 때도 찬송가를 틀어놓았는데도 귀신이 목을 눌러 밤새 싸웠다. 그러다 방에서 귀신이 튀어나가는 걸 보고 거실에서 주무시던 선교사님들이 혼비백산한 적도 있다. 그렇게 매일 밤 영적 싸움을 벌이면서 귀신들을 다 내쫓았다. 귀신들의 집이었던 커피밭이 영적 회복과 치유의 공간인 기도원이 된 것이다.

게스트하우스가 된 커피밭

베트남은 이동과 숙박의 제한이 철저하다. 외국인은 호텔 이외의 곳에서는 잘 수 없고, 현지인도 친인척 가정을 방문하여 자려면 반드시 허가서가 있어야 했다. 그런데 커피밭은 농장으로 허가가 났기 때문에 관리인인 껌벙 부모님 외에 다른 사람은 거주할 수가 없었다. 더구나 외국인인 나와 한국의 선교사들은 그곳에서 자는 것 자체가 불법이었다.

기도원에는 나와 한국 선교사 3명 그리고 3명의 과부 선교사들이 껌벙 부모님과 함께 살았다. 다행히 기도원이 인적 드문 언덕 위 깊숙한 곳에 있기 때문에 사람들에게 발각될 염려가 없어서 한숨을 놓았는데 곧 감시망이 좁혀오기 시작했다.

기도원을 수작업으로 리모델링 하기 시작하면서 나무를 들여오고, 건축자재 같은 것을 실어 나르는 것을 보고 기도원 입구에 사는 사람이 신고한 것이다. 그때 우리는 그 척박한 땅을 맨손으로 일궜다. 자갈밭에서 돌을 골라내고, 물길을 막아 작은 호수를 만들었다. 그리고 산더미 같던 쓰레기를 치우고 잡초를 뽑은 후 잔디를 깔아 작은 동산도 조성했다. 외부인의 도움 없이 6,600평의 땅을 일구기 위해 새벽부터 밤까지 땅에 코를 박고 일을 했다. 그렇게 기초를 닦은 후 조경공사를 시작했는데 그게 앞집 사람에게 걸린 것이다.

다행인 것은 기도원이 넓어 각자 구역에서 일을 하면 누가 어디에 있는지 한눈에 안 보인다는 것이다. 경찰이 들이닥친 날도 마찬가지였다. 나는 의자에 팔뚝을 대고 무릎을 꿇고 앉아 밀고 다니면서 바닥에 시멘트를 바르고 있었고 다른 선교사님들은 기도원 안쪽 호수와 동산 쪽에서 땅을 고르고 있었다. 껌벙 아버지는 드럼통에 돼지고기를 굽고 있었는데 그때 마침 호리호리한 남자가 뚱뚱한 여자를 오토바이 뒤에 태우고 찾아왔다. 그리고 기도원 입구에 서서 껌벙 아버지에게 장을 보고 돈을 덜 주었다고 하면서 서로 실랑이를 벌였다.

그런데 이상한 건 여자가 껌벙 아버지와 싸우고 있는 동안 남자는 아무 말도 하지 않고 기도원 마당을 돌아다녔고, 여자는 눈으로 그 남자의 움직임을 쫓으며 건성으로 껌벙 아버지와 싸웠다. 마당 탐색을 마쳤는지 남자가 오토바이 쪽으로 오자 두 사람은 자기들이 오해했다면서 미안하다고 사과한 후에 돌아갔다.

그 모습을 보자 직감적으로 경찰이란 생각이 들었다.
우리가 여기 있다는 정보가 새나간 게 분명했다. 그래서 두 사람이 대문을 빠져나가는 동시에 선교사들에게 '비상사태, 전부 철수!'라고 문자를 보낸 후 운전사에게 차를 대기시키라고 했다. 5분도 안 되어 8명이 모두 모였고, 그 길로 바로 차를 타고 한 번도 쉬지 않고 호치민으로 달렸다. 아니나 다를까 우리가 떠난 후에 기도원으로 경찰이 찾아왔고, 껌벙 부모님이 조사를 받았다. 경찰은 껌벙에게도 전화를 걸어 커피밭에 왜 외국인들이 와 있는 거냐며 꼬치꼬치 캐물었다.

그때부터 경찰의 감시가 시작되었다. 밤 11시가 넘으면 어김없이 경찰이 찾아와 온 구석을 뒤지고 다녔다. 처음엔 멋모르고 오밤중에 개가 심하게 짖으니까 침입자가 들어온 줄 알고 기도원을 방문했던 한 목사님이 야구방망이를 들고 나왔다가 경찰에 바로 붙잡혀 간 적도 있었다.

문제는 내가 갈 때마다 경찰이 온다는 것이었다.

기도원 입구에 집 한 채가 있는데 거기 사는 남자가 자동차 소리가 들리면 바로 신고를 했다. 그래서 기도원에 있을 때는 항상 도망칠 태세를 갖추고 있었다. 경찰이 급습하면 곳곳에 있는 선교사들이 내게 문자로 경찰의 동선을 알려주었다.

그러다 내가 쓰레기장 대나무 숲에 숨어 있을 때 선교사로부터 문자가 왔다. 쓰레기장 바로 옆에 있는 호수로 경찰이 가고 있다며 어디에 있냐고 물었다. 내 답은 '안 가르쳐줘'였다. 평소에 우스갯소리를 잘해서 그런 위급한 상황에서도 농담을 하는 줄 알았겠지만 실제로 알려줄 수 없는 상황이었다.

그때 나는 촘촘하게 박혀 있는 시누대 사이에 숨어서 겨우 엉덩이를 걸치고 앉아 있었는데 문자를 확인하다 미끄러졌다. 그런데 하필이면 대나무 낙엽이 쌓인 곳에 있는 큰 구렁이를 깔고 앉았다. 그때 문자를 받았으니 구렁이 위에 앉아 있다고 하면 깜짝 놀라 소리를 지를 게 뻔하니 농담으로 눙쳐 버린 것이다.

그렇게 밤마다 경찰들과 추격전을 벌이면서 지내다 내가 베트남에서 추방을 당하게 되었다. 소수부족 교회인 까람남

대문 교회에서 주일 예배에 설교를 하다가 경찰에 붙들려 5년 강제 추방을 당했는데 그때 제일 걱정됐던 곳이 기도원이었다.

그래서 추방이 결정되자마자 껌벙에게 전화를 해서 기도원에 있는 내 물건들을 전부 다른 곳으로 옮겨놓으라고 했다. 기도원 입구에 세워둔 아가페 기도원의 표지석에서 아가페만 남기고 기도원은 지워버리고, 호수 앞에 써 놓은 시편 성경 구절도 떼어서 숨겨놓으라고 했다. 예배당에 있는 강대상과 십자가도 감춰놓고 노래방처럼 꾸며 놓으라고 했다.

그리고 기도굴 12개 파 놓은 곳에 커피 부대를 쟁여놓고 경찰에게는 커피 창고라고 말하라고 했다. 만약 경찰이 방이 많은 것을 트집 잡으면 한국 사람들과 외국인 관광객들이 커피 농사 짓는 걸 구경하러 왔다가 잘 때도 있어서 방을 많이 만들어 놓은 거라고 말하라고 했다.

예상대로 내가 추방당하던 날 경찰 23명이 기도원에 찾아왔다. 다행히 경찰이 오기 전에 내 흔적과 기도원으로 보일 만한 것들은 모조리 치웠고, 커피농장으로 그럴듯하게 바꿔 놓았다. 껌벙 아버지의 말을 믿은 경찰은 그동안 외국인이 숙박을 했는데도 왜 게스트하우스로 허가를 받지 않았냐고 하면서 바로 신청을 하라고 했다.

그렇게 해서 커피 농장은 게스트하우스로 허가가 났다. 하룻밤 묵는데 13불, 손님이나 선교팀이 오면 여권을 갖다 주고 신고를 해야 하지만 더 이상 경찰의 감시에 시달리지 않아도 됐다. 게스트하우스로 허가를 받으려면 절차도 복잡하고 허가도 나지 않아서 엄두도 내지 않았는데 경찰이 제 발로 찾아와 허가를 종용했으니 얼마나 놀라운가. 베트남에서 추방당하게 되면서 사방의 모든 문이 닫혔다고 생각할 때 하나님은 베트남 복음의 전진을 위해 또 다른 문을 활짝 열어주셨다.

5년 추방

2014년 8월에 하노이에 김우중 회장님을 만나기 위해 갔다가 그분이 자서전 출판기념식을 하기 위해 한국에 가셨다기에 나도 한국에 들어가기 위해 공항에 갔다. 탑승권을 끊고 심사대를 지나려고 하는데 이상하게 나를 붙들고 늘어지면서 시간을 끌었다. 짐은 이미 부친 상태라 마음이 급해서 빨리 처리해달라고 해도 '2분만, 3분만'이라고 하며 통과시켜 주지 않았다.

그러다 갑자기 경찰 6명이 나타나더니 여권과 비행기 표를 압수하고 양쪽에서 내 팔을 붙잡았다. 그리고 비행장 안에 있는 경찰서로 나를 데려갔다. 담배 연기 자욱한 경찰서는 그야말로 북새통이었다. 경찰이 열댓 명 있는데 어딘가 전화를 걸고 사람들을 조사하느라 정신이 없었다.

그런데 이상한 건 내 여권과 비행기 표를 가지고 뭔가 조회를 하는 것 같은데 내게는 아무것도 물어보지 않았다는 것이다. 비행기 탈 시간이 다가와 마음이 초조한데 나를 흘낏거리면서 어딘가에 전화를 해댈 뿐 아무도 나를 왜 경찰서에 데리고 왔는지 말해주지도 않았다.

그러고는 나를 데리고 또 어디론가 갔다.
그 짧은 사이에 오만 가지 생각이 다 들었다. 또 수감되는 것인가? 하지만 현행 범죄를 저지른 것도 아니고, 종교 활동을 한 것도 아니었다. 한국에 가려고 공항에 왔을 뿐인데 현행범이 아닌 나를 수감시킬 이유가 없었다. 어디로 가는지, 왜 나를 조사했는지 궁금했지만 물어도 대답하는 사람이 없었다.

그리고 비행기 탑승 구역으로 데리고 가더니 여권과 소지품을 모두 돌려주면서 가라고 했다. 뭔가 이상했다. 갑자기 왜 태도를 바꾼 건지 의심스러웠다. 그래서 현행범도 아닌데 외국인인 나를 왜 공항에서 잡았는지 그 이유를 알려주지 않으면 한국에 가지 않겠다고 했다. 계속 밀어내도 뻗대고 서 있으니 경찰이 내 가방과 손을 끌어 출국검사대에 밀어 넣었다. 나는 가방을 끌어내고 경찰의 손을 한사코 거부하면서 이유를 대지 않으면 안 가겠다고 버텼다. 그때서야 경찰이 '당신 5년 추방이야'라고 말했다.

그 말을 듣는데 뒤통수를 망치로 세게 맞은 것 같았다.

추방이라니 이게 웬 말인가. 앞이 캄캄했다. 그렇게 망연자실하고 있는 사이 경찰은 내 가방을 검사대에 올려놓았다. 가방이 흔들거리며 엑스레이를 통과하는 걸 보자 정신이 퍼뜩 들었다. 그래서 왜 내가 추방을 당하냐고 물었지만 경찰은 대답하지 않고 나를 검사대 쪽으로 밀어 넣었다.

나중에 알고 보니 예전에 베트남 교회에서 설교했다가 조사받을 때가 바로 내 NGO 비자 기간이 끝나는 날이었다. 조사를 받느라 날짜를 놓친 것인데 그 틈을 이용해 종교성에서 추방을 시킨 것이었다.

기가 막혔다.

차라리 감옥에 갇히는 게 낫지, 지금 나가면 5년 동안 못 들어오는데 그사이 베트남 사역은 어떻게 한단 말인가. 다리에 힘이 쭉 빠졌다. 황망하게 당한 일이라 어떻게 해야 할지 막막했다. 검사대를 통과하는데 눈물이 하염없이 흘렀다.

비행기를 타고 오면서도 내내 슬펐다. 한국에 도착해서도 일이 손에 잡히질 않았다. 그래도 센터 식구들에게는 알려줘야 할 것 같아서 쭉번 선교사에게 전화를 걸어 상황을 설명했다. 다들 울며불며 난리가 났다. 전혀 예상치 못한 일이라 당황한 건 센터 식구들도 마찬가지였다. 나는 쭉번 선교사와 평신도 선교사들에게 사역을 부탁하고 전화를 끊었다.

그러고 나자 또다시 암담했다.

뭘 해야 할지 몰라 손을 놓고 있는데 갑자기 '내가 목사인데 기도를 하지 않고 뭘 하는 거지?'라는 생각이 들었다. 그래서 책상 앞에 성경책을 놓고 두 손을 모았다. '하나님'하고 기도를 시작하는데 눈물이 주르르 흘렀다. 가슴이 먹먹하고 아팠다.

'이제 어떻게 합니까. 주님. 베트남 사역은 누구에게 맡깁니까?'

기도를 하고 있는데 '요나야'하는 소리가 들렸다.

깜짝 놀라 눈을 떴는데 방안이 캄캄할 뿐 아무것도 보이지 않았다. 그때 또 한 번 건물이 울리는 것처럼 큰 소리가 내 귀청을 찢었다.

'너에게 비라카미를 맡겼는데 미얀마는 어떻게 할래?'

주님의 음성이었다.

그 음성을 듣자 나도 모르게 허리가 꺾였다.

비라카미 선교를 시작한 지 24년이 되었지만 미얀마 선교는 아무 열매가 없었다. 지리적으로 베트남, 라오스, 캄보디아는 붙어 있기 때문에 한 묶음으로 다녔지만 미얀마는 태국 접경지역이라 우선순위에서 밀렸던 것이다. 하나님은 미얀마의 복음화를 위해 나를 베트남에서 추방시키신 것이었다.

그것을 깨닫자 마음에 가득했던 슬픔이 사라졌다.

자리를 떨치고 일어나 미얀마로 가야 했다. 나는 당장 미얀마로 가는 표를 구해서 선교지를 향해 떠났다. 우물쭈물할 시간이 없었다. 언제 데려가실지 모르는 시한부 인생이라 하나님의 명령이 떨어지면 곧장 실행해야 했다.

그렇게 시작한 미얀마 사역은 유난히 어려움이 많았다.

나를 직접 겨냥한 사탄의 공격이 얼마나 심했던지 자주 다치고 사고도 많이 당했다. 초창기 때의 일이다. 어떻게 선교를 해야 할지 의논하기 위해 한국에서 온 선교팀과 미얀마 한인교회 목사님을 만나는 자리를 가졌다. 우리는 어디를 가나 아침저녁으로 예배를 드렸다. 첫날 아침에도 호텔에서 예배를 드리고 미얀마 현지 상황을 말씀해 주실 한인교회 목사님을 소개한 후 접이식 의자에 앉았는데 그 이후로 정신을 잃었다.

간단한 소지품을 놓으라고 갖다 놓은 의자에 앉자마자 천이 쭉 찢어지면서 내가 기우뚱 중심을 잃고 넘어졌는데 뒤쪽에 기대고 있던 쇠기둥 모서리에 머리를 심하게 부딪혔다. 머리가 터져 피가 나면서 정신을 잃었는지 그 후로는 기억이 나지 않았다.

그뿐만이 아니다. 미얀마 사역을 하다 6개월 정도 됐을 때 베트남의 빠콤의 신임 장관인 썬장관으로부터 한국에서 만나 자는 연락을 받고 급히 귀국했다. 주일 오전에 한국에 도착해 아침과 저녁에 서울 인근에 있는 교회에서 설교를 하고 밤 10시 반쯤 일산에 있는 선교센터에 도착했다.

평소 같으면 그 시간에 잠들지 않는데 미얀마에서부터 너무 강행군으로 움직였기 때문에 몸이 피곤했는지 잠깐 눈을 붙인다고 누웠다가 잠에 곯아떨어져 버렸다. 그런데 자다 보니 누군가 내 목을 조르는 것 같았다. 이상해서 눈을 떠보니 방안은 캄캄했고, 매캐한 공기가 눈과 코를 찔러댔다. 목이 답답하고 숨을 쉴 수가 없었다.

이상한 건 분명히 불을 켠 채로 잠들었는데 방안에 불빛이 하나도 없었다. 더듬거리며 화장실 불도 켜보고, 가스렌즈도 켰지만 정전인지 어디에도 불이 안 들어왔다. 너무 이상해서 창문으로 가서 커튼을 열고 봤더니 소방차 수십 대가 내가 있는 오피스텔을 향해 물을 뿜고 있었다. 그 장면을 보고 있는데 마치 꿈같았다. 하지만 꿈은 아니었다. 화재가 났다는 걸 알게 되자 맥이 쫙 풀렸다. 다리가 후들거리고 휘청거려 걷기도 힘들었다.

그래도 상황이 어떤지 보려고 억지로 현관 쪽으로 가서 문을 열었는데 연기가 확 들어왔다. 그 연기에 질식해서 쓰러졌다가 한참 후에 일어나 보니 다행히 문을 안으로 잡아끌면서 쓰러지는 바람에 문이 활짝 열려 있지는 않았다.

얼른 문을 닫고 옆 건물에 있는 껌벙에게 전화를 걸었다.
그때 껌벙은 호치민 대학과 비라카미 신학교를 졸업하고 한국 기독교 대학에 학사 과정을 수여하고 숭실대학 석사과정에 있었다. 원래는 나와 같은 오피스텔 건물 8층에서 지냈는데 계약 서류에 문제가 생겨 임시로 옆 건물에 방을 얻어 다른 베트남 아이들과 생활하고 있었다.

아무것도 모르고 잠자고 있던 껌벙은 화들짝 놀라 내 전화를 받았다. 건물에 불이 났다고 하자 빨리 물수건 뒤집어쓰고 엘리베이터를 타고 내려오라고 했다. 그 말을 듣자 피식 웃음이 났다. 그래서 너는 앞으로 이런 불이 날 때 엘리베이터를 타면 큰일 나니 절대로 그런 짓은 하지 말라고 하고, 빨리 나가서 어디에 불이 났는지 알아봐 달라고 했다.

그리고 욕실과 주방에 가서 수도를 전부 틀었다.
이제 수건을 찾아 현관문 사이를 막아야 하는데 수건이 어디 있는지 생각나지 않았다. 캄캄한 데다 연기로 가득 찬 방은 아무것도 보이지 않는데 다리는 자꾸 오징어처럼 휘어져서 두어 걸음 가다가 넘어지고 또 넘어졌다. 이제 죽겠구나 생각하니 다리에 힘이 풀려서 걸을 수가 없었다.

그렇게 수건을 찾아 온 방을 헤매는 사이에 수돗물이 넘쳐나기 시작했다. 개수대에서도 물이 쏟아지고 욕실에서도 물이 흘러넘쳐 현관에 물이 찼다. 덕분에 현관문 아래쪽은 막혔지만 옆과 위쪽에서는 연기가 계속 들어오고 있었다. 겨우 수건을 찾아 문에 걸려고 현관문 위에 못을 박는데 연기 때문에 눈을 뜰 수가 없었다. 못 박다가 질식해서 죽을 판이었다.

그래서 수건으로 문을 막는 건 포기하고 창문을 열어야겠다고 생각했다. 문제는 오피스텔이라 한 뼘 정도 되는 여닫이 환기창 말고는 열리는 창문이 없었다. 결국 창문을 깨야 했다. 그래서 책상 위에 있던 컴퓨터와 프린터기를 바닥으로 '던지고 책상을 창문 쪽으로 밀어붙인 후 카트를 들고 책상에 올라갔다. 여차하면 도망가려고 신발도 신었다.

그리고 무릎을 꿇고 '주여'를 외치며 카트를 유리창에 내리쳤다. 유리창엔 금도 안 갔는데 나는 카트 바퀴에 맞아 뒤로 나동그라졌다. 몸이 한 바퀴 돌면서 목이 뒤로 꺾여 부러졌다. 그래도 아픈 줄 몰랐다. 살아야겠다는 생각으로 카트를 들고 또 책상 위로 올라갔다. 두 번째도 유리창은 멀쩡하고 나만 옆으로 떨어졌다. 의자에 부딪혀 고관절이 부러지고 팔뚝이 찢어졌다. 그렇게 하기를 대 여섯 번 하다 보니 결국 유리창에 금이 가고 결국 깨졌다. 나중에 알고 보니 그 유리창은 6인치짜리 유리를 겹쳐 놓았는데 그 사이가 진공상태라 절대로 깨지지 않는 거라고 했다. 철교와 같은 강도를 가졌는데 그 유리가 깨진 걸 보고 집수리하러 오신 분이 깜짝 놀랐다.

하지만 그때는 유리창이 왜 안 깨지는지 생각할 겨를이 없었다. 그걸 깨야 숨을 쉴 수 있다는 생각에 초인적인 힘으로 깬 것이다. 나는 깨진 유리창을 두들겨 구멍을 크게 만들고 거기에 담요를 깔아 놓고 심호흡을 했다. 내가 창밖으로 얼굴을 내밀자 밑에서 아우성치는 소리가 들렸다. 껌벙과 이룻 선교사 부부 그리고 지구촌교회 김승환 목사님이 나를 보더니 손을 흔들며 나를 불렀다.

그 와중에 나는 근거를 남기겠다고 휴대폰으로 사진을 찍고 있는데 김승환 목사님이 나를 구하겠다고 오피스텔로 뛰어들어오는 게 보였다. 소방관이 다급하게 말리고, 이룻 선교사 부부는 이리저리 뛰어다니면서 소방관을 붙들고 구할 방법이 없는지 묻고 있었다.

불길은 지하에서 시작되어 6층까지 번졌다.

나는 10층이었기 때문에 어느 정도 시간적 여유가 있었다. 그래서 캐시미어 이불로 밧줄을 만들어 뛰어내리자고 마음먹었다. 그런데 창문이 너무 좁아 도저히 빠져나갈 수가 없었다. 그래서 튼튼한 줄로 이불의 네 귀퉁이를 묶어 낙하산처럼 만들어놓고 유사시에 뛰어내릴 준비를 해 놓았다.

하지만 그걸로는 마음이 놓이지 않았다. 화재가 진압될 때까지 기다리다가는 꼼짝없이 죽겠다는 생각에 구조 헬기가 올 때까지 옥상에서 기다리자고 마음먹었다. 그래서 복도로 나가려고 문을 여는 순간 처음보다 더 짙어진 연기에 눈을 뜰 수가 없었다. 복도를 지나기도 전에 질식하겠다는 생각이 들었다. 게다가 겨우 옥상에 올라간다 한들 문이 잠겨 있으면 허사였다. 결국 옥상에 가는 것도 포기했다.

그러고 나니 할 게 아무것도 없었다. 시시각각 조여 오는 죽음과 마주하며 불안에 떨다가 갑자기 '내가 명색이 목사인데 왜 이렇게 돌아다니나. 그동안 받은 은혜가 얼마이며 체험한 기적도 무수한데 왜 기도하지 않고 헤매고 다니나, 기도해야지'라는 생각이 들었다.

그래서 기도를 하려고 의자에 앉았다. 그런데 갑자기 서러움이 북받쳤다. 슬픔이 나를 집어삼키며 통곡이 터져 나왔다. "하나님, 제가 통닭입니까? 정녕 이렇게 태워 죽이시겠습니까? 저를 식물인간에서 살려주실 때는 베트남 땅에서 순교하

라고 하시지 않았습니까? 그 땅에서 피를 흘리고 살이 찢기게
될 줄 알았는데 이렇게 죽어야 합니까? 저는 순교자도 안 됩
니까? 순교자 반열에 오를 자격도 없습니까? 하나님?"

　이렇게 기도를 하는데 갑자기 나를 비웃는 사람들의 표정이
떠올랐다. 그 사람들은 나를 비웃으며 결국 내가 믿고 신뢰했
던 하나님을 손가락질하였다. 그래서 다시 또 기도했다.

　"좋습니다. 저는 죽어도 괜찮아요. 그런데 하나님, 주님의
영광을 가리는 건 어떻게 하시겠습니까? 그동안 저를 반대하
며 별의별 소문을 다 만들어냈던 안티들이 제가 이렇게 죽으
면 '장요나 선교사의 최후를 좀 봐라. 저렇게 죽은 사람이 무
슨 전설적인 선교사요, 공산주의 선교의 1인자인가?'라고 비
아냥거릴 게 뻔합니다. 그렇게 하나님의 영광을 가릴 텐데 그
것은 어찌하시겠습니까? 저는 죽으면 천국 가니 괜찮습니다."

　하지만 괜찮지 않았다. 왜 하필 미얀마에서 오자마자 불이
나고, 다른 건물도 아닌 내가 묵는 오피스텔에 대형 화재가 났
는지 이해할 수가 없었다. 그래서 내게 무슨 잘못이 있는지 알
게 해 달라고 기도했다. 만약 나 때문에 화재가 난 거라면 오
피스텔에 있는 수많은 사람들은 무슨 죄인가, 지금이라도 회
개할 수 있도록 죄를 깨닫게 해 달라고 울면서 기도했지만 하
나님은 아무 대답도 하지 않으셨다.

마치 절벽 앞에 선 느낌이었다. 내 기도에 응답하지 않으시는 분께 나는 다시 마지막 결단의 기도를 했다.

'하나님, 죽으라 하시면 죽겠습니다. 그런데 마지막으로 한 가지 부탁이 있습니다. 제가 이렇게 기도하고 있는데요. 기도하는 이 모습 그대로 죽게 해 주십시오. 온몸이 불에 타도 좋습니다. 제가 사람들에게 기도하다 죽었다는 것을 알게 해 주세요. 그래서 하나님의 영광을 가리지 않게 해 주세요. 저는 천국에 가니 죽어도 좋습니다. 하지만 제가 허망하게 죽으면 그 모든 사역이 뭐가 됩니까? 제가 하나님의 일을 하다 죽지 않은 게 되면 그 일이 어떻게 이어지겠습니까? 주님, 이것도 탐욕입니까? 이것도 욕심이라 하시겠습니까?'

통곡하며 기도를 하고 나자 갑자기 가족이 생각났다.

내가 불길 속에 갇혀 있는 걸 아무도 모르는데 베트남도 아닌 한국에서 내가 죽었다는 소식을 들으면 얼마나 가슴이 아플까. 전화를 걸고 싶어도 전화번호도 몰랐다. 연락을 끊고 산 지 수십 년이 되어 집이 어딘지도 몰랐다. 그렇게 하나님 한 분만 섬기며 선교를 위해 모든 것을 배설물처럼 다 버리고 앞만 보고 달려왔는데 도대체 왜 이렇게 죽어야 하나, 내게 무슨 잘못이 있나, 몸부림치며 기도했다.

그때 천장이 무너지는 소리가 들렸다. 드디어 건물이 붕괴되나 싶었는데 갑자기 '내 은혜가 네게 족하도다'라는 울림이 방안을 뒤흔들며 지나갔다. 천둥 같은 소리에 화들짝 놀라 눈을 뜨자 방 안이 환했다. 찬란한 빛이 방안에 쏟아져 들어와 빛으로 가득 찼다. 그러면서 천장이 사라지고 벽도 없어졌다. 방안의 모든 사물도 자취를 감추고 오직 내 앞에 있는 책꽂이만 남았다.

그런데 책꽂이에 꽂힌 책에서 가격표가 도드라지며 움직이더니 숫자들이 겹치면서 5와 0이 하나로 되어 50000이란 숫자를 만들었다. 그걸 보자 갑자기 미얀마 양곤 건너에 있는 빈민가가 떠올랐다. 한국에 오기 직전에 방문했던 곳이었다. 차마 눈뜨고 볼 수 없을 만큼 가난한 곳이라 고아원을 세우기 위해 구청장과 함께 그곳을 찾았었다.

그런데 빈민가 한쪽 구석에 버려진 것처럼 방치된 아이들이 울고 있었다. 집이라고 해봤자 거적을 나무에 세워놓은 것 같은 곳이지만 그래도 밥이나마 있어 다행이다 싶었는데 아이들은 밥에 손도 안 대고 울기만 했다. 왜 그러냐고 물어보자 엄마를 기다리며 우는 거라고 하면서 아이들의 아빠가 어릴 때 병으로 죽었기 때문에 엄마가 돈을 벌러 나갔다고 했다. 그러면서 5만 원만 있으면 세 아이와 엄마가 한 달을 살 수 있다고 해서 주머니에 있는 돈을 몽땅 털어주고 왔다. 5만이란 숫자를 보니 그 아이들이 생각났다. 그 울음소리가 들리는 것 같았다.

그때 마음으로부터 회개가 되었다. 나는 살인자였다. 그동안 얼마나 많은 사람을 죽였나. 얼마나 많은 죽음을 모르고 살았던 것일까? 이 책값을 전부 합하면 몇 명을 살릴 수 있었던 것일까? 이 책을 사느라 불쌍한 영혼을 수없이 죽였구나. 복음을 들어볼 기회도 없이 굶주림 속에 죽게 만들었구나. 그런 생각들이 물밀 듯 밀려오면서 회개의 기도가 절로 나왔다.

"하나님 잘못했습니다. 이거였군요. 이곳에 불이 난 이유가. 이제라도 깨닫게 해 주시니 감사합니다. 주님, 제가 수많은 사람을 죽였네요. 저는 영혼 구원할 자격이 없습니다. 하지만 주님, 미처 몰라서 그랬습니다. 용서해 주십시오."

그렇게 회개 기도를 하고 있는데 하늘에서 또 큰 우레와 같은 소리로 '내 은혜가 네게 족하다'는 음성이 또 들렸다. 깜짝 놀라 눈을 떴더니 방안을 가득 채웠던 빛이 사라지고 지옥으로 바뀌어 있었다. 어마어마하게 큰 지옥이었는데 이상하게 한눈에 들어왔다. 거기엔 내가 아는 장로님과 목사님들이 수두룩했다. 서로 살려달라고 비명을 지르며 아우성을 치고 있었다. 고통스러운 표정이 너무나 끔찍해 소름이 돋았다. 식물인간일 때 보고 온 지옥을 또 보여주신 것이다.

그걸 보니 정신이 번쩍 들었다. 다리에 힘이 붙었다.
'내 은혜가 네게 족하다'는 말씀에 의지하니 일어나 걸을 수 있게 되었다. 그래서 창문으로 뛰어가 얼굴을 내밀었다. 내가 너무 오랫동안 잠잠하자 죽은 줄 알았던 사람들은 내 얼굴을 보고 기뻐서 손을 흔들고 소리를 질렀다. 나도 그들에게 손을 흔들어 화답하고, 기념사진을 한 장 찍었다. 그리고 '찬양하라 내 영혼아'와 '우리에게 향하신 여호와의 인자하심이' 찬양을 불렀다. 찬양을 부를수록 마음에 담대함이 생겼다.

찬양을 다 부르고 나자 소방서 사다리차가 서 있는 게 보였다. 그래서 이룻 선교사에게 전화해서 사다리차를 좀 올려보내 달라고 했다. 유리창을 깨다가 다쳐서 몸에서 피가 나니 구조 요청을 해 달라고 부탁했다. 그런데 거기 있던 사다리차는 5층 밖에 못 올라간다며 10층짜리 사다리차가 서울에서 오는 중이라고 했다.

그 차가 올 때까지 기다릴 수는 없었다. 그래서 구조대원을 올려보내 달라고 했다. 그때 이미 피를 많이 흘린 상태였기 때문에 응급처치가 필요했다. 그리고 얼마 후 구조대원이 올라왔다. 그는 방독면을 내게 씌워주고 왼손을 옆구리 사이로 깊숙이 넣어 부축해 일으켰다. 복도로 한 걸음 내딛는데 정신이 아득했다. 구조대원은 까무룩 정신을 잃는 나를 일으켜 세워서 끌어안고 굴뚝같은 계단을 걸어 내려왔다.

1층에 오자마자 대기하고 있던 구급차에 올라타 산소 호흡기를 착용했다. 응급실에 가서 검사를 해 보니 가스를 47데시트를 마셔서 위급한 상황이라고 하며 가스를 뽑아내고 산소를 흡입시켰다. 그뿐이 아니었다. 인대가 찢어지고 힘줄 2개가 끊어졌고, 목도 5, 6번이 부러졌다고 의사들은 자기들끼리 소근거렸다.

그런데 정말 희한하게도 그 말을 듣자마자 몸이 아프기 시작했다. 구조대원이 나를 거의 끌어안다시피 했지만 그래도 10층을 내 발로 걸어 내려왔다. 그 바로 전에는 현관으로 뛰어가고, 책상에 올라가 창문도 깨고, 사진도 찍었는데 그때는 멀쩡히 움직이던 몸이 의사의 말을 듣는 순간부터 움직이질 않았다. 목도 턱에 붙어서 올라가지 않았다. 말이 내 몸을 지배한 것이다.

고관절 수술

구급차가 나를 데리고 간 곳은 공교롭게도 일산 D대 병원이었다. 목사인 내가 다른 종교 대학 병원에서 치료를 받을 수는 없다는 생각에 응급실에서 나와 모텔에서 하룻밤을 지냈다. 몸을 땅에 질질 끌다시피 하면서 겨우 모텔까지 갔는데 온몸이 찢어지는 것처럼 아팠다.

그래서 다음날 다른 병원에 가서 다시 검사를 받았다.

결과는 마찬가지였다. 목뼈 2개가 부러지고 고관절이 부서져서 수술을 안 하면 안 되는 상황이었다. 한시가 급하다고 당장 수술 시간을 잡자고 의사는 재촉했지만 나는 수술할 생각이 없었다. 수술 시간은 3시간이지만 3개월 정도 재활 치료를 받아야 걸을 수 있다고 하니 어떻게 수술을 받겠는가.

내가 수술을 받지 않겠다고 하자 의사가 기겁을 했다.

그분은 예수님을 믿지 않는 의사였다. 그래서 내 생명은 하나님의 것이라고 말하고, 내가 할 일이 있으니 그분이 나를 고쳐서 사용하실 거라고, 내 시간표는 내년까지 다 짜여 있는데 거기에 '장요나 선교사 수술'이란 일정은 없다. 그러니 내 몸에 손대지 말라고 했다.

하지만 당장 퇴원은 할 수가 없었다.

내가 지낼 오피스텔은 화재로 들어갈 수가 없었다. 그래서 병원에 입원해 있었다. 내가 입원했다는 소문이 퍼지자 전국에서 병문안을 오기 시작했다. 아침부터 밤까지 문병 온 사람들로 북적거려 쉴 수도 없었다.

그렇게 5일 정도 입원해 있는데 갑자기 눈앞에 TV 자막 같은 게 지나갔다.

'히브리서 11장 1절'이었다.

새벽 3시면 내게 말씀을 주실 때와 같은 방식의 모양이었다. 그런데 성경 구절만 알려주신 게 아니라 "믿음은 바라는 것들의 실상이요 보이지 않는 것들의 증거니"라는 말씀도 계속 지나갔다. 분명히 지금 내게 주신 말씀이었다.

그래서 나는 방문객들에게 조용히 해 달라고 하고, 하나님께서 지금 내게 말씀을 주셨으니 다같이 히브리서 11장 1절 말씀을 붙들고 기도하자고 했다. 그리고 내 손을 턱과 목 사이에 넣고 하나님께 기도했다.

"하나님, 지금까지 저는 제 자신이나 가족을 위해서 기도하지 않았습니다. 베트남과 캄보디아, 라오스, 미얀마를 위해 기도하기 바빠서 다른 기도를 해 본 적이 없습니다. 그런데 오늘은 하나님이 저를 위해 기도하라고 하셔서 제 자신을 위해 기도합니다. 하나님이 살아계심을 이들에게 증거하게 하여 주옵소서."

이렇게 기도하고, 히브리서 11장 1절을 크게 읽은 후에 '은과 금은 내게 없거니와 내게 있는 것으로 네게 주니 나사렛 예수 이름으로 명하노니 떨어져라'라고 말한 후에 목과 턱 사이에서 손을 뺐다. 그러자 목과 턱이 떨어졌다. 꺾어졌던 고개가 들린 것이다. 그걸 본 사람들이 '할렐루야'를 외치며 박수를 쳤다. 너무 놀라 바닥에 주저앉은 사람도 있고 큰 소리로 찬양하는 사람도 있었다.

병실이 소란스러워지자 무슨 일인가 궁금해서 들어온 간호사가 나를 보더니 깜짝 놀라 의사에게 내 상황을 보고했다. 그래서 CT를 다시 찍었다. 검사 결과 부러졌던 5, 6번 목뼈가 깨끗하게 붙어 있었다. 믿기지 않는지 의사가 한참 동안 CT를 보더니 "신기하네. 어떻게 붙었지? 신경이 끌고 갔나 봐요"라고 말했다. 신경이 어떻게 뼈를 끌고 가겠는가. 나는 그 말에 "내 말대로 되지 않았습니까? 하나님이 고쳐 주셨습니다. 선생님도 예수 믿으세요. 그리하면 금상첨화인 좋은 의사가 될 것입니다"라고 대답했다.

그렇게 목뼈는 붙었지만 다른 부분은 쉽게 낫지 않았다.
하지만 일정을 미룰 수가 없어서 목발을 짚고 미국 집회도 다니고 베트남에서도 사역을 계속 진행했다. 의사들은 그대로 두었다가는 나중에 걷지 못할 수도 있다고 반협박을 했지만 다리에 감각이 없어 통증을 못 느꼈기 때문에 문제의 심각성을 느끼지 못했다.

그런데 6개월쯤 지나자 한쪽 다리가 현저히 짧아져 있었다. 고관절이 부러진 것을 방치한 결과였다. 문제는 뼈가 계속 부서졌기 때문에 한쪽 다리가 얼마나 더 짧아질지 모른다는데 있었다.

그래서 10개월 만에 고관절 수술을 받았다. 고관절은 허벅지를 30cm 이상 벌려놓고 세라믹을 넣어 다리 길이를 맞추는 인공수술이었다. 5시간 동안 진행되는 수술 시간 동안 나는 마취 상태로 있었다. 그런데 마취가 되자마자 예수님이 지팡이를 짚고 내 앞에 서 계셨다. 예수님을 보자 '아, 이제 죽었구나'라고 생각했는데 주님은 내게 와서 입 맞추라고 말씀하시며 나를 안아주셨다.

그 품에 안기자 간질간질하면서도 부드러운 솜사탕 같은 게 나를 감싸 안아 하늘로 올라가는 것 같았다. 어디선가 맑고 투명한 소리들이 울려 퍼지고 꽃무더기가 쏟아지는 것 같기도 했다. 형언할 수 없는 아름다움이 나를 설레게 하고, 말못할 감동에 휩싸이게 했다.

그때 예수님께서 '자, 가자'하시고는 나와 함께 거닐었다.
그리고 지팡이로 어딘가를 치시면서 '여기가 미얀마다'라고 말씀하셨다. 그러자 미얀마 풍광이 나타났다. 내가 발로 뛰던 사역지였다. 예수님은 그곳을 나와 함께 거니시며 '여기가 양곤이다'라고 설명해 주셨다. 사람들 사이를 지났지만 아무도 예수님과 나를 알아보지 못했다. 양곤강 위도 걸었다. 바로 옆에 시멘트를 싣고 가는 배가 지나는데도 물결이 우리의 발걸음을 방해하지 못했다.

예수님은 그곳을 지나가시면서 내가 한 일들을 세세히 말씀해 주셨다. '네가 지난 2014년 11월 28일에 여기 왔었지? 여기서 아버지를 잃은 아이들이 불쌍하다고 5만 원을 주고 갔지?' 미얀마의 교회에 가서는 '여기는 네가 2014년 10월에 지은 교회지?' 그렇게 미얀마로 시작해서 라오스, 캄보디아, 베트남까지 모든 사역지를 다 돌면서 당시 219개의 교회를 일일이 다니는 느낌이었다.

사역지를 돌면서 내 마음은 벅차올랐다.

내가 한 모든 일을 기억하시는 주님, 머리카락까지 세신다는 말씀은 참말이었다. 이렇게 나의 모든 것을 아시는 주님을 위해 더 충성하자, 더 많은 이들에게 복음을 전하자. 그곳의 모든 영혼들을 기억하시고 날마다 그들을 위해 기도하시는 주님을 위해 선교의 깃발을 더 높이 올리자.

5시간 만에 마취에서 깨어났는데 하나도 아프지 않았다.

믿음의 확증이 생기니 더 이상 육체의 질병에 지배당하지 않았다. 마취에서 깨자마자 너무 멀쩡한 나를 보고 간호사가 아프지 않냐고 물어볼 정도였다. 나는 아프지 않았다. 곧장 미얀마에 가는 비행기표를 예약했다. 그리고 함께 살 사람들을 모집했다.

그렇게 일주일을 병원에서 보내면서도 나는 예배를 드리고 복음을 전했다. 저녁 8시가 되면 간병사들이 내 방에 모여 함께 예배드리고 성경을 가르치고 기도회를 가졌다. 침대에 누워 안정을 취해야 한다고 했지만 그 사이 나는 휠체어 타볼 겨를도 없이 낮에는 미얀마 선교 일정을 짜고 밤에는 집회를 가졌다.

그리고 일주일 만에 퇴원하겠다고 하니 원장이 펄쩍 뛰었다. 허벅다리를 37cm 가르고 벌려서 수술한 후에 외피만 꿰맸기 때문에 안쪽이 아직 안 붙었다며 적어도 한 달 이상 움직여서는 안 된다고 했다. 게다가 비행기를 타면 기압 때문에 분명히 수술 부위가 터질 거라고 경고했다.

하지만 나는 아랑곳하지 않고 퇴원했고, 무사히 미얀마 사역을 마쳤다. 그리고 지금까지 내 허벅지는 멀쩡하다.

체류허가서

베트남에서 추방된 지 반년 정도 지났을 때 빠꼼에서 연락이 왔다. 안기부 장관이 바뀌었으니 인사도 할 겸 한국에서 만나자고 했다. 빠꼼은 우리나라의 안기부(세계친선협회)와 같은 곳으로 NGO 비자를 주관하는 부서다. 그동안 병원이나 학교, 고아원 등을 지으면서 긴밀히 협조했기 때문에 이전 안기부 장관과는 친분이 꽤 두터웠다. 그는 공산당이었지만 딸을 내게 맡겨 한국에서 대학교도 다니게 했다. 그런데 그분이 브라질 대사로 가게 되어 신임 장관이 온 것이다. 공교롭게도 새 장관이 부임할 당시 나는 베트남에서 추방당해 얼굴을 볼 새가 없었다.

그런데 미얀마 사역을 하고 있는데 신임 장관이 내게 메일을 보내왔다. 그는 내게 미안하다고 사과하며 빠콤에도 알리지 않고 종교성에서 나를 추방시켰는데 비자 문제는 곧 해결할 테니 조금만 기다려 달라고 했다.

빠콤과 종교성은 이해관계가 첨예하게 대립되기 때문에 항상 마찰을 빚었다. 교회가 너무 많아지면 사상을 변질시킬 우려가 있다고 종교성에서 나를 잡아가면, 내가 있어야 베트남에 달러가 들어온다고 하면서 빠콤에서 나를 빼내 주었다. NGO에서는 병원이 16개소, 초등학교가 2개소, 유치원 1개소, 고아원 17개소로 사역이 많았기 때문에 빠콤에서는 내가 베트남에 있는 것이 유리했던 것이다.

그렇게 나는 종교성과 빠콤의 힘의 균형 사이에서 한쪽으로 무게가 기울면 경찰에 붙잡혀 가서 조사받다 풀려나기를 반복하며 교회를 세우고, 병원을 지어 비자를 연장시켜 왔다. 그러는 사이 두 기관의 반목은 더 깊어졌다. 종교성에서는 노골적으로 제거 명령을 내리고, 나를 추방할 기회를 호시탐탐 노렸다. 하지만 빠콤에서는 내가 예수 얘기만 하지 공산당이나 사상 얘기는 전혀 하지 않는다고 하면서 나를 베트남에 두고 병원이라도 하나 더 짓자고 설득했다.

그러다 내가 추방을 당하자 뒤늦게 그 사실을 알고 빠콤에서 당황한 것이다. 메일을 보낸 후 반년쯤 지났을 때 신임 장관은 서울에서 만나자고 연락을 했다. 그래서 6개월 만에 미얀마에서 한국으로 돌아왔다가 화재를 당한 것이다.

화재 현장을 빠져나오느라 뼈가 부러지고 온몸이 만신창이가 됐지만 베트남의 안기부 신임 장관과의 약속을 어길 수는 없었다. 그래서 목과 턱이 붙은 채로 다리를 질질 끌고 약속 장소에 나갔다. 그런 몸으로 자신을 만나러 온 나를 보고 신임 장관은 다시 한번 사과하면서 비자 문제를 조속히 해결하겠다고 약속했다.

그리고 6개월 뒤 베트남에서 들어오라는 연락이 왔다. 곧장 들어가 관청에 가니 빠콤과 종교성 그리고 NGO 장관 세 명이 나를 기다리고 있었다. 그리고 내게 다시 체류허가서를 주었다.

"우리나라 사람보다 베트남을 더 사랑하는 미스터 장, 26년 동안 우리나라를 위해 정말 고생하셨습니다. 구순구개열 환자 6,300명을 고쳐 주었고 병원을 15개 지었습니다. 정말 당신의 헌신과 노력에 감사드립니다. 하지만 저희가 법을 바꿀수는 없습니다. 당신이 외국인인 이상 종교법은 여전히 당신을 구속할 것입니다. 그러니 당신은 국적과 관계없이 우리와계속 함께 일해 주십시오."

그러면서 그들은 내가 2014년 9월에 지은 병원에 대해 언급했다. 8월에 추방당한 후 한국에서 동분서주하며 15번째 병원을 설립했는데 그 약속을 지킨 것에 대해 진심으로 감동했다고 하면서 병원을 또 하나 지어줄 수 있겠냐고 했다. 나는당연히 지을 수 있을 거라고 했다. 그동안 나의 힘으로 지은게 아니라 하나님이 병원을 짓게 해 주셨으니 이번에도 반드시 도움의 손길을 보내주실 거라고 힘 있게 대답했다.

그 대답까지 듣고 나더니 세 사람은 서로 얼굴을 마주 보았다. 그리고 내게 세 가지 질문을 했다.
첫 번째 질문은 앞으로 무엇을 하겠냐는 거였고, 두 번째는고아원을 세우고 사용하지 않으면 자기네가 용도를 변경하여쓸 수 있도록 해 달라고 했다. 그리고 마지막으로 앞으로도 학교나 병원 같은 공공시설이 필요할 때 지어 달라고 요청했다.

그 말을 듣고 나는 함께 간 비라카미 선교회 임원들이 다 들을 수 있도록 쭉번 선교사에게 내가 하는 말을 한국어로 통역해 달라고 부탁했다. 그리고 세 명의 장관을 향해 돌아서서 대답을 했다.

"여러분 나를 불러주셔서 정말 고맙습니다. 하지만 그보다 여러분의 마음을 움직이게 하신 하나님께 감사를 드립니다."

나는 공산당 앞에서 떳떳하게 하나님께 감사를 드렸다.
그리고 계속 말을 이어갔다.

"내가 추방당하고 가장 힘들었던 건 여러분께 복음을 전하지 못하게 되었다는 점이었습니다. 그게 너무 서운하고 답답해서 추방당하고 일주일 동안은 밤마다 잠을 이루지 못하고 울었습니다. 한국에 있었지만 나는 나의 집에도 가지 않았습니다. 아내나 아이들을 만나지 않고 오직 베트남에 다시 올 수 있는 방법을 구하며 여러분을 그리워했더니 하나님께서 다시 이곳에 오게 해 주신 겁니다. 그러니 하나님께 감사할 수밖에요."

세 명의 장관은 아무 말 없이 나를 쳐다보았다.
그때 나는 진심을 다해 첫 번째 질문에 대한 대답을 했다.

"앞으로 무엇을 하겠냐고 물으셨습니까? 나는 목사입니다. 이 땅에 복음을 전하러 온 선교사입니다. 그렇기 때문에 나는 지금까지와 마찬가지로 앞으로도 여러분이 구원받을 수 있도록 교회를 세울 것입니다. 그리고 나는 나의 가족보다도 여러분을 죽도록 사랑합니다. 그리고 이 땅에서 죽을 것입니다."

이 말을 했는데도 아무도 나를 저지하지 않았다.

그때 뒤에 서 있던 김승환 목사님이 눈물을 흘렸다. 그 자리가 어떤 자리인가, 복음을 전하다 추방당한 자리요, 다시 나를 받아들일 수 있는지 확인하는 자리였다. 어쩌면 그 자리에서 교회를 세우겠다고 담대하게 말하는 건 무모할 수도 있었다.

"내가 진실로 진실로 너희에게 이르노니 한 알의 밀이 땅에 떨어져 죽지 아니하면 한 알 그대로 있고 죽으면 많은 열매를 맺느니라 자기의 생명을 사랑하는 자는 잃어버릴 것이요 이 세상에서 자기의 생명을 미워하는 자는 영생하도록 보전하리라 사람이 나를 섬기려면 나를 따르라 나 있는 곳에 나를 섬기는 자도 있으리니 사람이 나를 섬기면 내 아버지께서 그를 귀히 여기시리라"(요한복음 12:24~26)

그 자리에 있던 사람들은 내게 어떻게 그렇게 당당하게 말할 수 있냐고 물었다. 나는 한 가지 생각뿐이었다. 복음을 부끄러워하지 않겠다는 것, 교회를 지을 수 없다면 복음을 전할 수 없다면 베트남에 들어간들 무슨 소용이 있겠는가. 내가 복음을 부끄러워하지 않을 때 주님도 당신의 이름을 위하여 나를 지켜 주실 것을 믿었다. 설령 그 고초를 당한다 해도 나는 언제든 죽을 준비가 되어 있기 때문에 담대하게 복음을 외칠 수 있었다.

내가 두려운 것은 공산당이 아니다. 경찰도 아니다. 집요한 추궁도 아니다. 나의 믿음이 변질될까 봐 그게 가장 두렵다. 많은 사람들이 변질되고 있다. 그 끝을 나는 환상 속에서 본 지옥에서 목격했다. 하나님을 믿노라 말하고 다니면서 겉모습은 기독교인으로 살았지만 그들의 최후는 지옥이었다. 세상은 속일 수 있어도 하나님은 속일 수 없다는 것을 지옥을 통해 똑똑히 알았다.

그렇게 복음 앞에 당당하니 나를 추방했던 자들이 내게 체류권과 체류비자를 주었다. 공산주의로 높은 담을 쌓고 외국인은 발도 못 들이게 했던 베트남에서 내가 활동할 수 있는 체류권을 부여한 것이다. 내가 그 땅에서 마음껏 일할 수 있도록 배려해 주었다. 복음의 일꾼은 종교법에 제한을 받지 않는다. 그렇게 나는 2015년 여름, 새로운 사람이 되었다.

선교 현장에서 눈물로 씨앗을 뿌려 기적을 이룬 사람

– 최요한 목사(남서울비전교회 담임/ 비라카미 사랑의 선교회 이사장)

주님이 가장 기뻐하시는 선교사님들이 많은데 그중에 한 분이 장요나 선교사님입니다. 장요나 선교사님은 1990년 1월에 복음의 불모지 베트남에 들어가셔서 오직 영혼 구원에만 전념하였습니다. 제자 훈련을 위해 신학교를 세우고 30년 동안 300개 교회와 병원 16개소, 초등학교 2개소, 유치원, 고아원 등을 설립하며 사역하였고, 구순구개열 환자 6,300여 명을 무료 수술하여 주었습니다. 지난 30년간 베트남 일대에서 구원에 이르게 한 영혼이 약 260,000여 명에 달합니다.

불구의 몸으로, 장애인으로서 그러한 사역을 감당한다는 것은 인간적으로는 설명이 되지 않습니다. 그야말로 기적을 이룬 것입니다. 그 기적을 통해 하나님께서 장요나 선교사님과 베트남 영혼들을 얼마나 사랑하시는지 알 수 있습니다.

제가 장요나 선교사님을 처음 만났을 때 그분은 하나님의 특별한 계획을 가진 사람이었습니다. 장요나 선교사님은 80년대 중반까지 잘 나가는 대그룹의 기획실장으로 탁월한 기획력을 길렀고, 그 후 건설회사와 광고회사를 경영하다가 갑자기 쓰러져 10개월간 식물인간으로 있다가 하나님의 은혜로 다시 살아났습니다. 그때 제가 장요나 선교사님을 감림산기도원에서 처음 만났습니다. 1986년 9월경, 서울아시안게임이 한창일 때였습니다.

그때 제가 강사로 부흥회를 인도했는데 힘없이 누워있는 장 선교사님을 보고 안타까워서 기도해주었습니다. 그때 건강이 회복되어 치유되었습니다. "너는 일어나 니느웨로 가서 요나처럼 선포하라"는 음성을 들었고 야자수 아래 많은 사람들을 불러 놓고 말씀을 전하는 꿈을 꾸었습니다. 장요나 선교사님은 68년도에 베트남 십자성 부대에서 근무했었는데 꿈속의 야자수가 베트남에서 본 것과 같아 하나님께서 자신을 베트남 선교사로 부르신 거라 믿고 그 부르심을 받아들였답니다. 그리고 곧바로 신학을 하고 1989년 사랑의 병원선교회를 통해 최초의 베트남 선교사가 되었습니다.

그로부터 30여 년이 흐른 지금 선교사업의 업적은 정말 놀랍습니다. 장요나 선교사님은 그간 많은 옥고를 치르고 핍박을 받으면서 한쪽 눈은 실명되고 척추가 굳어지는 강직성척추염까지 앓고 있습니다. 그런 연약한 육신을 가지고서도 뜨거운 사랑과 선교의 불타는 열정은 그 어떤 것으로도 설명하기조차 어렵습니다.

장요나 선교사님은 베트남과 인근 라오스, 캄보디아, 미얀마 지역까지 선교사역을 합니다.

1989년 4월에는 이 지역을 집중적으로 전도하기 위하여 비라카미 사랑의 선교회를 창설하였습니다. 비라카미 지역에는 약 1억 9,300여 명이 살고 있습니다. 이 지역은 공산 사회주의 국가와 군사정권으로 우상, 신종교와 불교와 전통무속신앙으로 인해 기독교가 1%도 채 안 되고 전도가 어려운 지역입니다. 그래서 2000년 9월 비라카미 신학교를 세워 학생을 가르쳐 그 지역으로 파송하여 성육신적 사역을 하고 있습니다.

장요나 선교사님은 이 세상의 부귀영화 안락함을 다 버리고 본토 친척 가족도 다 버리고 오직 순교 정신을 잃지 않으려고 숙소에 관을 만들어 관 위에서 죽어가는 영혼들을 위하여 기도하며 사역을 하고 있습니다.

예수님께서 지상에 오신 목적이나 지상명령이 모두 선교에 있습니다. 선교는 거룩한 부담을 가지고 선교 현장에 눈물로 씨앗을 뿌리는 헌신의 불꽃을 사를 때 열매를 맺습니다. 이제 우리는 선교에 헌신적으로 참여해야 합니다. 이 책이 여러분의 가슴을 선교 열정으로 뜨겁게 해 주길 기도합니다. 그리하여 베트남을 비롯하여 비라카미 지역에서 벌어지는 기적의 역사들이 여러분의 것이 되고, 이 책을 읽는 독자들을 통해 앞으로도 계속 비라카미 지역의 복음화가 이뤄지며 아름다운 열매가 맺게 되기를 간구합니다.

못다 한 이야기 앨범

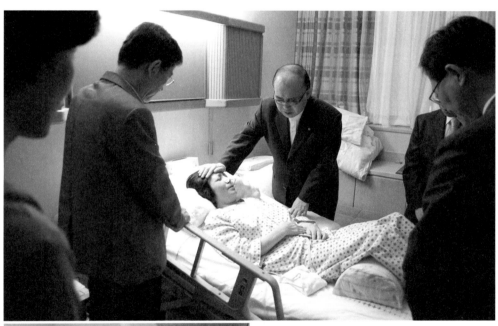

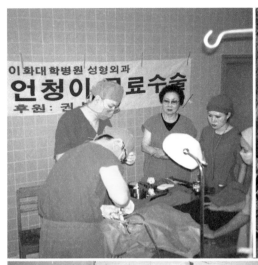

옌막 사랑의 병원

YEN MAC AGAPE

2012년도 I.A.F 선교사 사명수련 기도회

2012년 2월 27일(월)~3월2일(금)   장소 : 베트남 바리붕타우성 붕타우

LỄ TẠ ƠN CHÚA

CHÀO MỪNG QUÝ KHÁCH

선교사 신년 수련회

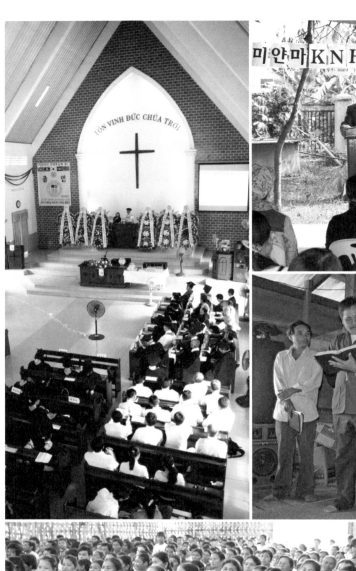

두 자녀를 잘키운
삼숙씨의 이야기

정삼숙

미국의 예일, 줄리어드, 노스웨스턴, 이스트만,
브룩힐, 한예종, 예원중에서 수석도 하고 장학금과 지원금으로
그동안 10억 여 원을 받으며 공부하는 두 아이지만,
그녀는 성품교육을 더 중요시했다.

전도2관왕
할머니의 전도법

박순자

1년에 젊은이 100여 명을 교회로 인도한
60대 할머니의 전도법과 주님께 받은 축복들!

복음은 쉽고 능력은 크다

정원기

영혼을 깨우고 영혼의 체질을 개선시키는 비결!
"너희 믿음을 시험하고 확증하라"(고후 13:5)
복음 생활인가? 종교 생활인가?

다 셀 수 없는 수만 가지 감사들

옥덕자

세어도 세어도 끝이 없는 감사의 위력!
걸음걸음마다 주님께 온통 감사!

30가지 주제 / 30일간 기도서!
무릎기도문
시리즈 16
주님께 기도하고 / 기다리면 응답됩니다

1 자녀를 위한
무릎 기도문

2 가족을 위한
무릎 기도문

3 태아를 위한
무릎 기도문

4 아가를 위한
무릎 기도문

5 십대의
무릎 기도문

6 십대 자녀를 위한
무릎 기도문

7 재난 재해 안전
무릎 기도문
〈자녀용〉

8 재난 재해 안전
무릎 기도문
〈부모용〉

9 남편을 위한
무릎 기도문

10 아내를 위한
무릎 기도문

11 워킹맘의
무릎 기도문

12 손자/손녀를 위한
무릎 기도문

A1 태신자를 위한
무릎 기도문

A2 새신자
무릎 기도문

A3 교회학교 교사
무릎 기도문

A4 선포(명령)
기도문

망망한 바다 한가운데서 배 한 척이 침몰하게 되었습니다.
모두들 구명보트에 옮겨 탔지만 한 사람이 보이지 않았습니다.
절박한 표정으로 안절부절 못하던 성난 무리 앞에 급히 달려 나온 그 선원이
꼭 쥐고 있던 손바닥을 펴 보이며 말했습니다.
"모두들 나침반을 잊고 나왔기에… "
분명, 나침반이 없었다면 그들은 끝없이 바다 위를 표류할 수 밖에 없을 것입니다.

우리는 삶의 바다를 항해하는 모든 이들을 위하여
그 나침반의 역할을 하고 싶습니다.
우리를 구원하신 위대한 주 예수 그리스도를 널리 전하고 싶습니다.

"하나님은 모든 사람이 구원을 받으며
진리를 아는 데에 이르기를 원하시느니라"
(디모데전서 2장 4절)

이제 내가 너를 소유하리라

가라, 니느웨로!

지은이 | 장요나 선교사
엮은이 | 함혜원
발행인 | 김용호
발행처 | 나침반출판사

제1판 발행 | 2020년 2월 20일

등   록 | 1980년 3월 18일 / 제 2-32호
본   사 | 07547 서울특별시 강서구 양천로 583
          블루나인 비즈니스센터 B동 1607호
전   화 | 본사 (02) 2279-6321 / 영업부 (031) 932-3205
팩   스 | 본사 (02) 2275-6003 / 영업부 (031) 932-3207
홈   피 | www.nabook.net
이   멜 | nabook365@hanmail.net
일러스트 제공 | 게티이미지뱅크

ISBN   978-89-318-1592-4
책번호 가-9076

값은 뒷표지에 있습니다.